京津冀城市群 | 长三角城市群 | 粤港澳大湾区 | 成渝城市群

长江中游城市群 | 中原城市群 | 关中平原城市群

中国城市群发展研究

URBAN AGGLOMERATION

李娣 著

RESEARCH ON THE DEVELOPMENT OF URBAN AGGLOMERATIONS IN CHINA

中国经济出版社
CHINA ECONOMIC PUBLISHING HOUSE
·北京·

图书在版编目（CIP）数据

中国城市群发展研究／李娣著．
—北京：中国经济出版社，2020.6
ISBN 978－7－5136－5920－8

Ⅰ.①中… Ⅱ.①李… Ⅲ.①城市群—发展—研究—中国 Ⅳ.①F299.21

中国版本图书馆 CIP 数据核字（2019）第 211898 号

责任编辑　闫明明
责任校对　王　帅
责任印制　巢新强

出版发行　中国经济出版社
印 刷 者　北京建宏印刷有限公司
经 销 者　各地新华书店
开　　本　710mm×1000mm　1/16
印　　张　17.75
字　　数　253 千字
版　　次　2020 年 6 月第 1 版
印　　次　2020 年 6 月第 1 次
定　　价　78.00 元
广告经营许可证　京西工商广字第 8179 号

中国经济出版社 **网址** www.economyph.com **社址** 北京市东城区安定门外大街 58 号 **邮编** 100011
本版图书如存在印装质量问题，请与本社销售中心联系调换（联系电话：010－57512564）

摘要

该书紧密围绕党的十八大、十九大报告中提出的“科学规划城市群规模和布局，增强中小城市和小城镇产业发展、公共服务、吸纳就业、人口集聚功能”“以城市群为主体构建大中小城市和小城镇协调发展的城镇格局”，重新界定了城市群的概念与内涵、基本特征；深刻总结了改革开放以来我国城市群发展实践中积累的宝贵经验和我国城市群发展的约束条件；总结了英国、美国以及欧洲西北部等国外城市群的发展经验及对我国的启示；客观分析了我国城市群的发展态势以及面临的主要问题。从基本国情出发，面向人们需求，坚持问题导向，以人的城镇化为核心，按照全国主体功能区规划的要求，紧紧围绕我国“一带一路”、长江经济带、京津冀协同发展、粤港澳大湾区、长三角一体化等区域战略布局，重点研究了我国城市群发展的指导思想；探索性地提出了我国城市群发展要以优化城市群布局、完善城市群规模、合理定位城市群功能、推进区域基本功服务均等化、增强城市群吸纳就业的能力以及提高城市群的可持续发展能力为重点任务；并进一步提出要通过完善以城市群为主的区域发展规划、强化综合交通网络的支撑作用、搭建区域创新平台、增强城市群产业发展的协同效应、推进城市群重大基础设施共建共享以及构建城市群资源利用与环境保护的共同管理体系等发展途径来提高我国城市群发展质量和效益；针对城市群发展的主要问题，提出了完善城市群的组织体系、推动创新城市群治理和改革相关体制机制的对策建议。最终目的是使我国城市群发展在增强大中小城市和小城镇产业发展、公共服务、吸纳就业、人口集聚功能，形成东中西部地区呈梯度分布的、与生态环境承载能力相一致的、大中小城市和小城镇协调发展的城镇化格局进程中发挥更为突出的作用。

关键词：中国　城市群　可持续　发展

目　录

第1章　导　论

第2章　城市群发展相关理论基础与概念界定

第3章 中国城市群发展历史与规律

第4章 中国城市群的发展态势

第6章　中国城市群发展的总体思路

第7章　完善中国城市群发展的途径

第1章
导　论

1.1 研究背景、目的及意义

1.1.1 研究背景

1.1.1.1 理论背景

城市群的发展是一定区域内城市间相互作用的结果，城市相互作用的理论研究始于20世纪30—40年代，在国内外众多地理学家、经济学者等的共同努力下，取得了丰富的理论成果，在此做大致介绍。

国外对城市群的研究大体经历了四个时期：①1945年前的启蒙期。这一时期的研究主要涉及城市空间组织思想，包括霍华德从城市群体角度来研究城市的《明日田园城市》、恩文对格迪斯的“卫星城”理论的应用与发展、沙里宁在其《城市：它的发展、衰败和未来》中提出的城市群发展“有机疏散”理论等，以及中心地理论（德国的克里斯泰勒首次将城市群体系统化，并论证了中心地理论）等。②二战后到1970年城市群理论的丰富阶段。地理学研究的迅猛发展及“计量革命”的出现，极大地推进了城市群的经济联系及作用机理的研究，主要理论成果有空间依存理论（维宁从理论上对城市群存在的合理性和客观性的论证、邓肯的“城市体系”的提出等）、增长极理论、核心—边缘理论、空间扩散理论等。③20世纪70—80年代城市群理论的深化阶段。出现了对城市群的等级规模结构研究、景观动态研究。④城市群的研究与现代经济、技术的有机结合。伴随信息技术革命、交通网络化发展而不断前进，出现了对城市群空间结构、城市群发展与交通结构的研究、空间流与城市地域系统空间特征的研究。学者们普遍认为，随着全球一体化进程的加速，信息技术进一步发展，交通网络化的形成，城市群的研究将围绕经济全球化对城市群发展的影响，信息技术对产业区位、集聚产生的影响，以及给城市群空间结构带来的变化，信息空间流对城市形态的影响等展开。

我国对城市群的研究相对较晚，到目前为止，也不过30多年，是随着我国工业化、城镇化进程的加速发展，而逐渐被学者和政府重视。国内以理论探讨为主的城市群研究，主要集中在基于城市职能分工、等级规模和空间布局城市体系及当前状态的城市群及都市连绵区的研究。以实证分析为主的研究主要有：从可持续发展的角度提出的城市群与经济的协调发展研究、整体规划城市群环境、城市群可持续发展的制约因素与对策等；从产业发展的角度提出了城市群的功能定位等；城市群内城市间的经济运行关系与原理；我国个案城市群形成机制研究；城市群空间发展模式研究；城市群的结构；部分城市群间的比较分析等。总体而言，对城市群的基本内涵、发育程度的测定，空间范围界定、城市群发展的重点等还存在很多的争议空间和不确定性。

1.1.1.2 实践背景

当前，全球化、信息化和城市化业已成为人类社会经济发展的总体趋势。在全球城市体系中，城市间的竞争越来越表现为以核心城市（特别是大都会）为中心的城市群竞争，只有足够的产业集聚和经济规模的城市群，才能形成强强联合的经济共同体和命运共同体，参与全球性的城市竞争和合作。城市空间拓展，城市集聚，形成了目前世界上的六大城市群：美国东北部大西洋沿岸城市群、日本太平洋沿岸城市群、欧洲西北部城市群、北美五大湖沿岸城市群、英格兰城市群、中国长江三角洲城市群。

《2009年世界发展报告：重塑世界经济地理》曾指出，21世纪全球进入社会大转型时期。在中国，不断涌现出生产要素高度密度、要素近距离移动与专业化、浅分割的区域一体化三大特征的功能地域体，并逐步形成了以大城市为核心，有着主次序列、分工协作的城镇群体。中国政府与时俱进，城市群研究成果也不断应用于实践领域，《中华人民共和国国民经济和社会发展第十一个五年规划纲要》中明确提出：要把城市群作为推进城镇化的主体形态，逐步形成以沿海及京广京哈线为纵轴，长江及陇海线为横轴，若干城市群为主体，其他城市和小城镇点状分布，永久耕地和生态功能区相间隔，高效协调可持续的城镇化空间格局。《中华人民共和国国民经济和社会发展第十二个五年规划纲要》中明确提出：按照“统筹规划、合理布局、完善功能、以大带小”的原则，遵循城市发展客观规律，以大城市为依托，以中小城市为重点，逐步形成辐射作用大的城市群，促进大中小城市和小城镇协调发展。在东部地区逐步打造更具国际竞争力的城市群，在中西部有条件的地区培育壮大若干城市群。党的十七大报告也强调：按照统筹城乡、布局合理、节约土地、功能完善、以大带小的原则，促进大中小城市和小城镇协调发展。党的十八大报告则直接要求科学规划城市群规模与布局，增强中小城市和小城镇产业发展、公共服务、吸纳就业、人口集聚功能。2014 年 3 月 16 日，中共中央、国务院批准实施《国家新型城镇化规划（2014—2020 年）》，提出以人的城镇化为核心，有序推进农业转移人口市民化；以城市群为主体形态，推动大中小城市和小城镇协调发展；走以人为本、四化同步、优化布局、生态文明、文化传承的中国特色新型城镇化道路。① 2013 年 12 月 12—13 日，中央城镇化工作会议指出，把城市群作为主体形态，形成“两横三纵”的城市化战略格局，一张蓝图绘到底，把城市放在大自然中，把绿水青山留给城市居民。党的十九大报告再一次强调，以城市群为主体构建大中小城市和小城镇协调发展的城镇格局，加快农业转移人口市民化。正是在党和政府各项政策的推动下，2009 年至今，国务院先后批复了一系列区域发展规划。这些密集出台的区域发展规划，多数以城市群为主体。主要有：《长江三角洲地区区域规划》《珠江三角洲地区改革发展规划纲要》《关于支持福建省加快建设海峡西岸经济区的若干意见》《关中—天水经济区发展规划》《江苏沿海地区发展规划》《横琴总体发展规划》《辽宁沿海经济带发展规划》《促进中部地区崛起规划》《中国图们江区域合作开发规划纲要》《黄河三角洲

① 中共中央、国务院《国家新型城镇化规划（2014—2020 年）》，2014 年 3 月。

高效生态经济区发展规划》《鄱阳湖生态经济区规划》《甘肃省循环经济总体规划》《关于推进海南国际旅游岛建设发展的若干意见》《皖江城市带承接产业转移示范区规划》《成渝经济区区域规划》《山东半岛蓝色经济区发展规划》《浙江海洋经济发展示范区规划》以及2015年批复的第一个跨区域城市群发展规划——《长江中游城市群发展规划》，同时积极推进《京津冀协同发展规划纲要》的实施；2016—2018年，《国务院关于兰州—西宁城市群发展规划的批复》《国务院关于呼包鄂榆城市群发展规划的批复》《国务院关于关中平原城市群发展规划的批复》《国务院关于北部湾城市群发展规划的批复》《国务院关于中原城市群发展规划的批复》《国务院关于长江三角洲城市群发展规划的批复》《国务院关于成渝城市群发展规划的批复》《国务院关于哈长城市群发展规划的批复》等密集获得国家批复。在国家战略层面的推动下，2019年，《粤港澳大湾区发展规划纲要》出台；中央政治局审议《长三角一体化发展规划纲要》，这些都是我国政府和人民在城市群建设领域的积极探索与实践。

相比城市群概念提出的初期，当前城市群发展的国内外发展环境已发生了深刻变化，我国城市群建设探索中城市产业分工不明确且同质化、核心城市现代化功能不完善、“大城市病”、因行政分割导致的利益分配问题、城市发展与人的需求不协调、生态环境恶化、资源紧张、区域发展不平衡等问题日益凸显。面对这些问题，国家发改委原副主任徐宪平认为，将积极推进城市群建设，全面提升东部城市群发展水平，在中西部资源环境承载能力较强的地区培育壮大新的城市群。强化综合交通运输网络支撑，发挥中心城市的辐射带动作用，增强中小城市和小城镇的产业发展、公共服务、吸纳就业、人口集聚功能。中央财经领导小组办公室副主任杨伟民在题为《关于工业化和城镇化的几个问题》专题辅导报告中，全面客观地分析了我国城镇化发展的内外部环境，在推进“两化”互动、城乡统筹发展战略时强调，要立足质量和效益的提高，而非量的扩张和速度的加快；立足服务业的发展，而非单纯鼓励工业发展特别是重工业的发展；立足创新驱动，而非投资拉动和增加劳动力数量；立足节约资源，而不是之前靠资源和能源投入。中国国际经济交流中心王宪磊教授认为，我国城镇化发展建议是“八个字”：规划功能、就业优先。用了城镇化的功能规划可以避免走弯路，如城镇化的功能及功能等级，可以因地、因人、因时制宜，把当时人们的需求变成城市的功能设计出来。就业优先，有了就业就有了收入，居民收入成了城市收入的标准之后，持续几代人就形成了城市的文明。国家行政学院经济学部主任张占斌认为，应构建与区域经济发展和产业布局紧密衔接的城市格局，以城市群为主体形态，大、中、小城市与小城镇协调发展，提高城市的承载能力，注重中华民族悠久文化传承与现代人文关怀相容，展现中国文化、文明自信的城镇化。可见，当前我国城镇化及城市群研究更多趋向于如何结合我国所处的国际、国内环境，解决当前我国经济社会面临的实际问题，理清城镇化发展的总体思路与战略重点，重视城镇化转型发展、可持续发展。

未来城市群发展研究应该用全球化的视野，客观地分析我国城市群发展的背景与态势，加深认识城市群发展的客观规律，以人的城镇化为核心，面向人们需求，结合我国国情，按照全国主体功能区规划的要求，研究城市群空间布局、产业布局优化，区域创新平台的搭建，城市群功能的完善，城市群发展体制机制的创新等，积极稳妥推进城镇化和城乡一体化建设，促进区域城市可持续发展。

1.1.2 研究目的

通过了解和分析当前我国城市群发展态势以及面临的主要问题，力求发现中国城市群发展的特色与规律，寻找推动中国城市群可持续发展的总体思路，对中国城市群发展的路径进行有益探索，以提高城市群发展的质量和效益，充实中国特色新型城镇化道路。

1.1.3 研究意义

当前我国工业化进入中后期阶段，制约我国城镇化发展的资源、环境条件发生了深刻变化，低成本扩张模式难以为继；人们对生活的需求与期望发生了深刻变化，对城市提供的物质文化、公共服务、生态条件等需求全面快速增长，低质量的城镇化难以为继；城镇的功能和角色也在逐步变化，规模城镇化无力承载。因此，当前的突出问题是，解决城镇化质量不高、不可持续的矛盾和问题。推进规模城镇化向人口城镇化的转型。把城镇化发展的立足点转到提高质量和效益上来，转变城镇发展方式，将对全面建成小康社会，实现高质量发展，建设现代化经济体系，全面推进我国社会主义现代化建设具有重大意义，必将产生深远的影响。

城市群将成为未来城镇化的主体形态，这有利于发挥其在资源、环境、经济效率、承载能力等方面的综合优势。中国城市群发展研究，在理论上，有利于推动城市（镇）间空间布局优化，资源配置空间效率的提升，实现发展与生态的双赢；有利于破除限制城市（镇）间经济发展或经济发展方式转型的体制机制障碍，增强城市间的连通性和可达性，推动生产要素在区域内合理流动，缩小区域差距；有利于实现不同区域、不同城市产业错位发展、特色发展、集聚发展、协同发展，打造城市群产业发展的升级版，增强城镇吸纳就业、人口集聚功能；有利于推进城市（镇）间经济发展与社会事业协同发展，推动城乡一体化建设，实现人的城镇化；有利于推动科技创新平台的搭建，形成有利于各创新主体要素在不同区域、城市的联动机制、高效高质的创新成果转化机制，以创新驱动城市转型发展、可持续发展。在实践上，立足我国国情，研究我国城市群发展的战略重点、途径以及推动城市群发展的对策建议，探索有中国特色的城市群发展模式，增强我国中小城市和小城镇产业发展、公共服务、吸纳就业、人口集聚功能，使我国城市群发展在形成东、中、西部呈梯度分布、与生态环境承载能力相一致、大中小城市和小城镇协调发展的城镇化格局进程中发挥更为突出的作用。

中国城市群发展研究，是对中国特色新型城镇化道路的有益探索。立足我国城镇化建设及城市群发展现状，更进一步认识城镇化发展的客观规律，减少建设成本，节约资源，提高城镇化建设的质量和效益，避免城镇化建设的盲目与无序，是对中国特色社会主义城镇化道路的有益探索。

1.2　研究内容与研究重点

1.2.1　研究内容

本研究立足于科学认识中国特色城镇化与城市群发展的内涵；全面总结改革开放以来我国城市群发展实践中积累的宝贵经验；正确认识和总结国外城市群发展的普遍规律；客观分析我国城市群的发展态势以及面临的主要问题，从基本国情出发，以人的城镇化为核心，面向人们需求，按照全国主体功能区规划的要求，提出我国城市群发展的总体思路，探索我国城市群发展的战略重点、途径以及推动城市群发展的对策建议，使我国城市群发展在增强大中小城市和小城镇产业发展、公共服务、吸纳就业、人口集聚功能，形成东、中、西部呈梯度分布的、与生态环境承载能力相一致的、大中小城市和小城镇协调发展的城镇化格局进程中发挥更为突出的作用。

1.2.2　研究重点

本研究的重点问题：

第一，如何科学认识城市群发展的内涵。目前，人们对城市群发展的内涵有不同的理解与看法。本课题的研究需要从纷繁复杂的认识和主张中做出科学的分析、研究和回答。什么是城市群？城市群为什么是城镇化的主体形态？城市群发展的内涵是什么？准确回答这些问题是研究中国城镇化与城市群发展的基础性工作。

第二，如何认识和把握城市群发展的规律。中国城市群发展，首先必须遵循社会发展的普遍规律，以全球化的视野，深刻认识和总结不同国家和地区城市群发展的经验和教训，找到城市群发展的共性和有益做法，推动我国城市群发展。更为重要的是，必须遵循中国特色社会主义发展的特殊规律，立足我国基本国情，找到当前中国特色城市群发展的基本规律，为深入研究中国城市群发展的指导思想与基本原则奠定分析基础。

第三，如何总结中国城市群发展实践中积累的重要经验。伴随经济的发展，我国在城市群发展方面进行了卓有成效的探索和实践，我国城市群的规模日益扩大，数量也日益增多。如何认识不同区域城市群发展的态势与面临的主要问题，从中找出我国城市群发展的总体思路，完善我国城市群发展的途径，进而提升到理论层次，是一件非常重要的事情。

第四，科学认识我国城市群发展的重点任务。党的十九大报告指出，要“以城市群为主体构建大中小城市和小城镇协调发展的城镇格局，加快农业转移人口市民化”。根据当前城市群发展的国内外背景，从我国国情与区域发展特点出发，围绕实现人的城镇化，如何科学认识城市群规模、布局与功能？如何推动城市群基本公共服务均等化、增强城市群吸纳就业的能力以及提高城市群可持续发展能力？这些问题的研究对推进我国城镇化进程、社会主义现代化强国建设、我国全面建成小康社会有着重大意义。

第五，以问题为导向，对推动城市群可持续发展提出对策建议。根据我国城市群发展态势与共性问题，提出完善城市群发展的组织体系、创新区域治理与改革、完善相关体制机制的政策建议。

1.3　研究方法和创新之处

1.3.1　研究方法

1.3.1.1　规范分析

在广泛阅读国内外研究文献的基础上，以规范分析的方法探讨城市群的理论发展脉络，科学认识城镇化与城市群的内涵，总结国外城市群发展规律。为科学认识现阶段中国城市群发展的态势与面临的主要问题奠定理论基础，扫除理论障碍。

1.3.1.2　实证分析

选取东、中、西部地区各一个城市群重点调研，认识我国城市群发展态势与面临的主要共性问题，探寻中国城市群发展对城市群内各城市产业发展、公共服务、吸纳就业、人口集聚等功能的影响。参加各类相关国际会议，听取多方专家的研究成果，分析国外城市群发展历程，借鉴经验，吸取教训。最后，围绕实现人的城镇化这一核心，以增强中小城市和小城镇产业发展、公共服务、吸纳就业、人口集聚功能为目的，探讨我国城市群发展的战略重点、途径以及推动以城市群为主体，构建大、中、小城市和小城镇协调发展的城镇格局的对策建议。

1.3.2　创新点

深入总结国内外城市群发展的经验与教训，找到一些共性和有益做法，进一步认识城市群发展的一般规律；尝试性地构思了中国城市群发展的基本原则、战略重点；在完善中国城市群发展的途径方面，提出了相对全面的城市群可持续发展路径，并创新性地提出了构建和完善有中国特色的城市群组织体系，明确提出要实现城市群可持续发展必须重视城市群治理能力的提高。

第2章

城市群发展相关理论基础与概念界定

2.1 理论基础

2.1.1 区域经济分异理论

区域分异来源于地理科学，是用于指导自然区划的重要规律，是指在地带性因素和非地带性因素的共同作用下，地球表面不同地段之间的相互分化以及由此而产生的差异。事实上，区域经济中也存在因各种因素的作用所致的区域间、城市间因分工而产生的差异，这种差异也可称为区域经济分异（或区域差异）。由于区位环境各要素及其所组成的经济综合体，在一定区域内按照一定的功能分化并按特定的规律分布，而形成多级经济区域现象，其客观存在的规律，从某种意义上来说也可以称为区域经济分异规律。事实上，国内外学者很长时间以来都在孜孜不倦地探寻这类规律。

俄林的资源禀赋说、亚当·斯密的绝对成本理论、大卫·李嘉图的相对成本论都在探寻国家间、区域间差异与分工上做了极大的贡献。18 世纪 30 年代，古典区位理论创始人杜能在其代表作《孤立国与农业和国民经济的关系》一书中创立了农业区位理论，用抽象法和孤立法探索了因运输距离不同而导致的农业分带现象。通过六项假设，他提出了各类农作物合理组合的分界线，把孤立国划分为 6 个围绕城市中心呈向心环带状分布的农业圈，即“杜能圈”，该理论为后来学者在区位理论方面的研究打下了很好的基础。德国学者韦伯利用杜能的抽象法和假设法等研究方法，结合工业实际，把 1861 年以来德国工业区位、人口集聚和其他工业区位问题进行综合分析，提出了运输区位法则、劳动力区位法则和集聚法则。韦伯之后的德国地理学家克里斯塔勒曾经提出过这样的问题："人们探索这个原因，为什么城市有大有小？人们相信，城市一定有什么安排它的原则在支配着，仅仅是人们仍然不知道而已！"[①] 在其《南部德国的中心地》一文中，在一系列假设基础上，提出了中心地等级序列理论，即在一定区域范围内，城镇作为"中心地"，在向周围地区提供商品和服务的过程中，要受到"人口门槛"和"服务半径"的制约。"中心地"根据提供商品和服务的数量和服务半径分为"高级中心地"和"低级中心地"，"高级中心地"承担服务上限和下限都大的高档次服务，"低级中心地"承担服务上限和下限都小的低档次服务。这种划分也决定了一定区域内的"高级中心地"数量少、服务范围广，提供的商品和服务档次高、种类多，而"低级中心地"的数量多、分布广、服务范围小，提供的商品和服务档次低、种类少。而考虑消费者就近消费，生产者尽可能扩大其销售范围的原因会导致在"高级中心地"和"低级中心地"之间还存在"中级中心地"，其提供的商品和服务范围介于两者之间。在此基础上，遵循市场原则，即生产者"货物最大销售距离"和消费者"最近中心地购物"，克里斯塔勒推导出了"理想地表上的聚落分布模式"（克里斯塔勒称其为 K = 3 的中心地网络），他同时认为，市场原则、交通原则和行政原则等三个条件或原则支配中心地体系（城市等级体系）的形成。克里斯塔勒认为，在开放、便于通行的地区，市场经济的原则可能是主要的；在山间盆地地区，客观上与外界隔绝，行政管理更为重要；年轻的国家与新开发的地区，交通线对移民来讲是"先锋性"的工作，交通原则占优势。克里斯塔勒得出结论：在三个原则的共同作用下，一个地区或国家，应当形成如下城市等级体系：A 级城市 1 个，B 级城市 2 个，C 级城市 6 ~ 12 个，D 级城市 42 ~ 54 个，E 级城市 118 个[②]。克里斯塔勒的中心地理论因此成为研究城市群和城市化重要的基础理论之一。法国经济学家廖什在克里斯塔勒研究的基础上，在其

① 中心地理论[EB/OL]. 百度百科，https://baike.baidu.com/item/中心地理论.

② 许学强，周一星，宁越敏. 城市地理学[M]. 北京：高等教育出版社，2009.

《经济空间秩序》一书中，提出了市场区位论，探讨了市场区位体系和工业企业最大利润的区位。其中，他提到，随着企业对市场的争夺加剧，其建立的六边形市场网络（类似于克里斯塔勒的中心地网络体系）在竞争中不断调整会出现两种地域分异。其一，门槛不同的商品，按照需求数量的不同形成不同规模的市场集结点，各个市场的集结点随着需求量的增大，会逐步形成大市场网络，市场与城市相互作用，大市场催生大城市，并且整个市场网络都交织在大城市周围，城市越向外扩张，各市场集结点的重叠程度就越差；其二，大城市形成后，在交通线的作用下，就会形成距离交通线近的经济稠密区和远离交通线的经济稀疏区，或者说近交通线的工业扇面和远离交通线的农业扇面，进而构成了广阔的区域经济景观。

在继承前人成果的基础上，克鲁格曼基于对资源禀赋相似的战后工业国家间贸易占国家收入比重上升的原因的分析，形成了新分工与贸易理论，在区域经济分异规律探寻上前进了很大的一步，对城市群发展研究有着很大的指导意义。其内容主要包括：一是国家之间的贸易，尤其是相似国家之间的同类产品贸易，与国家间生产要素禀赋差异关系不大，主要是因为国家在生产此类产品规模收益递增而发展专业化的结果。二是在上述前提条件下，认为某一特定产品其生产区位是存在不确定性的，并有一定的历史依赖性，也就是说，各国发展何种专业化在一定程度上是具有历史偶然性的，一旦一个地区的初始优势建立，规模收益递增就会使这种优势累积，贸易和发展专业化就会形成“路径依赖”。三是在不完全竞争和同类产品贸易的条件下，生产要素的回报状况取决于生产技术条件，生产技术条件变化，可以改变生产要素的需求结构和收益格局，进而影响相似条件下的贸易。四是由于不完全竞争和收益递增的存在，国家及区域通过战略性政策，可以创造竞争优势。五是该理论用外部规模经济和运输成本的相互作用，解释了区域工业集中、区域中心和外围格局的关系，促进了贸易理论与区域理论的有效关联。克鲁格曼认为，不完全竞争和规模收益递增促成了经济活动在地理上的集中，而运输费用则带来了经济活动的分散，在两者的交互影响下，实现了产业的集聚与分工，进而很好地解释了工业带的形成。该理论推动了新地理、城市经济学者对连续空间情况下空间经济分布结构和分布形态的研究。郭鸿懋认为，正是由于产业集中带来了生活成本在产业活动中份额的扩大和产业对人口需求所致的流动人口规模的扩大，继而推动整个产业向前和向后联系的不断增强，催生出其他规模大的经济活动，各类经济活动在不同层次的集聚、整合形成了有一定规则的空间秩序和空间格局，为城市及城市群空间秩序的形成奠定了理论基础。

2.1.2 区域间的相互依赖理论

相互依赖理论，也称为相互依存理论，是西方国际关系学的重要理论之一。20 世纪 70 年代开始，随着美苏关系的松动、美国霸主地位的动摇、跨国公司与各类国际组织和国际制度的形成、技术革命的推动等，国际政治与经济关系和国际社会行为者之间相互依存成了研究的重点和热点问题。我国著名区域经济学家刘再兴归纳提出了相互依赖理论，也有西方学者在研究二战后形成的以欧洲共同体为代表的区域一体化时，以各成员国的相互依赖关系为基础，分析欧共体“南北”和“南南”间相互依存的关系。实践中，各国在各类国际政治、经济关系的处理中，都意识到各个国家和区域之间，在经济发展过程中都不是也不可能是彼此孤立的，相互之间总是存在着各种各样的联系，而把这种相互间依存关系作为处理问题的前提条件。学者们在阐述这一理论时提到，发达国家与发展中国家之间在经济上的相互依赖关系表现为：发达国家的经济发展对发展中国家的资源、劳动力和市场有很强的依赖性，这很好地解释了近几年随着我国劳动力成本的增加，外资企业在我国的劳动密集型产业不断向东南亚等地转移，而我国庞大的人口规模和旺盛的消费能力所支撑的市场，却备受发达国家资本家的青睐。在无法回避的依赖关系中，发展中国家存在着对发达国家技术、资本等极大的依赖性。因此，有人说，在世界范围内，没有相互依赖，经济和社会的发展就无法进行下去①。

---

① 储东涛. 区域经济学通论[M]. 北京：人民出版社，2003.

学者们还把区域相互依赖理论概括为三个基本方面：一是世界各国经济发展是具有相互依赖性的。这种依赖性在现实经济活动中普遍存在，尤其是随着资本主义经济的快速推进，世界各国之间经济的相互联合、相互制约、互相依存越来越明显，而经济全球化，则把这种依赖关系演绎到了极致，国与国之间、区域之间、城市间的相互依赖已成为世界经济发展的必然趋势。二是区域间的相互依赖是全面性的。世界各国的相互依赖已涵盖了所有国家、民族，同时，相互间的依赖包括政治、经济、军事、外交、生态、文化、社会等所有领域，从物质生产到精神生产的全过程。三是相互依赖是双向性的。没有单方面的依赖，不存在谁依赖谁，国家间、区域间的相互关系只有互利共赢，才能获得相互的共同发展。

相互依赖理论的提出为研究城市群发展提供了重要理论基础，城市群的形成建立在区域内城市间相互依赖的基础上，城市间的相互依赖关系无论是消极的还是积极的，都在城市间相互作用，正是这些相互作用推动了区域间、城市群间、城市间的相互交流与合作，推动了区域一体化与城市群的可持续发展。因此，城市群发展研究必须重视和探讨处理区域间、城市间相互作用关系的应对措施和政策，确保城市群内城市间的相互依赖在内容和形式上可持续发展。

2. 1. 3　城市群建设与区域发展理论

区域发展理论始于二战后，各国为重建国民经济，推动了区域发展理论的发展。区域发展问题涉及经济学、地理学、社会学、规划学等众多学科，而在战后经济发展思潮的演化推动下，20 世纪 80 年代后，众多主流经济学家开始涉足区域经济研究领域，因此形成了经济学派区域发展理论。其中主要有发展理论、增长极理论、梯度转移理论、点轴开发理论、网络开发理论、因果累积理论、城市圈经济理论等，这些理论都成为城市群研究的重要理论基础。

平衡发展理论，是以哈罗德—多马经济增长模型为理论基础发展起来的。其中，以罗森斯坦·罗丹为代表的大推进理论认为：采用对相互补充的工业部门同时进行全面的、大规模投资，以创造出互为需求的大市场，解决市场需求不足问题；同时，这种投资可降低生产成本，增加利润，提高储蓄率，有利于进一步扩大投资，解决供给不足的问题。该理论的出发点在于促进产业间和地区间的关联互补，强调生产力在各产业、各地区之间的均衡部署，力图实现产业和区域经济的协调发展①。该理论对促进产业协调发展、缩小区域内地区间差距有一定的指导意义，但在实践中，由于区域分异及存在资源禀赋、资本条件等差异，以及不发达地区资本匮乏等现实条件，不允许将有限的资金投入所有产业，实现全面、大规模的投资。即使是发达地区，由于区域分异及资源禀赋、生产技术、产业基础等因素，决定了有竞争优势的产业和部门才会获得投资机会。城市群发展以推进区域内各城市互利共赢，推动城乡一体化建设为目的，但产业发展应该注重因地制宜，因此，该理论在实践中应结合不平衡发展理论斟酌运用。

增长极理论，是由法国经济学家 F. 佩鲁（F. Perroux）在 20 世纪 50 年代提出的。他认为，在高度工业化的社会条件下，经济增长在空间分布上是不均匀的，工业生产或者某些产业首先在少数条件较好的地区形成集聚，集聚的优势产业逐步成为区域的经济增长点，形成增长极。增长极在乘数效应的作用下进一步极化和扩散，影响和带动周边地区和其他产业发展。随着学者们的研究的不断深入，增长极理论已从工业部门间的关联和乘数效应的研究逐渐延伸到工业及经济发展的空间，成为研究区域经济的重要理论基础，并有效地解释了仅依靠一个或少数企业却带动整个区域工业和经济发展的现象。因此，该理论对城市群可持续发展有着重要的指导意义，但是该理论却忽视了增长极对其他地区发展的消极影响。1957 年，经济学家缪尔达尔提出了“地理上的二元经济”结构理论和梯度发展理论，通过利用扩散效应、回波效应概念，阐释了经济发达地区优先发展对其他落后地区的促进作用和不利影响。他认为在梯度发展中，有极化、扩展和回程三种效应的共同作用，制约着区域生产分布的集中与分散状况。

① 佚名．大推进理论和不平衡发展理论[J]．发展研究，1994(4)．

缪尔达尔及该理论的跟随者认为，如果某一地区因初始的优势而比其他地区发展得快一些，那么在市场力量的作用下，这种已有优势将会继续保持下去，使发展快的地区发展得更快，而之前发展慢的地区会发展得更慢，这就是循环因果累积原理。除了因为已有优势致使发展得快的地区不断累积有利因素而发展更快这样的极化效应外，他们认为在经济循环累积过程中，累积效应对区域经济发展还存在回流和扩散两种相反的效应。回流效应是指劳动力、资金、技术等生产要素由于地区间收益差异的影响，从落后地区向发达地区流动，进一步抽空落后地区要素，导致其发展更慢。但回流效应也并非是无节制的，当发达地区发展到一定程度后，会出现人口密度过大、交通拥堵、环境污染、资本过剩，资源紧张等问题，导致其生产成本上升，外部不经济，进而使发达地区经济增长放缓，生产规模的进一步扩大会导致规模边际报酬递减，迫使劳动力、资本、技术向落后地区扩散，这一过程被缪尔达尔称为扩散效应，因此扩散效应是有利于不发达地区发展和缩小区域差距的。在累积因果过程中三种效应的相互作用，推动着增长区域和落后区域间发生空间的相互作用，为政府有效干预、促进区域经济的协调发展提供了重要的理论基础。

在 F. 佩鲁的增长极理论基础上，针对大推进理论和平衡发展理论，以赫尔希曼为代表的学者提出了不平衡发展理论。赫尔希曼反对全面投资和所有部门均衡增长，认为各部门、各产业发展本身是不均衡的，各部门保持合适的比例不均衡发展有利于推动区域经济增长。发展中国家应把有限的资源和资本投入到“优势产业或部门”，并实行专业化生产，强调发挥市场配置资源的作用，再以优势产业的发展带动其他关联产业发展，从而在总体上实现经济增长。赫尔希曼等学者同时将空间度量的概念引入增长极，提出了核心区及其影响区概念。之后，约翰·弗里德曼（John Friedmann）将核心及其影响区概念结合熊彼特的创新思想建立了空间极化模型理论，他认为，区域发展是基于创新推动形成的，它可以看作是一种由基本创新群逐步汇聚成大规模创新系统的不连续积累过程，具备有利于创新活动条件的是迅速发展的大城市系统，并且创新往往呈现出从大城市向外围地区进行扩散，他据此创建了核心—外围理论。该理论认为区域空间系统是由核心区和外围区共同组成，核心区相比外围地区而言，是城市或城市集聚区，其工业发达，资本集中，技术水平高，人口密度大，经济增长速度快，是具有较高创新变革能力的区域社会组织子系统，在空间系统中居于支配地位。外围区经济、技术相对落后，工业及其技术主要依附于核心区，外围区通常会有利于形成新城市、附属的或次级中心。

二战后，随着全球工业化与城市化的快速推进，以大城市、大都市为中心的城市群圈层经济发展逐渐引起各国理论界、政府的重视，城市群圈层经济发展的理论研究由此展开。该类理论强调城市群尤其是其中的核心大都市在区域经济发展中起核心作用，因此认为，应以城市为中心，呈圈层状空间布局，逐层向外，推动整个区域经济的发展。城市群圈层经济理论把城市化与工业化有机结合起来，意在推动经济发展在空间上的协调，对发展城市和农村经济、推动区域经济协调发展和城乡协调发展，都具有重要的指导意义。

2.1.4 城市群及区域经济发展路径

在增长极理论的基础上，为推进区域经济发展，波兰经济学家萨伦巴和马利士提出点轴开发理论。区域经济发展过程中，首先在少数条件较好的地方出现经济中心或者说“点”（中心城市或优先发展区域），这些经济中心在区域内呈点状分布，它们就是区域的增长极，是点轴开发理论中的“点”。经济的发展会推动区域内“点”的增加，“点”与“点”之间的经济往来加速，以交通干线、水源供应线、动力供应线为依托的生产要素流动越来越频繁，交通干线、供应线就成为连接“点”与“点”之间的轴线，并为整个区域生产要素流动服务。随着轴线服务功能的增强，其有利的区位优势逐步显现，势必会吸引产业、人口沿轴线两侧集聚，逐渐形成新的经济增长点和增长轴，实现“点”“轴”贯通，形成点轴系统。该理论不仅重视以城市为中心的增长极对区域经济增长的带动作用，同时强调对区域内城市间或经济中心间重要交通干线的开发。点轴开发所提倡的以点带面对区域增长的推动作用远大于单纯的经济增长极开发，也有利于城乡一体化建设和区域协调发展。该理论对我国改革开放以来，沿海、沿江城市的开放布局战略及现在的“一带一路”愿景的提出都具有重要的指导意义。

随着点轴开发理论的研究不断深入，以及区域一体化纵深推进、类似城市群的空间组织不断发展成熟，研究者们提出了网络开发理论。该理论认为，经济发展到一定阶段后，点轴系统不断完善，其“点”（增长极）和“轴”（交通干线）的影响范围不断扩大，辐射能力不断增强，从而在一个很大的区域范围内形成资金、技术、商品、信息、劳动力等生产要素流动网或网状的流动方式，交通、通信线路不断往小的城镇延伸分布，更为繁密的交通、通信网络形成，整个区域内的经济增长点都分布在同一张网内，区域内的生产要素流动更趋频繁，从而有效推动区域经济一体化，尤其是城乡一体化。并且，随着网络的不断外延，区域与区域间经济网络的联系不断加强，从而可实现更多生产要素在更大空间范围内的合理配置和优化组合，进而推动更大区域内的经济协调发展。

2.2　概念的界定

2.2.1　城市群概念的界定

法国城市学家戈特曼（J. Gottmann）最早于 1957 年在《大都市带：东北海岸的城市化》中提出了城市群的概念，他经过认真观察与研究美国东北沿海地区大城市聚集区后，以希腊词“Megalopolis”命名该地区一系列大城市组成的广阔而连续的城市功能性地域。1961 年，在进一步研究世界几个大都市带的基础上，他提出了城市群是城市化发展到一定阶段的成熟化表现形式，是城市地域体系组织形式演进的方向的观点。20 世纪 70 年代，小林博氏通过对东京大都市圈进行研究，总结与完善了城市群发展过程中的三个概念：大都市地区、大城市区、城市化地带。在此之后，全球城市化趋势明显加强，城市群逐渐成为研究热点。

随着我国改革开放的步伐加快，沿海三大城市群快速发展，我国学者逐渐关注城市群研究，引入了城市群概念，对城市群的研究也日益深入。与戈特曼所研究的时代相比，城市群发展的外部条件发生了翻天覆地的变化，经济全球化、信息化、知识经济与全新的制造业模式，城市群的内涵及发展路径、规模与形态，都需要在戈特曼研究的基础上做更深入与细致的研究。

我国学者关于城市群的概念众多，主要有大都市区、都市圈、大都市圈、城镇群体、城镇集聚区、城镇密集区、大城市地区、城市经济区、大城市连绵区、都市连绵区、大都市连绵带、城市协作区、城市联盟、都会经济区、大城市走廊、巨型城市走廊等20 多个，概念之多也导致过多的精力花费在概念的界定与细微的甄别之上，而从概念认可度和使用频率来看，主要以都市圈、城市带、城市群使用居多，这类概念内涵随着经济社会条件的变化不断深入、发展、完善。总的来说，无论是都市圈、城市带还是城市群，其概念都可以归纳为:①是一个城市的集合或群体概念，是“若干个几十万以至百万以上人口的大城市”“由中心城市与多个周边城市和地区共同构成的”“由相当数量的，不同性质、类型和等级规模的城市，共同构成的城市集合体”，由此可见，都市圈、城市带、城市群都是强调一定城市数量呈集群发展，是一个结构相对完整的“集合体”；②是一个地域概念，特指“城市化地带”“某个特定区域范围”“是某一城市突破行政区划的局限同其邻近或外围化的地区”“一定地域空间”，都强调地域空间范围;③既强调地理区域又强调经济区域，“大都市为核心，超越原来边界而延伸到临近地区，不断强化相互的经济联系，最后形成有机结合甚至一体化的大区域”“以经济、社会、自然、资源等联系密切的区域为基础单元，以区域经济一体化为目标”“依托一定的自然环境条件，以一个或两个超大或特大城市作为地区经济的核心，发生与发展着城市个体之间的内在联系，共同构成的一个相对完整的城市集合体”，都体现了城市群由最初数个城市在一定区域位置上的集聚，因城市化进程不断推进而赋予更多的经济内涵。

近几年，我国政府主导的城市群发展规划，在以往的基础上赋予了城市群更为重大的任务和更加深刻的内涵。城市群是新型城镇化的主体形态，不仅是推动区域经济一体化的主要载体，更是实现城乡统筹、公共服务均等化、生态文明、进一步开放发展等重大战略的前沿阵地，从其作为一个地域或经济区域概念来看，范围更加宽大，视野更加开阔，视角更加新颖，内涵更加丰富，对城市群发展质量与目标提出了更高的要求。

在深入研究之前，有必要认真甄别以下几个概念：

城乡统筹。城乡统筹的关键点是城市怎么带动农村发展，强调的是解决农业、农村、农民问题，是以实现“城”与“乡”的互动发展为指导，以打破历史和制度设计形成的城乡二元结构为出发点，立足城市发展，着眼农村建设，以最终实现城乡差距最小化。实现城乡统筹是我国重大战略部署的一部分，城市群发展中包含了如何在城市群区域内实现城乡统筹。

同城化。同城化是指一个城市与另一个或几个相邻的城市，在经济、社会和自然生态环境等方面具有能够融为一体的发展条件基础上，通过打破各类行政边界，推动相互融合、互动互利和促进共同发展，来增强区域增长极的辐射力和区域整体竞争力。相对城市群而言，“同城化”在发展的区域空间上远小于城市群，辐射的范围一般集中在 0.5 ~ 1 小时车程以内，区域内居民的日常生活、工作往来就好像是在一座城市内发生，强调的重点集中在城市。“同城化”是经济全球化和区域经济一体化发展的客观要求，也是城市化加速发展的新形式。

都市圈。此概念最早来源于日本。20 世纪 50—60 年代，日本行政管理厅在首都圈整备规划、近畿圈整备规划和中部圈开发整备规划先后提出都市圈相对精准的概念，第一次首都圈整备规划对都市圈的区域范围规定为以东京站为中心 30 千米半径范围内，可在一日内接受城市某一方面功能服务的地域范围。从多次规划的调整和设计来看，日本首都都市圈的核心点都集中在对东京中心城区的规划、调整及重新设计上，围绕因经济社会发展所致中心城区交通、环境、产业、土地利用等问题，优化改善都市区功能，充分利用现实条件，近距离疏散城市功能，推动都市圈拓展、延伸。这也直接迫使日本行政管理厅对大都市圈概念及标准进行了多次修正，并对都市圈的规模、中心城区的通勤率、物资运输量占运输总量比重等做了具体规定，认为类似于东京都市圈需要包括由1个或2~3个人口规模在200万人以上的特大中心城市和若干50万人以上的邻近城市。外围地区到中心城市的通勤率不小于本身人口的15%；大都市圈之间的物资运输量不得超过总运输量的25%①。从城市间的通勤率来看，这与我国同城化的规定极为相似。

2.2.2 城市群的主要特征

城市最初是作为一个区域人口的集聚中心出现，随着城市承担功能的增多，城市人口与产业不断集中，城市获得快速发展，城市规模不断扩大，城市与周边乡村、城市的关系更加密切，往来更为频繁，彼此间的依赖性不断增强，推动了城市间、城市与周边村镇之间的交通设施建设。城市发展遵循因果循环累积原理，城市规模、实力及对周边区域产生的辐射带动效应不断递增，相邻城市辐射的区域不断接近并有部分重合，城市之间的经济联系更为密切，彼此相互影响，形成了城市群。因此，城市群是城市与其周围环境不断相互作用的结果，也是一个动态变化的过程。随着城市群的发展不断成熟，其主要特征表现为：

2.2.2.1 要素集聚

所有城市群的首要功能都是人口集聚功能。以核心城市为中心，不断超越原有城市边界，形成与周边区域一体化的城市集合体，是人口集聚中心。我国特大城市之一的北京，2018年末，全市常住人口为2154.2万人，与2017年相比，减少了16.5万人，下降0.8%，与上年同期减少2.2万人和下降0.1%相比，减量和降幅更为明显，这是北京市疏解非首都功能的结果（见表2-1）。而市统计局、国家统计局北京调查总队根据2014年人口抽样调查结果发现，北京市三环至六环间，聚集了1228.4万人的常住人口，占全市的57.1%；四环至六环间聚集了941万人的常住人口，占全市

① 曾群华，邓江楼，张勇．都市圈、城市群与同城化的概念浅析[J]．中国城市化，2012(3)．

的 43.8%；五环以外有 1098 万人的常住人口，占全市的 51.1%[①]。据北京市调查总队分析，随着城六区加强不符合城市功能定位的产业向外疏解，不断推进疏解整治促提升专项行动，以及其他十区强化基础设施建设，加大教育、医疗、公共服务方面的投入，建成有吸引力的、宜居的新城，发挥“拉力”作用，注重城市建设与产业布局并重，在双方的共同作用下，在人口总量减少的现状下，人口分布呈现出城六区持续减少，其他十区微增的特点。据调查统计，2018 年，北京城六区常住人口为 1165.9 万人，与 2017 年相比，减少了 42.9 万人，下降 3.5%，占全市常住人口的比重由 55.7% 下降到 54.1%。人口密度由 2017 年的 8834 人/平方千米降至 2018 年的 8521 人/平方千米，但城六区依然是北京市的人口集聚区。

日本从 20 世纪 70 年代末开始进入后工业时代，其城镇空间格局、城市化率都基本稳定，人口主要集中在东京、大阪、名古屋等大城市，据统计，包括东京都、埼玉县、千叶县、神奈川县，大致是以东京市区为中心，半径 30～50 千米的范围。2010 年，日本都市圈总面积 1.36 万平方千米，占全国面积的 3.5%；人口约 3561 万人，占全国人口的 27.8%；城市化水平达到 90% 以上[②]。

据世界银行统计，人口超过 100 万的城市群中的人口占总人口的百分比从 1960 年的 14.14% 上升到 2018 年的 24%；全球城镇人口占总人口的比重从 1960 年的 33.6% 上升到 2018 年的 55.3%。据联合国经济和社会事务部人口司统计预测，2014 年，世界上有 45.3 亿人集聚在 28 个特大城市，到 2050 年，全球城市人口将占总人口的 66%，在全球城市人口增长最快的 10 个城市中，中国有深圳、泰安、慈溪、珠海等 4 个城市。基于人口向城市尤其是大城市集中，联合国经济和社会事务部人口司统计发现，特大城市的数量从 1970 年的 3 个，增长到 1990 年的 10 个，2014 年已达

---

① 北京市统计局，国家统计局北京调查总队．2014 年北京市人口发展变化情况及特点［EB/OL］．北京市统计局网站，http://tjj.beijing.gov.cn/zxfbu/202002/t20200216_1636952.html.

② 李铁，文辉．东京都市圈发展对我国特大城市发展的启示［EB/OL］．360 个人图书馆，http://www.360doc.com/content/18/0403/01/32862047_742419273.shtml.

28 个，据预测，2030 年可能达到 41 个。这都反映了人口向以大城市为核心的都市圈（或城市群）集中，城市群有明显的人口集聚功能。随着人口的集聚，以人为依托的技术不断向核心城市及城市群集聚，带动产业、资金等要素向城市群集聚，要素的集聚为城市群最大限度地发挥市场对资源的配置作用提供了最佳的条件，这也是城市群成为未来城镇化建设主体形态的原因之一。

表 2－1　2010—2018 年北京市常住人口情况

年份	总量/万人		增量/万人		增速/%	
	常住人口	常住外来人口	常住人口	常住外来人口	常住人口	常住外来人口
2010	1961.9	704.7	101.9	90.5	5.5	14.7
2011	2018.6	742.2	56.7	37.5	2.9	5.3
2012	2069.3	773.8	50.7	31.6	2.5	4.3
2013	2114.8	802.7	45.5	28.9	2.2	3.7
2014	2151.6	818.7	36.8	16	1.7	2
2015	2170.5	822.6	18.9	3.9	0.9	0.5
2016	2172.9	807.5	2.4	−15.1	0.1	−1.8
2017	2170.7	794.3	−2.2	−13.2	−0.1	−1.6
2018	2154.2	764.6	−16.5	−29.7	−0.8	−3.7

资料来源：北京市统计局。

2.2.2.2　产业集聚协同发展

对多数人而言，定居城市是以对比乡村生活更为美好的城市追求与向往为动力推动的。城市比乡村更有魅力主要体现在更多的就业岗位与就业空间、更为便利与完善的公共服务等各方面，而人口集聚或向城市转移会因与需求关联的循环因果累积效应带动消费支出转移，消费支出转移就会导致与消费相关的生产活动转移，生产活动的进行为人们提供了大量的就业岗位，进而又循环推进人口的转移集中；另外，人口向城市集聚，在规模效应与成本相关联的循环因果累积原理的作用下，生产活动随人口转移，减少了运输成本与用工成本，同时因人口集聚产生的消费规模效应，有利于厂商生产活动规模化，降低成本，进而降低城市集聚人口的生产生活成本，人们的消费价格指数相比乡村、中小城市要低，从而进一步吸引人口、产业向城市集中。同时，城市群是企业参与全球竞争的最佳平台，城市群因为其历史基础与区位优势而成为与国际市场最先接轨的区域。在经济全球化的大背景下，全球的人才、资金、技术都是流动的，并都随人口向城市群集中，企业是趋利的，随利而动，因此产业多数朝着更富有国际竞争力的城市群流动已成为不可逆转的事实。城市群因其巨大的承载能力，吸引大量的产业集聚，而产业集聚在市场等多种因素的作用下逐渐沿产业链分工呈集群式发展，产业与城市群内城市间通过纵横交错的网络联系起来，产业在城市群范围内相互融合与其他众多的辅助产业形成共生体。城市间产业逐渐由最初的竞争关系发展为合作关系，产业的融合推动城市间的联系更为紧密。产业集群不断发展壮大，产业集群所在城市对相邻城市的辐射带动作用也不断增强，进而使得相邻城市成长为其卫星城市或具有新生辐射力的核心城市，在产业集群互补发展、城市间联系密切等因素的共同推动下，城市群也会变得更具竞争力，带动整个区域协调发展。

2.2.2.3　对外服务平台

城市群往往是由最初一个或几个具有国际竞争力的核心城市辐射带动发展而成的，核心城市因其产业、技术、资金、人才等优势而参与国际合作，尤其是沿海的核心城市，因其优越的地理条件而拥有更多参与国际合作与交往的便利条件，成为一个国家或区域国际合作的优势平台。但这种对外参与国际分工合作对一个大的区域或国家而言，相比少数城市或单个的城市，成熟的城市群因其区位条件优越，自然禀赋良好，城镇体系完备，经济基础雄厚，基础设施完善，体制环境优良，整体竞争力强，参与的合作机会多元等而成为国际合作与对外服务的最优平台。城市群集聚着现代化工业、商贸服务业、金融业以及文化的多样化，往往又是区域政治、文化、经济核心区，在一个国家、区域乃至世界经济都具有不可替代的中枢支配作用，并自然地与全球发生着千丝万缕的联系，承担着比单个城市更多的政治、经济、文化等全方位的对外服务功能。

2.2.2.4　城乡一体化

改革开放以来，尤其是 20 世纪 80 年代末期，我国历史上形成的城乡二元经济社会结构，已难以适应现代化与城镇化发展的需要，城市与乡村居民生产、生活和居住方式随着生产力发展变化已发生了翻天覆地的变化，促进城乡人口、技术、资本、资源等要素自由流动，城乡融合，资源共享，市场互动，最终达到城乡之间在经济、社会、文化、生态、空间、政策等方面的协调发展，已成为我国经济社会不可回避的课题。城市群基于其内部城市功能各异，城市间具有较强的互补性，使得核心城市与周边卫星城市、各城市间及城市、城镇与乡村间存在紧密的经济联系以及庞大的网络体系，并表现为城市群各层次上的人流、物流、技术流、资金流、信息流等多种流态交互运动。要素首先向核心城市集聚，经提炼、加工后逐级向外围传递，并出现核心城市辐射周边的卫星城市，各卫星城市辐射其周边广大的乡村，进而实现以城带乡；而乡村广阔的土地、过剩劳动力、强大的生态承载力、丰富的原材料资源等为城市提供持续发展的条件。城乡间在这种相互作用的过程中，有力地推动了现代农业和工业联系紧密结合，城乡生产力布局优化、协调共进，城乡各类要素统筹配置，城乡差距缩小，并将逐步实现城市群范围内的人口自由流动，公共产品共享，生态环境改善，城乡界限模糊，最终消除城乡二元化，实现城乡协调发展。

2.2.2.5　联系网络化

城市群最初是沿交通走廊展开的，并随着交通等基础设施的改善而不断扩大。城市群拥有由高速公路、高速铁路、航道、通信干线、运输管道、电力输送网和给排水管网体系所组成的区域性基础设施网络。发达的交通运输、信息等网络构成城市群空间结构的骨架，将大、中、小城市串联为一体，不同等级、规模、性质的城市成为网络体系的节点，网络骨架与节点相互嵌套，有机结合，共同构筑了千丝万缕蛛网状的城市群网络体系。城市群内城市间、城乡间人流、物流、资金流、技术流借助网络化的综合交通网、各类物流管网、信息网络等快速流动，支撑着城市群稳定、协调发展。现代交通技术与网络技术的不断发展，也使得城市空间布局由最初极核型、点轴型不断向网络型演变，并日益显示出城市群体从线性联系到网络联系的巨大系统特征。

第3章

中国城市群发展历史与规律

3.1 引 言

城市是人类聚集而居的形态之一。从各国的统计数据来看，城市史上对于城市和农村的划分总体而言有两种标准：一种是按职业可分为农业人口和非农业人口；另一种是以聚集地人口数量标准划分，也有两者的结合。而城市人口与农村人口划分标准，我国在不同的历史时期划分标准是有变化的，例如，国务院1955年公布的新中国成立后第一个城镇标准，规定常住人口2000人以上，居民50%以上是非农业人口的居民点是城镇；而常住人口小于2000人，但在1000人以上，非农业人口超过75%以上的居民区也是城镇。此外，还有具有疗养条件并且每年来疗养的人口超过当地常住人口的地区，划为城镇型居民区。城镇和城镇型居民区以外的地区为农村。同时规定，聚居人口在10万人以上的城镇可设为市，如为省级机关所在地、重要工矿区、大规模物资集散地或边远地区的重要城镇，必要时也可设为市。市近郊无论农业人口的占比多大，都视为城镇，县级及县级以上国家机关所在地及聚居2000人以上的城镇可设建制镇，少数民族地区条件从宽。“大跃进”期间，为应对城市人口的过快增长，1963年，国务院进行了标准修改。1984年，“人民公社”被撤销恢复乡村基层行政单位，对建制镇有了新的规定。1986年，国务院根据城市发展的需要，调整了设市的标准，新的标准考虑了经济指标，规定：非农人口6万人以上，年生产总值2亿元以上的地区经济中心镇，可设为市；人口50万人以下的县，县人民政府所在地的镇非农业人口10万人以上，常住人口中农业人口占比不超过40%，年生产总值3亿元以上，可撤县设市等；同时，还规定市区非农业人口25万人以上，年生产总值10亿元以上的中等城市，可实行市领导县的行政体制。

目前，我国城镇按照行政区划标准，可分为直辖市、市和镇三级。其中，按行政管辖不同又分为地级市和县级市。

我国对城市规模的划分标准也是与时俱进的。1980年，我国对1955年国家建委《关于当前城市建设工作的情况和几个问题的报告》中的城市划定标准做出调整，将城市规模分为城市人口（中心城区和近郊区非农业人口）100万人以上为特大城市，50万~100万人为大城市，20万~50万人为中等城市，20万人和20万人以下为小城市①四个等级。1989年，《中华人民共和国城市规划法》取消了对特大城市的认定标准。2014年11月20日，国务院公布了城市规模新划分标准。《关于调整城市规模划分标准的通知》明确了新的城市规模划分标准以城区常住人口为统计口径，将城市划分为：城区常住人口50万人以下的城市为小城市，其中20万人以上50万人以下的城市为Ⅰ型小城市，20万人以下的城市为Ⅱ型小城市；城区常住人口50万人以上100万人以下的城市为中等城市；城区常住人口100万人以上500万人以下的城市为大城市，其中300万人以上500万人以下的城市为Ⅰ型大城市，100万人以上300万人以下的城市为Ⅱ型大城市；城区常住人口500万人以上1000万人以下的城市为特大城市；城区常住人口1000万人以上的城市为超大城市②五类七档。该标准首次将统计口径"户籍人口"变为"城区常住人口"。

目前，对于城市群规模的划分全球尚无统一标准，20世纪50年代，法国地理学家简·戈特曼在对美国东北沿海城市人口密集地区做研究时，提出了"城市带"（megalopolis）的概念，对城市带的规模有"以2500万人口规模和每平方千米250人的人口密度为下限"的提法。此后，我国学者代合治曾将城市群规模划分为特（超）大城市群、大型城市群、中型城

① 我国城市规模划定标准将重设 中小城镇将变成"市"[N]. 经济参考报,2013-07-04.

② 国务院印发《关于调整城市规模划分标准的通知》,2014年11月20日,新华网。

市群和小型城市群四个等级，其中，特（超）大型城市群是指地域面积在 10 万平方千米以上，区域内总人口 5000 万人以上，其中城市人口在 2000 万人以上，群体内有城市 40 个以上，并且城市等级结构完整。大型城市群是指地域面积在 5 万 ~ 10 万平方千米，人口数量在 3000 万 ~ 5000 万人，其中城市人口 1000 万 ~ 2000 万人，群体内有城市 20 ~ 40 个，并且城市等级结构完整。中型城市群地域面积 3 万 ~ 5 万平方千米，区域内总人口 1000 万 ~ 3000 万人，其中城市人口 500 万 ~ 1000 万人，群体内有城市 10 ~ 20个，城市等级结构比较完整。小型城市群地域面积1 万 ~ 3 万平方千米，区域内总人口 500 万 ~ 1000 万人，其中城市人口 15 万 ~ 500 万人，群体内有城市 5 ~ 10 个，城市等级结构不完整。这是学者总结的相对完整的城市群规模等级划分标准。

城市的产生、发展及建设是受到社会、经济、文化、科技等多方面因素共同影响的，不同的社会形态决定了城市发展和建设的特点和规模。我国学者将城市的发展大致分为农业社会和工业社会或古代城市和近代城市。根据这种划分，再次大致地介绍一下我国古代和近代城市发展的历程、主要特点和形态，以便更为清晰地了解城市群发展进程。

3.2　中国城市发展的历史

中国城市的发展和世界各国城市的发展历程一样，因需要而存在。人类最初的固定居民点都有对防御的需要，最初是为防御野兽袭击，后来为了抵御原始部落之间的战争而修建防御设施，如我国陕西半坡原始居民点外围的深沟，其他原始居民点又发现栅栏等，湖南沣县城头山大溪文化城址发现距今 6000 年的城墙，在浙江良渚文化莫角山遗址还发现过类似城垣的夯土土垣等，从某种意义上说，在原始社会时期，修筑城墙似乎成了这一时期的共同现象。奴隶社会时期，阶级明显悬殊的物质财富差别及社会地位，致使这一时期城墙的结构和意义发生了重大变化，奴隶主为保护自身社会地位、体现个人身份，按照宗法制度，营建保护家族安全的城邑。

从春秋战国时期开始到清朝约 2600 年，属于封建集权制营城阶段。春秋战国时期，《墨子》中已记载了有关城市建设、城市防攻战术，对如何根据城市规模大小与城郊农田、粮食储备保持相应的关系，以保证城市的防守。而这一时期，由于臣强君弱，诸侯们纷纷打破等级森严的宗法营城制，根据自己的力量和需要修筑城邑，兴起了大规模的城市建设高潮。并在城中建置宗庙和殿堂，来象征统治权力和中枢机构，聚居点功能开始分化。《管子》中记载了体现推翻奴隶主宗法等级的城邑建设体制，以城市大小、居民多寡划分城市等级的内容。例如，万室之国，千室之都；在城市建设规划上，以“定民之居，成民之事”为指导，按职业划分居民区。在城市建设上，必须充分考虑军事、政治、经济三要素，尤其是要保障统治中枢的安全。《吴越春秋》曾有如此一说：“筑城以卫君，造郭以居民”，集中反映了城市建设中政治军事因素的重要性，当然也体现了封建城市经济思想。秦灭六国后，建立了一套相当完整的中央集权制度和政权机构，推行郡县制，即地方行政机构分郡、县两级；秦始皇把全国分成 36 郡，之后又陆续增设至 41 郡，郡以下设县，县以下设乡，郡县是上下管辖指挥关系。较大的城是郡的治所，数百个中小城市设县治，以城为依托，建立了全国统一的行政机制网点。除此之外，还有众多的邑。汉朝开始实行的州郡县三级制，经历东晋十六国、南北朝，到隋朝时已经名存实亡。隋先是废除了郡，不久又将州改称郡，恢复秦朝的郡、县两级制。唐朝在较长时期内采用了“道州县”三级制，宋朝实行州、县二级制，在地方设置直辖于中央并高于府、州、军、监的一级监察区——路。到元朝，中国出现了以行省（简称“省”）为最高一级的行政区划单位的行政区划制度，省下有路、府、州、县，路归省管。明清时期延续了元朝行省制，在全国设 15 个省级单位，布政使司以下，改元朝的路为府，成为主要的二级行政区划，还存在直属于省的直隶州，行政级别等同于府①。这种以政治、军事为主要功能，依托行政

① 中国历代政区沿革[EB/OL]. 百度百科，http://baike.baidu.com/item/中国历代政区沿革.

单元治所发展城市的城市体制一直保持到清王朝瓦解。

城市的发展和扩张受制于人口流动性的大小和城市获取资源的能力。人口流动性的大小及城市获取资源的能力都受制于生产条件和生产关系。我国先秦以来的城市大多承担着重要的政治使命，是全国行政体系的网点，是重兵驻守的战略要地。这种城市体系非自然形成，其政治性远大于其经济意义，因此，政治性的城市往往也是敌对势力攻击的对象，我国历代的战争往往以攻城略地为目的，事实上，城市是战争中攻击的真正目的，战争的输与赢以城池的失与守来判定。建立在这样基础上的城郡其发展是不稳定的，经常在战争中被毁。在宋朝也出现了许多因地理位置优越、交通便利、商业发达的城镇，其经济功能超过政治功能，政府也根据其经济功能的重要性明令设置为城镇，如扬州、苏州、武汉、景德等镇，但这样的商业重镇在我国封建历史长河中出现的比例是很低的，多数城郡是以政治功能为主的治所。同时，城市规模受制于城市可获取资源的多少，或者资源取得的半径范围，这里所说的资源，除水以外，主要是粮食资源，在几千年的封建社会中，我国基本上是自给自足的小农经济，由于交通闭塞，城市的粮食资源主要来源于本区域内农村可提供的粮食。在当时的历史条件下，农业技术落后，生产效率低，流向城市的粮食主要来源于农民的余粮出售、政府向粮食生产者农民征收的粮食实物、地主从佃农手中收取地租后通过市场流向城市，总体而言粮食的供给是有限的。城市人口越多，所需的粮食越多，在生产力一定的条件下，可取的粮食区域半径不断扩大，将粮食从供给地运输到城市的运输成本不断增加，导致人们在城市生活越来越不经济，从而推动人口从城市流出，也就是说，城市可获得的粮食多少在某种意义上决定了城市发展规模，即人口向城市集中或分散的状况。不过，我国历代的封建王朝都具备征调资源的能力，如历朝都重视通过漕运征调粮食、布匹，明朝从湖南征调木材。清朝黄六鸿在《福惠全书·钱穀·漕项》中写道："凡百姓上仓交粮，正粮之外，有加耗、有茶果、有仓书、斗级纸张、量斛、看仓储费及起运水次，又派有水脚、垫舱、神福等费……亦常情所不能免也。"这种强大的调集资源能力，往往可以保障一些大城市人口规模的扩大，建立超大型的城郡，如历朝的京师所在城市。

战国以来的城乡人口自由流动对城市发展有着极大的促进作用。西周到春秋末年，人口是难以自由流动的。周朝为维持自己的统治，实行分封制，各诸侯带领自己的族人武装殖民，为保护族人安全，就地建城，诸侯及族人居住于城中，称为“国”，土著人居于城外，称为“鄙”，建立严格的国鄙制。到战国时期，这种国鄙制因为生产和生活的需要逐渐消亡，并从法令上赋予人们自由迁徙的权利。因此，历史上我国不存在城乡二元制，城乡人口可根据生产生活的需要自由流动，城市因有源源不断的人力资源充实得以发展。这也是我国很多城市因为战争被夷为平地，但只要统治者认为有必要，这座城市又能很快重建并继续繁荣发展的原因。同时，东汉末年起，我国历史上还出现过多次大规模人口流动，推动我国古代经济重心由北向南转移，社会经济得以快速发展，城市建设与人口向城市集中的现象在南宋时期达到顶峰。之后，随着人口的不断被再次分配，人口密度与各地土地生产力逐渐趋于平衡，人口大规模流动的空间越来越小，到明清出现人口过剩，大规模流动已趋于衰落。农村剩余劳动通过手工作坊等其他副业转移，赵冈在其《中国古代城市发展史论集》中论述了与同时期的英国相对比，明清时期工业化现象为什么没有像英国一样出现在中国，最主要是因为中国农村过剩劳动力从事纺织等副业，其产量巨大，甚至超过英国数倍，但中国也是当时全球最大的棉布销售市场，消费对象主要在农村，而不在城市。尽管农户个体的生产有限、销售有限，资金积累也有限，但正是千万个个体支撑了整个庞大的市场，也导致无法产生规模化作业的工厂，这就是为什么工业化无法在这一时期形成，为什么明清时期江南各地出现众多小镇，却没有形成大的城市的原因之一。受政治、军事及经济等共同因素的影响，我国城市规模、数量在历史长河中发展变化。据研究，唐朝最盛之时人口超过 10 万人以上的城市有 17 个，长安（据估计有 100 万人以上人口）成为同时期全世界规模最大的城市，到北宋末年人口在 10 万人以上的城市已发展到 52 个[①]，其中，府级城市 30 个[②]。明、清两代统治中国 500 多年，是一个政治稳定、发展有序的时期，封建社会经济发展达到顶峰，也有了以手工作坊、手工工场为代表的我国资本主义萌芽，明、清两代工商业得以发展，工商贸易型城市和外贸港口城市也不断增加，外加边陲重镇，重兵驻扎，推动驻地城市发展，行政区划调整变化，政治性城市增多，明代府级城市达 140 个之多[③]。到清嘉庆道光年间（19 世纪中），除去都城、省会城市 18 个外，府州县城达到 1788 个[④]，与前代相比，府州县城除了政治、文化职能，其经济职能明显加强，成为地方性的区域中心，经济发达的江南地区城镇体系不断完善。总体而言，明清时期，我国城市数量增多，城市规模扩大，城市人口增加，城市人口增加与城市经济职能的加强，推动区域性都市增加，原来行政性中心城市的经济职能增强。

在此特别强调一下，在商品经济的影响下，我国古代城市沿交通线发展，推动了城市带萌芽。我国古代的许多商业场所最初都出现在交通要地或河流交汇地等，如苏州、成都等，南北朝之后，行政军事中心转移至关中地区，经济中心开始南移至江淮。隋代大运河的修建，运河沿线的商业性城镇开始发展繁荣，如汴州（开封）、扬州、泗州、淮阴、扬州、苏州、杭州等城镇。元代建都北京，大运河依然是沟通南北的经济大动脉，沿线的天津、沧州、德州、临清、济宁、聊城、章丘等地也相继繁荣，并与长江中下游的汉口、九江、芜湖、安庆、南京、镇江等商业城市通航联系起来，与原有的商业城市共同形成了商品经济相对发达的城市带。

---

① 博易谈历史．宋朝国力与唐朝国力对比谁强[EB/OL]．快资讯. 2020 - 01 - 29. https://www.360kuai.com/pc/9da3e94cb25549a4f? cota =3&kuai_so =1&sign =360_57c3bbd1&refer_scene = so_1.

② 明清时期的城市[EB/OL]．百度文库 PPT, http://wenku.baidu.com/link? url = e6aL7rSOosJfbtD2IXZAhvAXfqeCM970qFV69UAj1xKEz _ l4vJkEu5z _ LpgkG5 - hzdwUVcfZosLS5sRrTuGoNdD0mPIG1V - 3P4FZXaaH2hm.

③ 同上。

④ 同济大学中国城建史:7. 元明清时期的城市建设及小结[EB/OL]．百度文库, http://wenku.baidu.com/link? url = fMeOTj5RYqLPGyujEKCPosmMNrWVYsTIZFP - XB9wsu7c_BvSWM2y3I4ZoZrnop88Jvq9o8gjKHxEsp6UFm_MTojra239PV9oXkEUC3ergqq.

3.3 近代中国城市群的萌芽与发展

鸦片战争以前，我国城市发展处于封建社会相对闭塞的环境中，城市为封建统治阶级、手工业者、商人及其他为城市生产生活服务的劳动者聚居地。城市以消费为主，城市功能相对简单，城市建筑、规划沿袭传统模式。鸦片战争之后，随着西方列强入侵，封建社会逐步解体，我国步入半殖民地半封建社会，城市发展逐步脱离原有轨道，从内容到形式都发生了深刻变化。正如《共产党宣言》所说："正像它使农村从属于城市一样，它使未开化和半开化的国家从属于文明的国家，使农民的民族从属于资产阶级的民族，使东方从属于西方"，受半殖民地半封建社会制度的影响，中国近代城市发展植入了较多的殖民因素，也开始了艰难的近代城市化历程，城市群开始萌芽。

从1842年广州、厦门、福州、宁波、上海被开放为通商口岸开始，到1930年广东中山港的开放为止，清朝被迫开放和自行开放的口岸达到104个，外加胶州湾、旅顺口和大连湾、威海卫、广州湾等四个租借地，香港、澳门两块殖民地，可供外国人通商贸易的口岸达到110个。除了山西、贵州、陕西、青海、宁夏等内陆少数省份，中国绝大部分的省份都有了多个通商口岸。① 各通商口岸的开放，打破了我国原有的区域格局，我国对外贸易与港口商贸业规模不断扩大，通商口岸逐步发展成新兴港口城市及区域经济中心，吸引了周边农村地区人口向城市集聚。伴随着铁路、公路的修建，沿海港口城市沿内河运输航道、公路、铁路等交通线路辐射内陆地区，新的港口城市与镇江、南京、芜湖、九江、汉口、岳阳、重庆等传统城市联系起来，也使外国资本主义延伸到中国内陆地区。

沿海沿江港口城市商贸易业、对外贸易及金融业的发展，带动了中国资源开发工业、冶炼业及铁路等基础设施产业聚集发展，吸引了人口向城

① 吴松弟．通商口岸与近代的城市和区域发展[J]．郑州大学学报（哲学社会科学版），2006(6)：7－8．

市流动。1933 年，我国除东北、台湾以外的工业最发达的 12 个城市中，沿海的上海、天津、青岛、广州、福州、汕头等 6 个口岸城市，占了工人总数的 72% 和生产净值的 85%；其次是沿江的南京、汉口、重庆等 3 个口岸城市，占了工人总数的 10% 和生产净值的 5%。到民国时期，包括沿江城市在内的直属中央的 7 个特别市和 12 个院辖市中，通商口岸城市分别占了 86% 和 83%。尽管广大农村地区依然受传统的重农抑商思想和清朝摊丁入亩的土地制度影响，农村劳动力被束缚在土地上，但中国近代人口增长平均为 6.7%，而耕地面积增长只有 3.4%。这就必然引发人多地少，人口压力日重的问题①。一旦遭遇自然灾害，大量的灾民就开始流向全国各地谋求生路。其中，城市人口相对密集、财富集中，还存在一些可能的就业机会，成为灾民迁徙的重要目的地。因此，无论是新兴城市还是传统城市，在近代化进程中，不仅吸引了腹地人口向城市聚集，还吸引了大量灾民涌入。随着人口向城市的涌入，近代城市规模等级发展变化，到 1930 年，人口 200 万人以上的全国第一大城市上海是通商口岸，人口 100 万 ~ 200 万的 4 个特大城市中有 3 个是通商口岸，人口 50 万 ~ 100 万的 4 个大城市都是通商口岸，甚至在人口 20 万 ~ 50 万和人口 10 万 ~ 20 万这两个等级的城市中，通商口岸城市也分别占到 67% 和 52%②。

随着通商口岸、沿江城市逐步发展成为区域中心，城市对腹地及内陆的影响不断扩大，相互间的经济联系不断密切，为我国近代经济区域的形成奠定了良好基础。20 世纪前后，主要以上海、天津、广州、汉口等沿海、沿江城市为经济中心，以周边腹地为范围，通过水路、铁路、公路等主要交通道路连接，城市群呈现萌芽发展趋势。据分析，到民国时期，我国初步已存在的城市群萌芽的区域包括：以上海为中心，含杭州、宁波、南京、扬州、南通、淮安、连云港、镇江、嘉兴、徐州、常州、绍兴等城市在内的长三角区域；以香港和广州为中心，包括江门、肇庆、梧州、惠

① 吴承明．中国近代农业生产力考察[J]．中国经济史研究，1989(2)：65－79.

② 吴松弟．通商口岸与近代的城市和区域发展[J]．郑州大学学报(哲学社会科学版)，2006(6)：7－8.

州、赣州、三水等城市在内的珠三角区域；以厦门、福州为中心，通过多条贸易路线与包括漳州、泉州、同安、浦南、白水营等多个城市及众多小城镇在内的经济往来密切区域；以青岛、烟台为中心，主要包括多个专业化市场及商品贸易集散地为主的众多小城镇，如羊角沟、胶州、周村、潍县、龙口、威海在内的今山东省和毗邻地区的城镇体系；以天津为中心，主要包括北京、张家口、石家庄、榆次、阳曲、大同府、归化、包头、承德、赤峰等城市在内的黄河流域及内外蒙古的华北区域；以大连、沈阳为中心，主要包括营口、辽阳、新民、开源、铁岭、通江口与松花江流域的哈尔滨、吉林、佳木斯、三岔口等城市，及沿新兴铁路发展起来的长春、齐齐哈尔、四平、绥化、通化、公主岭、满洲里、白城等在内的东北区域。沿江、沿海城市的发展为我国改革开放后城市群的形成与发展奠定了良好的经济基础和发展格局。

近代以来，随着帝国主义势力的入侵，商埠和租界相继开辟，我国出现了青岛、上海、宁波等殖民地和半殖民地城市。在世界产业革命的推动下，我国被动转入资本主义世界体系与近代化，以洋务运动、维新运动为主，通过引进西方军事装备、机器生产和科学技术来维护封建统治的“自强”“求富”运动在我国展开。为解决军用工业的原料、资金、运输问题，政府大力兴办民用工业、矿业和运输业，直接推动我国近代城市化起步与城市的发展，城市数量逐步增加，城市规模逐渐扩大，若干新城市也随之应运而生，一些旧城市得以转型发展。但是，建立在当时极不稳定的政治、经济、文化及其他客观因素背景下的中国近代城市化，其发展的先天不足，导致后天发展畸形。近代城市化运动史建立在小农经济条件下，是在帝国主义入侵刺激下开始的，而近代史上中国先后的执政者也未能使中国城市化走上正常的轨道。晚清政府闭关自守，北洋政府难撑局面，加上连年战乱，城市化进展缓慢；蒋介石时期中国形式上的统一，推进了城市化的快速发展，但抗日战争及三年内战，对城市发展形成了极大的干扰。据 1947 年国民政府内政部编印的全国行政区域简表统计，当时全国仅有 69 个设市城市，由此可知中国近代城市化一直缺乏一个稳定的政治环境。

受政治环境影响，国内经济环境也是脆弱的，帝国主义入侵下的半殖民地半封建体制，使我国开放的各通商口岸主要成了各帝国主义国家瓜分中国的原材料输送地及外国商品的销售基地；近代民族工业在夹缝中求生存，近代工业化未能为农村过剩人口提供充分就业，城市畸形发展。政治、经济条件所决定的城市交通、市政等基础设施建设落后，功能单一，城市内部分割，城市建筑风格殖民化。城市间交通落后，联系松散，时空距离长，现代意义上的城市群尚未形成。

3.4　新中国成立以来我国城镇化相关政策的历史演变

新中国成立以来，城镇化伴随我国经济社会的发展变化不断加快进程。受党和国家政策的影响，我国城镇化发展以中共十一届三中全会为标志，大体可划分为两个重大历史时期，即 1949—1979 年的低速发展时期和改革开放后的快速稳定发展时期。

无论是改革开放前“把消费城市变成生产城市”，实行城乡有别的社会福利制度和户口制度、重城市生产性建设轻非生产性建设的投资政策，“不建集中城市”的思想等；还是改革开放后发展经济特区、建设小城镇、促进地区经济合理布局和协调发展、形成辐射作用大的城市群等政策的制定，都是我党基于当时的时代背景和历史条件做出的重大决策，是我国政府和人民推进城市及城市经济发展，探索有中国特色城镇化道路的经验积累，为走中国特色新型城镇化道路奠定了重要的实践基础。

3.4.1　改革开放前我国的主要城镇化政策

第一个历史时期：从 1949 年新中国成立到 1978 年实行改革开放，是我国城镇化低速发展期。1949—1952 年，我国城市建设政策是“把消费城市变成生产城市”；1952—1978 年，提出“要适应生产力布局需要，适当限制大城市，发展内地中小城市”。

3.4.1.1　把消费城市变成生产城市

中华人民共和国成立后，首要经济任务是恢复和发展生产，尤其是尽快恢复和发展城市工矿企业生产。早在 1949 年 3 月，中共七届二中全会就着重讨论了党的工作重心战略转移问题，毛泽东提出：党的工作重心应该由乡村转向城市，实行由城市领导乡村的工作方式。……城乡兼顾，使城市工作和农村工作、工人和农民、工业和农业紧密地结合起来。会议同时明确指出，要将恢复和发展城市中的生产作为中心任务，把消费城市变成生产城市，以改善人民生活，巩固政权。为保证党的工作重心战略转移顺利进行，确保城市顺利接收与建设管理，党和人民在新中国成立后的较长一段时间内进行了卓有成效的探索，出台了一系列政策措施。1949 年，中国人民政治协商会议通过的《共同纲领》，确立了中华人民共和国经济建设的根本方针是以公私兼顾、劳资两利、城乡互助、内外交流的政策，达到发展生产、繁荣经济的目的。中国共产党七届三中全会以后，为恢复国民经济，采取了一系列的政治经济措施。为快速恢复战后农业生产，调动农民生产的积极性，1950 年，中央人民政府正式公布《中华人民共和国土地改革法》。与此同时，在城市实行“三反”“五反”运动，快速调整工商业中的公私、劳资、产销关系，实行了资本主义工商业的社会主义改造，为后期建立社会主义国有经济、推进城市经济快速发展奠定了重要的政治基础。

据统计，1949 年，全国仅有 132 个城市，城市市区人口 3949 万人，城市市区人口占全国总人口比重 7. 3% 。到 1952 年，工农产值比为 9: 16，农业人口占总人口比重近 90% 。面对城市及工业发展严重落后的经济状况，要在当时相对孤立的世界格局中，尽早摆脱其他国家的约束，缩小与西方发达国家的差距，中国领导人选择了优先发展重工业的经济战略。1955 年，我国第一个五年计划明确了在过渡时期的总任务，工业建设是第一个五年计划的中心，五年内工业要实现固定资产投资总额占全部投资的 58. 2% 。农业是工业生产的主要经济基础，为使农业能够更快和更有计划地满足工业快速发展需要，1954 年《政府工作报告》指出，必须实行对农业的社会主义改造，就是要逐步改变农业中落后的个体经营，按自愿的原则用互助组和合作社的形式把农民组织起来进行集体生产，同时，在全国范围内实行统购统销的计划经济。实质上，从 1953 年开始，中央人民政府着手实行了粮食、油料、棉布的计划收购、计划供应以及棉花的计划收购等，开始实施与工业化大生产相适应的社会主义计划经济体制，推动中国城市工业加快发展及消费城市向生产城市转型。

3.4.1.2　城乡有别的社会福利制度和户口制度

集中力量发展现代工业及保证工业大生产的计划性，要求有计划地提供原材料与劳动力。1955 年，我国建立了国民经济各部门劳动力统一招收和调配制度，形成了“统招统配”的劳动力管理制度，城镇新增劳动力由国家统一安排就业，并不得随意辞退，各部门对被安排的职工按国家统一标准提供各种福利。根据 1952 年《中华人民共和国劳动保险条例》，这些福利包括：职工病伤后的公费医疗、公费休养与疗养、职工退休后的养老金、女职工的产假及独子保健、职工伤残后的救济金以及职工死后的丧葬、抚恤等。由此形成了城乡有别的福利制度，推动了人口快速向城市流动。1958 年开始，我国实行了三年“大跃进”，工业建设规模空前扩大，特别是大办钢铁企业，需要大批的新职工，农民纷纷涌入城市，城市人口数快速增长。根据我国历年统计年鉴，1957 年底全国城镇人口为 9949 万人，占总人口的 15.4%；1960 年底，增加到 13073 万人，占总人口的 19.8%，3 年净增 3124 万人。短缺经济条件下的高福利待遇无法承担快速膨胀的城市人口，1958 年，全国人大常委会通过了《中华人民共和国户口登记条例》，确立了一套较完善的户口管理制度，包括常住、暂住、出生、死亡、迁出、迁入、变更等 7 项人口登记制度。条例规定，公民由农村迁往城市，必须持有城市劳动部门的录用证明，学校的录取证明，或者城市户口登记机关的准予迁入证明，向常住地户口登记机关申请办理迁出手续。这个条例以法律形式严格限制农民进入城市，也限制城市间人口流动，在城市与农村之间构筑了一道高墙，进一步推动了城乡分离的“二元经济模式”的形成。

3.4.1.3　重城市生产性建设轻非生产性建设的投资政策

统计资料表明，1952 年沿海各省工业产值占全国工业总产值的 70% 以上。为节约资源与资金，“一五”计划我国推行了“重点建设，稳步前进”的城市建设方针，即集中力量建设有重要工程的工业城市；为在全国适当地分布生产力，城市建设的任务不再是发展沿海大城市，而是要在内地发展中小城市，并适当地限制大城市的发展。随着工业布点的增多，全国设市城市数增加也很快，1957 年底，设市城市有 177 个，1960 年底达到 199 个，1961 年增加到 208 个，成为新中国成立以后 12 年中设市最多的一年。与此同时，国家财力、物力有限，以及我国从“一五”时期开始，就强调要以最新技术和设备重点建设厂矿，厂房也要尽可能地适合最新技术设备要求，要求其他非生产性的建设（包括城市基础设施）和城市规划标准一律降低。从 1981 年国家统计年鉴资料来看，1953 年我国生产性建设投资占投资总额比重为 58.6%，1958 年，这个比重高达 88.0%，而非生产性建设投资中的住宅投资占比仅为 3%，成为新中国成立以来的最低历史水平。从历年的统计数据来看，1958—1978 年，我国生产性建设投资占投资总额的比重都维持在 80% 以上，全国各地城市普遍出现了市政公用设施超负荷运转，城市住宅严重不足，交通、教育和医院等公共服务设施十分短缺的局面，工业生产与城市人民的生活受到了很大的影响。可以说，这 20 多年，我国重生产性建设轻非生产性建设的投资政策，形成了一笔巨大的城市建设历史“欠账”。

3.4.1.4 不建集中城市的建设方针

1964 年，国际局势动荡，我国周边战争因素急剧增长，美、苏等国的军事势力对我国形成了重重包围局势。当时，我国绝大部分工业及国防工业等都分布在东北、华北一带，为加强战备，以应对迫在眉睫的战争形势，党中央决心逐步改变生产力布局，进行一次由东向西的产业转移战略大调整，重点建设西南、西北。1964—1980 年，贯穿三个五年计划的 16 年中，国家在属于三线地区的 13 个省、自治区的中西部投入了占同期全国基本建设总投资 40% 多，共计 2052.68 亿元的巨资；400 万工人、干部、知识分子、解放军官兵和成千上万人次的民工，建起了 1100 多个大中型工矿企业、科研单位和大专院校。为适应备战需要，厂矿布局按照中央提出的“靠山、分散、隐蔽”建设方针，厂矿远离大城市，生产企业必须同时建设相应的各种社会保障、后勤服务体系来保障工人生活需要，从而形成了一个与城市分离的相对封闭体系，这种布局也使处于厂矿区附近的新型工业城市（如攀枝花、十堰、德阳、六盘水等）得以快速发展，30 多个新兴城市在这一时期崛起。

3.4.2　改革开放后我国的主要城镇化政策

第二个历史时期：改革开放后至今，是我国城镇化的快速稳定发展时期。1978—1991 年，是我国城镇化的快速发展时期，国家主要城镇化政策集中体现在：弥补城市历史“欠账”，建设经济特区，发展小城镇；1992—2012 年，是我国城镇化的稳定发展时期，国家的主要政策是促进区域协调发展，走中国特色新型城镇化道路；党的十八大以来，党和国家重点推动我国城镇化从规模扩张向高质量发展的转变，建设城市群。

3.4.2.1　发展经济特区

1978 年 3 月，国务院召开第三次城市工作会议，中共中央作出《关于加强城市建设工作的意见》，决定在全国 17 个大中城市试行每年从上年工商利润中提成 5%，作为城市维护和建设资金的办法。为偿还历史“欠账”，1978 年后连续多年，党中央加大了扩大职工住宅、城市公用设施、学校、医院等方面建设的投入，人民的生活得到了极大改善。

1979 年 4 月 8 日，广东省委第一书记习仲勋在中央工作会议上向党中央提出，要求中央给予广东改革开放的特殊政策，在邻近港澳和沿海地区划出一些区域专门对外合作交流和吸收外资。1979 年 7 月，中共中央、国务院决定在深圳、珠海、汕头、厦门创办“出口特区”。1980 年 5 月 16 日，中共中央、国务院正式将“特区”定名为“经济特区”。从此打开了以沿海城市率先发展为主题的对外开放大门。1984 年 2 月，邓小平在视察广东、福建、上海等经济特区回京后，与中央几位负责同志谈话时，提出了要办好经济特区和增加对外开放城市，可以考虑再开放几个港口城市。按照这一思路，1984 年 5 月，中共中央、国务院决定开放大连、秦皇岛、天津、烟台、青岛等14个沿海城市。经济特区的良好发展势头，推动了我国以城市为重点的经济体制改革，1984年10月中共中央通过《中共中央关于经济体制改革的决定》，强调要加快以城市为重点的经济体制改革步伐，并指出要充分发挥城市的中心作用，逐步形成以城市特别是大、中城市为依托的，不同规模的，开放式、网络型经济区。从1985年起，中共中央、国务院又相继在长江三角洲、珠江三角洲、闽东南地区和环渤海地区开辟经济开放区。1988年4月，全国人大第一次会议决议批准同意海南岛为经济特区。1991年，邓小平在视察上海时说："开发浦东……是关系上海发展的问题，是利用上海这个基地发展长江三角洲和长江流域的问题。"浦东的开发为今天上海成为长三角首位城市奠定了重要基础。我国经济特区、经济区的建设及以城市为重点的经济体制改革，推动城市数量进入一个快速发展期，据统计，1979—1991年，我国共新增城市286个，大约为前30年的4.7倍。这些政策的实施不仅为我国城市快速发展及城市群的形成创造了良好条件，也为今天城镇化的高效推进积累了宝贵经验。

3.4.2.2 建设小城镇

1978年，中共十一届三中全会通过《中共中央关于加快农业发展若干问题的决定（草案)》，拉开了我国改革的序幕。随着农村联产承包责任制在全国的推广，长期以来被压抑的农村生产潜力得到了释放，《新中国60年统计资料汇编》显示，1980—1990年，我国农业生产总值由1371.6亿元增长到5062.0亿元，增长了3.67倍；农民家庭每年每人纯收入从133.57元增长到601.51元，增长了4.5倍；乡村劳动者由3.18万人增长到4.09万人，农产品、农民手头钱财及乡村劳动者逐步出现剩余。同时，以城市为重点的经济体制改革逐步成为我国改革的主要方向，国家加大了城市基础设施建设，设立经济特区，城市经济快速发展，对劳动力的需求日益增大，限制劳动力流动的户籍制度也开始有所松动，在不改变户籍的情况下，剩余农民开始以国有企业"合同工""临时工"和建筑工人的身份进城，有效地推动了城乡互动发展。

改革开放后，我国乡镇及乡镇企业也呈现快速发展，由国家统计局及建设部村镇司统计资料可知，1978—1983 年，我国的乡镇数量从 2173 个增加到 2968 个，相对缓慢增加。1984 年，国务院批准了民政部呈报的《关于调整建镇标准的报告》，提出要积极发展小城镇，放宽建镇标准，在此规定的推动下，1984 年底，我国的乡镇数就达 7186 个，到 1988 年底，我国的乡镇数增加到 11481 个，1978—1988 年十年间，我国乡镇数年均增长 930. 8 个。在国家政策的支持下，乡镇企业也蓬勃发展，对吸纳农村剩余劳动力，助推小城镇发展做出了突出的贡献。据统计，1978—1988 年，我国乡镇企业数由 152. 42 万个增长到 1888. 16 万个（其中 1983 年乡镇企业数 134. 64 万个，1984 年后呈现快速增长），增长了 12. 38 倍，乡镇企业职工人数由 2826. 56 万人增加到 9545. 46 万人，增长了 3. 38 倍。邓小平在视察武昌、深圳、珠海、上海等地时，曾这样评价我国城乡经济的快速发展形势，他说："经济发展比较快的是一九八四年至一九八八年。这五年，首先是农村改革带来许多新的变化，……，乡镇企业异军突起。……，农副产品的增加，农村市场的扩大，农村剩余劳动力的转移，又强有力地推动了工业的发展。……，农业和工业，农村和城市，就是这样相互影响，相互促进。"

3. 4. 2. 3　促进地区经济合理布局和协调发展

1992 年，党的十四大提出建立和完善社会主义市场经济体制，其中城市发展重点是要以上海浦东开发开放为龙头，进一步开放长江沿岸城市，尽快把上海建成国际经济、金融、贸易中心之一，带动长江三角洲和整个长江流域地区经济的新飞跃，从而把发挥沿海城市对内陆地区的辐射带动作用提到了一个前所未有的高度。经过改革开放 20 年的发展，我国东部沿海地区城市快速崛起，城市规模日益扩大，上海、广州、深圳等城市的经济总量远高于其他城市，成为区域内中心城市。1997 年，党的十五大报告要求各地从实际出发，遵循区域经济发展规律，发挥中心城市的作用，发展各具特色的区域经济，引导形成跨地区的经济区域和重点产业带。21 世纪初，我国城镇化快速推进，城市规模快速扩张，出现了上海、北京、广东、深圳、天津等特大城市，以及由特大城市引领的长三角、京津冀、珠三角等城市群。2002年，党的十六大报告提出了全面繁荣农村经济，加快城镇化进程。党中央首次在党的报告中提出要逐步提高城镇化水平，坚持大中小城市和小城镇协调发展，走中国特色的城镇化道路，并强调发展小城镇要同发展乡镇企业和农村服务业结合起来。消除不利于城镇化发展的体制和政策障碍，引导农村劳动力合理、有序流动。这些政策的实施，揭开了我国城镇化建设的新篇章，我国城市及城镇化发展空前活跃。国家统计局及建设部村镇司统计资料显示，1992—2008年，在经济快速增长的拉动下，我国城镇化率由26.68%提高到45.68%，设市城市总数由479个增加到655个，平均每年增加了11个；全国建制镇由13737个（含1752个县城关镇）增加至19234个，平均每年增加344个。

3.4.2.4　形成辐射作用大的城市群

随着我国城镇化进程的快速推进，区域城市间发展不平衡，“大城市病”“千城一面”等城市问题日益凸显。中国城镇化进入内涵式发展的关键时期，为适应城市发展的需要，我国展开以重视城市质量为重点城市发展方式的改革。党的十七大报告又一次强调要走中国特色城镇化道路，促进大中小城市和小城镇协调发展。首次提出要培育新的经济增长极，增强城市综合承载能力，形成以特大城市为依托的城市群。在此基础上，针对城镇化进程中农业剩余人口就业、“空城”等客观存在的实际问题，2012年，党的十八大报告进一步强调要以推进城镇化为重点，科学规划城市群规模和布局，增强小城市和小城镇产业发展、公共服务、吸纳就业、人口集聚功能。2013年，针对当前城镇化发展进程中存在的普遍问题，我国召开了改革开放以来第一次中共中央城镇化工作会议，习近平总书记在会议上指出：城镇化是现代化的必由之路，在我们这样一个拥有13亿人口的发展中大国实现城镇化，意义深远；城镇化是一个自然过程；要紧紧围绕提高城镇化发展质量，推进以人为本的城镇化。此次会议的召开及时而意义重大，是党中央在新的时代背景下，从战略和全局的高度对走中国特色新型城镇化道路作出的一系列重大部署，有利于全党和全国人民统一思想、统一认识，确保城镇化朝着正确的方向发展。党的十九大报告提出，要以城市群为主体构建大中小城市和小城镇协调发展的城镇格局，加快农业转移人口市民化。这再次指明了我国新型城镇化的发展方向，为建设现代化经济体系，探索与之协调发展的城镇格局提供了重要的指导思想。

3.4.3　我国城镇化政策演变的重要启示

城镇化建设是人类对自己所处的自然、经济、社会环境的一个不断认识、不断适应的过程，是循序渐进的。从新中国成立后我国城镇化政策的历史演进过程来看，我国各项城镇化政策的出台与实施，主要是我党基于当时的时代背景和历史条件做出的重大决策，是我国政府和人民对城镇化进程中出现的各类矛盾、问题的认识与实践结果，是对城镇化客观发展规律的一个不断认识过程。重新认识我国各历史时期的城镇化政策及实际指导作用，有利于我们正确认识城镇化进程中存在的问题和矛盾，抓住主要矛盾；有利于在城镇化进程中少走弯路，少折腾。

3.4.3.1　必须坚持实事求是

新中国成立后，我党在较短时间内用极大努力学会了管理和建设城市。但面对战后经济严重困难，生产力水平低下，资源和资金严重短缺，我国的城市政策是就地取材，发展生产，节约一切资金建设新中国工农业基础，发展国防事业，没有足够的资金和精力保障城市的同步建设与发展。同时，在全国范围内实行最严格的土地政策、城乡有别的福利政策，保障工农业生产，减少对城市的投入和土地的浪费。

改革开放后，随着生产力水平的不断提高，我国在经济领域取得一个又一个辉煌，居民收入不断提高，人们对物质与精神生活的要求也越来越高，城市建设与发展面临着前所未有的挑战。我国的城镇化政策围绕满足人们日益增长的物质和文化需求而努力，注重发挥产业与人口集聚对经济发展的推动作用，出台了一系列以工促农、以城带乡，推动城乡一体化发展等政策措施，极大地提高了人们的生活水平。

总体而言，我国是一个幅员辽阔，人口众多，地理差异较大，区域发展不平衡的国家，城镇化建设要在尊重这一客观事实的基础上，从我国国情和实际出发，认识城镇化不是单纯的人口集中，不是拆旧建新，要重在满足需求，有利于生产，方便生活，节约土地，因地制宜，发展多样化的城镇化。

3.4.3.2　必须坚持以人民为中心的发展思想

改革开放前，基于当时的历史背景和物质条件，我国的城镇化政策相对地压抑了人们的需求；改革开放后，我国的城镇化政策又更多地围绕经济的发展而制定，忽视了人们对文化、环境、生态、精神方面的需要，导致距离人的城镇化越走越远。随着我国经济社会的发展，人们对生活的要求不再是解决温饱问题，而是呈现出个性化、多样化、品质化的新特征。城镇化建设必须建立在了解人们需求的基础上，不是建楼房、变户籍，农民就能变成市民这么简单。农民心中的城镇化就是希望自己生活得和城里人一样，有稳定的收入、体面的工作、舒适的生活环境，能平等地享受公共服务等；城市居民心中的城镇化就是就业更加稳定，较低的生活成本，良好的生态环境，更为充裕的休闲时间等。人们需求的多样化，决定了以人为本的城镇化内涵将变得日益丰富、丰满，研究人的城镇化首先必须分析不同时期人们的需求与愿望。对新型城镇化的认识应该统一到统筹城乡发展，围绕满足人对城镇的主要需求，使人们的生活更加美好、幸福上来。

3.4.3.3　必须坚持模式多样

中国是一个有着14亿人口，人口及其他资源分布极不平衡的大国，城镇发展的历史基础各不一样，决定了城镇化进程中城市规模不应该拘泥于是发展“大城市”，还是建设“小城镇”的问题，城市的布局不应该是求统一、千城一面，而应是因地制宜、各具特色、模式多样化的城镇化。城镇的规模与布局既要尊重国情、城镇发展基础及客观规律，也要重视高铁、信息技术、人工智能等现代科技为城镇化建设创造的新条件与新环境，走有中国特色、大中小城市协调发展的道路。既要逐步克服“大城市病”，发展与建设好大城市，又要重视加强中小城镇产业发展、公共服务、吸纳就业、人口集聚功能，统筹城乡发展，实行就地城镇化，逐步消除城乡二元结构，构建新型城乡关系，推进城乡融合发展。

3.4.3.4　必须坚持发展与生态并重

我国是一个拥有 14 亿人口的大国，经济社会持续稳定发展仍然是解决我国所有问题的关键。坚持发展是硬道理的本质要求就是坚持科学发展，城镇化建设必须加快转变发展方式，把城镇化建设的立足点转到提高质量和效益上来，必须坚持发展与生态并重，避免牺牲生态环境来单纯追求 GDP 增长的城镇化。我国各地生态与资源分布极不均衡，在城镇化率尚处于较低水平的情况下，要吸取过去为发展生产过度破坏生态环境与“城市病”的教训，充分利用现代信息技术、高速交通体系、人工智能等高科技手段，结合各地自然资源，加强以城市群为主体形态的空间布局研究，坚持发展与生态并重的原则，合理规划，分步实施，统筹城乡发展。

3.5　中国城市群发展约束条件再认识

如果说中国古代城市化进程受制于人口流动的大小和城市获取资源（农村余粮率）①，那么，我国城镇化快速推进的今天，城市群的发展又受哪些因素的影响呢？

城市群首先由核心城市发展壮大后沿交通走廊不断辐射周边区域，带动周边卫星城市、接壤乡村与之互补发展。这其中包括人口、产业向城市群尤其是核心城市、卫星城市集中，核心城市与卫星城市、城镇及乡村基础设施在空间上实现连接，城市间、城市与乡村间产业互补分工，资源利用与生态环境保护等是城市群发展的核心目标，但其本质仍然是人口流动的大小、城市获取资源的能力。但人口的快速增长，人口向大城市、超大城市集中，所导致的城市群资源与环境的承载能力则是台湾学者赵冈在《中国古代城市发展史论集》古代城市化进程中制约因素所未能论及的，但确是当前研究城市群发展必须考虑的重要因素。

① 赵冈．中国古代城市发展史论集[M]．北京：新星出版社，2006：92－127．

3.5.1 人口流动的大小

3.5.1.1 制度原因

人口流动大小在制度上主要取决于现代社会公民的一项基本权利——自由迁徙权。当今世界，日本、德国、瑞典、意大利等多数国家宪法都有公民迁徙自由的规定，如美国联邦最高法院在判例中确认，美国公民有移居任何一州并享受移居州公民同等待遇的权利，联合国《公民权利和政治权利国际公约》也规定了公民有迁徙和选择住所的自由。

受户籍制度影响，我国公民的自由迁徙权利并不完善。中国户籍管理制度还是起源于秦朝，在历朝历代都有记载使用，自秦以来的户籍制度主要是与土地直接联系的，以家庭、家族、宗族为本位的人口管理方式，没有城市和农村的隔离，为了生产和生活，人们可以相对自由地在城乡之间迁入和迁出，但并未在法律上予以明文规定该项权利。受西方思想影响，民国时期，我国曾多次对公民自由迁徙权利做出法律规定。1912 年 3 月 11 日公布的《中华民国临时约法》，曾在法律上首次规定“人民有居住和迁徙之自由”。1914 年《中华民国约法》改为“人民于法律范围内，有居住迁徙之自由”。1923 年 10 月 10 日颁布的《中华民国宪法》规定，“中华民国人民有选择住居及职业之自由，非依法律，不受限制”。1932 年《中华民国训政期约法》规定，“人民有迁徙之自由，非依法律不得停止或限制之”。1946 年 12 月 25 日公布的《中华民国宪法》规定，“人民有居住及迁徙之自由”。

新中国成立后，1954 年颁布的《中华人民共和国宪法》规定，“中华人民共和国公民有居住和迁徙的自由”。受当时经济历史条件的影响，短缺经济条件下为促进工业发展建立的城乡有别的福利待遇无法承载快速膨胀的城市人口，1957 年的《中华人民共和国宪法》中去掉了公民的“自由迁徙权”规定。1958 年，全国人大常委会通过了《中华人民共和国户口登记条例》，确立了一套较完善的户口管理制度，规定公民由农村迁往城市，必须持有城市劳动部门的录用证明、学校的录取证明，或者城市户口登记机关的准予迁入证明，向常住地户口登记机关申请办理迁出手续，以法律的形式严格限制农民进城，进而限制城乡人口的自由流动。新中国成立后，我国也有过新疆生产建设兵团、“上山下乡运动”等大规模的军事、政治移民，但都不是真正意义上的自由迁徙。中共十八届三中全会后，我国逐渐放开了建制镇、小城市落户限制，有序放开中等城市落户限制，除北京、上海等超大城市外，当前多数大城市都放开了落户条件，这都陆续为我国农村过剩劳动力进城就业、居住打开了通道。而自由迁徙也必将成为我国新型城镇化建设必须解决的重点问题，是我国政府全面深化改革的一部分，但必须有条不紊，在条件成熟时逐步实现。

改革开放 40 余年来我国流动人口政策调整经历了逐步放开农民进城、要求公平对待流动人口、全面推进市民化三个阶段，流动人口共享改革发展成果的理念越发深入人心。据《中国流动人口发展报告 2018》统计，我国的流动人口规模从 1982 年的 657 万人增长到 2016 年末的 2.45 亿人，占全国总人口的 18%，2010—2015 年流动人口增长速度明显下降；全国流动人口规模自 2015 年起从此前的持续上升转为缓慢下降。报告指出，2017 年流动人口中，新生代流动人口（1980 年以后出生）所占比重为 65.1%。97.3% 的新生代流动人口喜欢现在居住的城市，95.3% 的新生代流动人口关注现在居住城市的变化，93.3% 的新生代流动人口愿意融入本地人之中。据各城市统计，2016 年末，北京、上海、广州、深圳常住外来人口数占常住人口的比例分别为 37.2%、40.5%、38.0%、66.0%；随着农村转移人口市民化政策的推动，以及各城市引进人才政策的实施，2018 年末，这 4 个城市常住外来人口数占常住人口的比例都有所下降，分别为 35.49%、40.28%、35.34%、65.1%（见表 3-1）。其中，依然是深圳的外来人口比例最高，其次为上海。从我国第 6 次人口普查数据统计来看，吸引人口流入最多的是我国东部包括长三角、珠三角、环渤海湾等沿海城市群，占流入我国城市群总人口的 70%，西部地区城市群流入人口超过 1000 万人，也是流出人口占比最大的区域[①]。这

① 纪韶，朱志胜．中国城市群人口流动与区域经济发展平衡性研究[J]．经济理论与经济管理，2014(2):7-18.

说明了我国改革开放40余年，我国人口呈现从中西部向东部和东南沿海一带流动的趋势，并且人口的流入和流出都集中在城市群。东南沿海城市群对人口的吸引力主要原因在于以区位优势为基础的产业发展稳定、健康，每年能为社会提供丰富的就业岗位，吸引劳动力流入，成为统计上的常住人口。受我国户籍制度的影响，常住人口户籍没有变更，与户籍相关的社会保障、教育在户籍人口与常住人口之间形成差别，影响有条件、有意愿在就业地能定居下来的人成为真正意义上的城市人口。也就是有相对稳定的就业但没有提供能让外来人口安心定居的政策环境，从某种意义上说，这也是造成我国城市群成为人口流入与流出集中地的重要原因之一。

表3-1 北京、上海、广州、深圳的常住人口、常住外来人口情况

城市	年份	常住人口/万人	外来人口/万人	占比/%
北京	2018	2154.2	764.6	35.49
	2016	2172.9	807.5	37.16
上海	2018	2423.78	976.21	40.28
	2016	2419.7	980.2	40.51
广州	2018	1490.44	526.75	35.34
	2016	1404.35	533.86	38.01
深圳	2018	1302.66	847.97	65.10
	2016	1190.84	1190.84	67.70

资料来源：北京、上海、广州、深圳统计公报。

而户籍制度改革并不可能在短期内解决城市化进程中日益突出的城乡二元结构问题，附属在户籍制度上的城乡居民公共服务不均等，教育、医疗、社会保障等方面的不一致，同样是制约城乡居民自由流动的重要问题。进城后的劳动人口如何适应城市生活，如何突破制度的藩篱，让有条件、有意愿融入城市的农民工享受同样的基本公共服务，享有同等的市民权利必将是城市群吸纳人口、促进人口自由迁徙需研究的重要课题之一。与之相对应，有意愿回归乡村，愿意在农村定居，从事农业生产劳动的城市居民如何合理地流出城市。通过制度创新，实现城乡人口合理流动，保持社会稳定，缩小城乡差距，推动城乡统筹等，也是值得思考的问题。

3.5.1.2　城市群产业发展程度

在解决人口温饱问题后，人口向城市流动的动机不再是追求温饱，更多趋向于更高质量的创业就业机会，与农村截然不同的生活方式等，因此，城市群对人口集聚及人口流动的影响包括产业发展、居住环境、社会文化等。其中，城市群内产业协同发展、经济活跃，就业岗位充分，是对人口集聚最大的吸引力。

改革开放以来，我国经济在政府主导下，通过大力投资和不断强化工业经济，使经济增长一直高于世界经济增长水平（见图 3－1）。伴随经济增长，一、二、三次产业增长不断提速，我国就业总人口逐年增加，分布在一、二、三产业的人口就业结构也在不断发生变化。国家统计数据显示，1978 年，我国国内生产总值为 3645. 2 万元（按当年价格计算，下同），到 1998 年已达 84402. 3 万元，2000 年达 99214. 6 万元，2005 年就是 2000 年的 2 倍了，2010 年在 2000 年的基础上翻了两番，到 2018 年底，我国生产总值为 900309 亿元，占世界经济的比重接近 16%。我国就业人口总数在 1978 年底是 40152 万人，到 1998 年就已经稳定在 7 亿人以上，2018 年底，全国就业人口总数达 77586 万人（见图 3－3）。我国经济发展在改革开放 40 余年的时间内取得了举世瞩目的成就，产业结构随着经济发展和城镇化进程的加速也不断调整，第一产业的比重逐年下降，已从 1978 年的 28. 2% 逐步下降到 2018 年的 7. 2%，第一产业就业人口占总就业人口的比重则从 1978 年的 70. 5% 调整到 2018 年的 26. 1%，但第一产业能承载的就业人口数越来越少，并且随着农业现代化进程的加速，农业与工业、信息产业的不断融合，农业领域的就业空间将越来越小，对人才的要求将会越来越高，倒逼我国必须逐渐调整就业方向，加快人口就业的转型升级。1978 年，第二产业在三次产业中的占比为 47. 9%，30 多年间有小的波动，但幅度不大，整个占比在 40% ~50% 间变化，到 2018 年第二产业在三次产业中的占比为 40. 8%。第二产业承载的就业人口占总就业人口的比重虽然变化不大，但是人口总数总体是逐年递增的，直到 2015 年才有所下降。第二产业在我国改革开放 40 余年内都在不断为农村过剩劳动力提供就业岗位，但随着科技的不断进步，智能制造的发展、产业技术升级，第二次产业能提供的就业岗位不可能一直增长，甚至还有可能减少，那么就业人口就只能逐步向第三产业转移。西方发达国家随着城镇化进程的逐步结束，多数国家第三产业的占比已达国内生产总值的70% ~80%，第三产业承载了大量的过剩劳动力。我国与第一产业就业人口呈此消彼长关系的是第三产业，已从1978年占总就业人口的12.2%递增到2018年的46.3%，伴随我国城镇化进程加速，产业转型升级，人民生活水平的提高等，第三产业成为我国人口就业的主要可拓展空间。在总就业人口中，城乡就业人口（见图3－4）随着经济的发展、城镇化进程的加速，表现为：乡村就业人数从1978年的30638万人增长到1990年的49025万人，这反映出农村联产承包责任制后，参与农村生产劳动的人口呈现快速增长，之后，随着沿海经济的发展，城镇吸纳就业人口的能力越来越强，乡村就业人口总数开始下降，到2017年，乡村就业人口已减少到34167万人；而城镇就业人口则从1978年的9514万人增长到2018年的43419万人，就业人口向城市集中，不仅反映出城市产业发展有强大的就业吸纳能力，也推动了我国的城镇化进程不断加速。

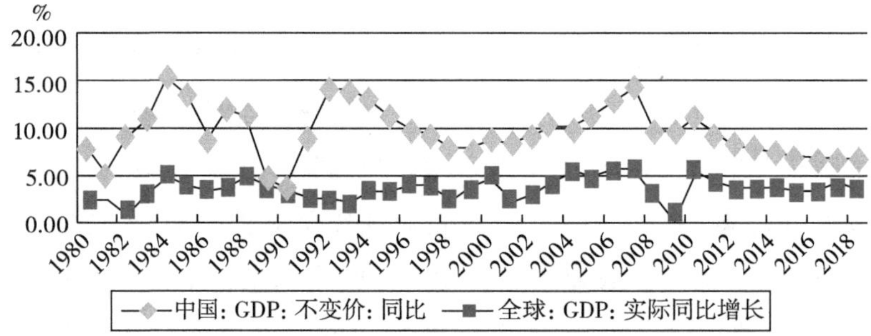

图3－1　改革开放以来中国及世界经济增速

资料来源：wind.

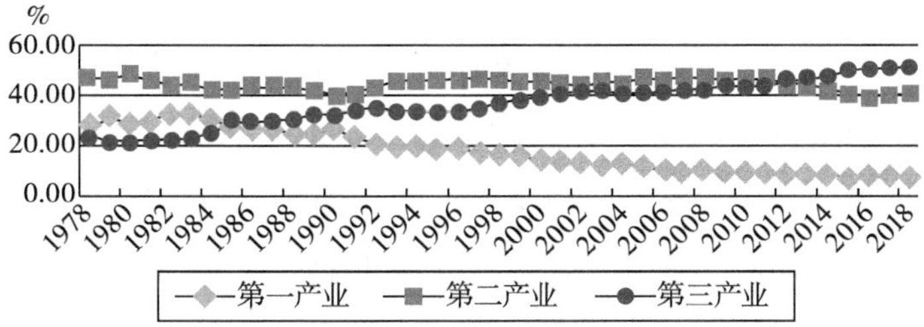

图 3-2　改革开放以来中国产业结构的变化

资料来源：wind.

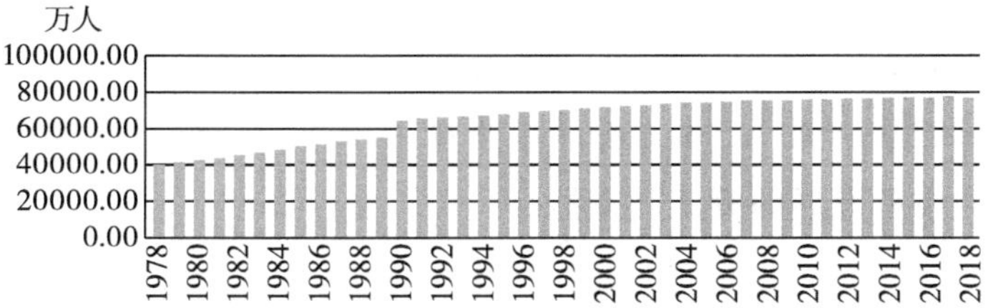

图 3-3　改革开放以来中国就业总人口变化

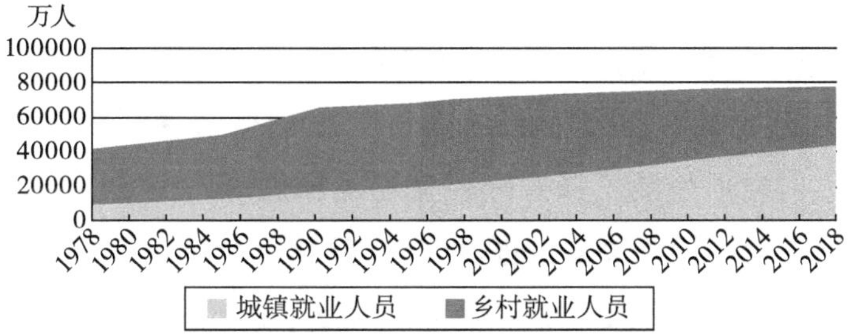

图 3-4　改革开放以来中国城乡就业人口变化

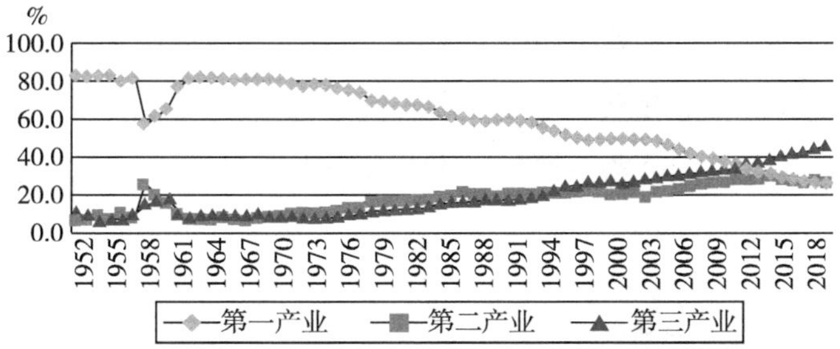

图 3-5　中国历年按三次产业分就业结构变化

从以上论述可知，产业发展尤其是吸纳就业能力强的第三产业的发展，是人口赖以就业的主要产业发展方向，也是城镇化进程可持续的依赖。因未来城市群将成为我国城镇化的主体形态，在集聚人口、吸纳就业等方面发挥更加强大的作用，但城市群能否健康可持续发展，关键看能否推动各产业协同发展，形成有竞争力的城市群产业链，故而产业发展水平已然成为城市群发展的重要约束条件。

3.5.1.3　交通的约束

城市群是一个系统的有机整体，无论其作为封闭体系还是开放的体系，交通都是人口、物资流动的基本纽带，是城市群内部各城市间经济产业密切往来的基本依托，也是城市群吸纳外来人口、获取外部资源的核心通道，是城市群发展的骨架和支撑。

新中国成立之初，交通运输面貌十分落后。全国铁路总里程仅 2.2 万千米。公路里程仅 8.1 万千米，没有一条高速公路。内河航道 7.4 万千米，其中等级航道仅 2.4 万千米。民航航线里程 1.1 万千米，只有 12 条航线①。交通运输供给滞后于需求增长，成为制约国民经济发展的瓶颈之一。随着改革开放力度的加大，交通基础设施建设加速推进，极大地缓解了社会经济发展和人们物质生活不断升级对交通运输发展的需求。党的十八大以来，全国交通运输行业统筹推进基础设施网络化布局，“五纵五横”综合运输大通道基本贯通，交通运输服务保障能力显著提升，国民经济主动脉作用日益显现，为国民经济持续快速发展提供了强有力的支撑，更是促进了城市、城乡的人流、物流快速流动。截至 2018 年底，我国铁路营业里程已达 13.2 万千米（见图 3－6），其中，高速铁路营业里程突破 3.0 万千米，超过世界高铁总里程的 2/3，位居世界第一②。国家统计局公布的数据显示，2018 年末全国公路总里程达 485 万千米（见图 3－7），其中，高速公

---

① 国家统计局．交通运输铺就强国枢纽通途 邮电通信助力创新经济航船——新中国成立 70 周年经济社会发展成就系列报告之十六［EB/OL］．国家统计局网站，2019－08－13. http://www.stats.gov.cn/tjsj/zxfb/201908/t20190813_1690833.html.

② 同上。

路里程达14.26万千米（见图3－6）。从通车密度（见表3－2）可以看出，我国高速公路密度最大的是三大直辖市上海、天津和北京，其次是广东、江苏、福建、浙江，这7个省市都位于东部沿海地区，分别属于珠三角、长三角和京津冀地区，是我国经济最发达的地区。由此可见，经济越发达，高速公路密度就越大，而良好的交通基础设施，又可以促进经济的发展，从而形成良性循环。[①] 从数据来看，2017年，我国铁路密度为136.9千米/万平方千米，其中，长三角为476.99千米/万平方千米，京津冀地区为439.66千米/万平方千米；全国公路密度为0.505万千米/万平方千米，其中，京津冀为1.06万千米/万平方千米。可见，城市群路网相对更为密集。

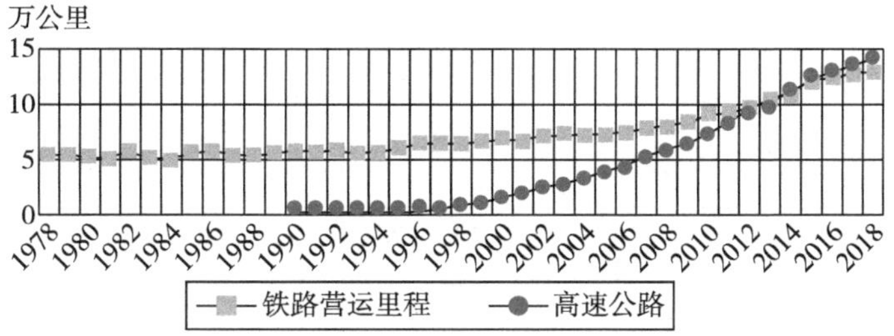

图3－6　改革开放以来中国铁路、高速公路营运里程变化

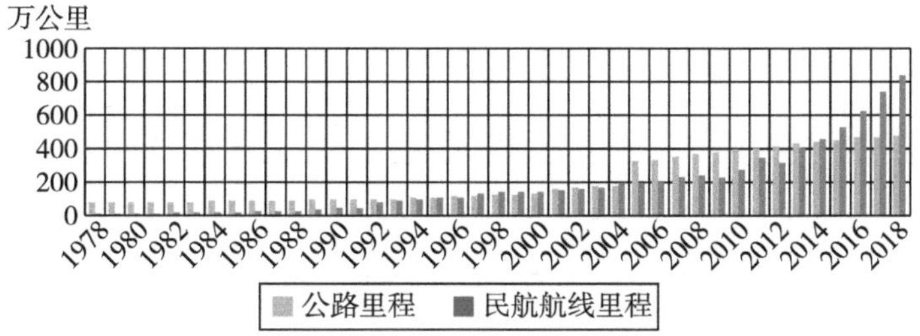

图3－7　改革开放以来中国公路、民航航线里程数变化

资料来源：新中国成立55周年统计资料汇编、2019年中国统计摘要。

① 佚名．2018年高速公路密度排名，直辖市遥遥领先，这个省位居中西部第一［EB/OL］．搜狐，2019－06－02．http://www.sohu.com/a/318121371_100052351.

表 3－2　2018 年各省高速里程与密度

地区	高速里程（千米）	面积（万平方千米）	高速公路密度（千米/百平方千米）	排名
广东	9002	18	5.00	4
河北	7279	18.8	3.87	10
四川	7238	48	1.51	24
湖南	6725	21	3.20	17
内蒙古	6630	118	0.56	28
河南	6600	16.7	3.95	8
贵州	6453	17.6	3.67	12
湖北	6367	18.6	3.42	16
山东	6057	15.4	3.93	9
江西	5931	16.7	3.55	14
山西	5605	15.6	3.59	13
广西	5563	23.6	2.36	22
陕西	5475	20.6	2.66	20
福建	5344	12	4.45	6
新疆	5234	166	0.32	30
云南	5198	38	1.37	25
安徽	4836	14	3.45	15
江苏	4710	10.3	4.57	5
黑龙江	4512	47	0.96	26
浙江	4421	10.2	4.33	7
辽宁	4331	14.6	2.97	18
甘肃	4242	45.4	0.93	27
青海	3328	72	0.46	29
吉林	3298	18.7	1.76	23
重庆	3096	8.2	3.76	11
宁夏	1719	6.6	2.60	21
天津	1262	1.1	11.47	2
北京	1147	1.7	6.75	3
海南	932	3.4	2.74	19
上海	830	0.6	13.83	1

续表

地区	高速里程（千米）	面积（万平方千米）	高速公路密度（千米/百平方千米）	排名
西藏	622	123	0.05	31

资料来源：18 年高速公路密度排名，直辖市遥遥领先，这个省位居中西部第一［EB/OL］. 网易，2019 – 06 – 02. https：//dy.163.com/article/EGMKHKKI0511LN41.html；NTESwebSI = E58F11816B6C79E9B1D3CAC1C62C0D4F.hz – subscribe – web – docker – cm – online – rpqqn – 8gfzd – qppx5 – 7c94496qjkc – 8081.

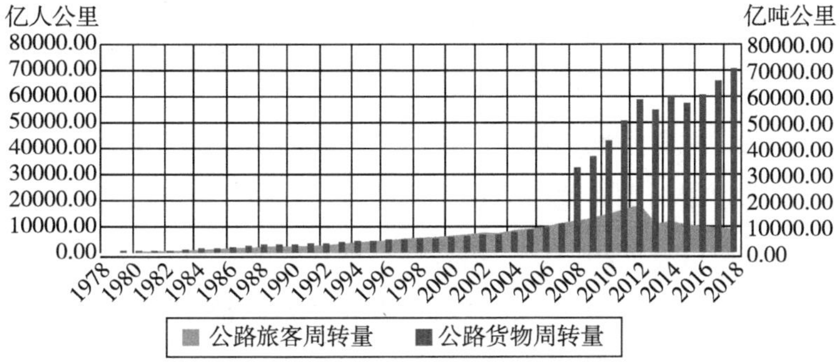

图 3 – 8　改革开放以来中国公路旅客、货物周转量变化

资料来源：wind.

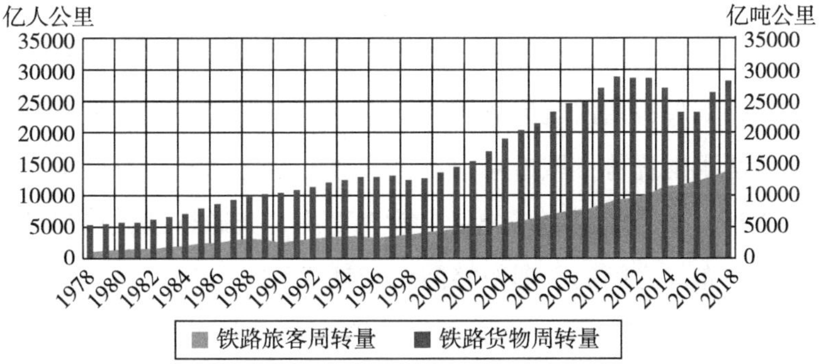

图 3 – 9　改革开放以来中国铁路旅客、货物周转量变化

资料来源：wind.

从近几年的发展趋势来看，我国从东往西铁路、公路等交通建设投入大，基础设施不断完善，公路、铁路的旅客、货物周转量都呈现逐年增长态势（见图 3 – 8、图 3 – 9），其中，2012 年后，我国高铁网不断完善，公路旅客周转量开始下滑，而铁路旅客周转量保持稳定上升态势；2018 年公路货物周转量已达到铁路的 2.4 倍。此外，以京沪高铁为例，京沪高铁连接环渤海以及长三角经济圈的大动脉，铁路两端分别是北京和上海 2 个超 2000 万人口的超级大都市，而且沿线的东部城市人口密集、人均收入水平较高。据统计，城镇化带来客流暴涨，2011 年京沪高铁开通之后的半年时间里，运送旅客的数量达到 2445 万人次；2012 年运送旅客达到 6506 万人次，日均 17.8 万人次；2013 年达到 8389 万人次，日均 23 万人次；2017 年运送旅客数量达到 1.8 亿人次，日均客流量达到 50 万人次，是 2011 年开通时的 4 倍之多。可见，交通基础设施的完善极大地推动了人流、物流的快速流动，尤其是城市群之间由于人口密度大，往返旅客、来往货运量都很大，高效率的交通网络为城市群的发展提供了重要支撑。

但与城市群发展相协调的综合性交通体系还存在不少问题，正越来越成为城市群发展的瓶颈。无论是城市群各城市内部还是城市之间，都缺乏对整个区域交通网络的统筹规划与整体协调，交通基础设施投入不断增加，综合交通体系建设仍难以满足城市群整体经济发展和城市化进程加快的需求。即使在拥有相对发达的铁路、公路、水路、航空和管道等多种运输方式的长三角，其综合交通体系建设也仍然落后于城市群经济发展和城市化水平，如忽视内河航运的统一规划，没有发挥节约土地资源、运输成本低的传统水运优势；城市群内各类交通方式之间缺乏有效衔接，且信息还不能共享，交通资源的综合利用效率不高，交通枢纽城市的铁路、公路站场与港口布局之间的合理衔接问题长期未得到解决，不同交通方式之间的货物换装环节多，不仅增加了运输时间和费用，也增加了城市交通压力①。此外，还存在城市内部各类交通站点独立建设，站点间互不衔接，乘客转乘不方便等现象，城际轨道交通不发达，城市间通勤成本高等问题，整个交通体系整体上难以形成网络。而成熟城市群的一个显著标志是

① 交通运输一体化：长三角一体化发展的前提[EB/OL]. 中国公路网，2008-09-23. http://www.chinahighway.com/news/2008/285019.php.

交通网络化与现代化，才能满足城市群有限的空间内集约化承载密集人口的需要，并有效地获取城市群快速运转所需的各种资源。

3.5.2 资源的可获得性

人类赖以生存的主要资源包括空气、水、阳光、土地、能源、粮食等，我国的耕地、水、石油和天然气等资源人均拥有量分别只有世界人均水平的40%、25%、8.3%和4.1%，且时空分布极不均衡①。现仅阳光对城市及城市群发展暂不构成约束，而其他都是城市及城市群发展必须考虑的因素。一方面这些资源城市及城市群如何便利地获得；另一方面包括资源在城市及城市群集中利用对城市及城市群的整个环境又会形成怎样的反作用，这个反作用对城市群的发展会形成怎样的约束，都是值得思考的问题。

3.5.2.1 空气资源

城市空气在我国关注度最高，印象最深刻的是雾霾。百度百科是这样解释的：雾霾，是雾和霾的组合词。雾霾常见于城市。中国不少地区将雾并入霾一起作为灾害性天气现象进行预警预报，统称为“雾霾天气”。雾霾是特定气候条件与人类活动相互作用的结果。高密度人口的经济及社会活动必然会排放大量细颗粒物（PM2.5），一旦排放超过大气循环能力和承载度，细颗粒物浓度将持续积聚，此时如果受静稳天气等影响，则极易出现大范围的雾霾②。城市是人口的集中地，也是各类产业的聚集地，为维持城市正常运转，推动城市经济发展，满足城市生产生活所必需的日常发电、物质运输和人口流动所产生的汽车尾气排放以及工业生产等过程中排放的燃烧物质，都是雾霾的主要组成部分。尤其是机动车辆排放物已经是雾霾的主要组成部分，是造成城市空气污染的主要原因，而且这类污染物构成复杂，有毒害物质多，对人体健康的影响最大。随着经济社会持续快速发展，我国汽车保有量也呈现快速增长。公安部交通管理局的统计数

---

① 仇保兴. 在住房和城乡建设部第七批城乡规划督察员培训暨派遣会上的讲话[EB/OL]. 住建部网站, 2012-10-18. http://www.mohurd.gov.cn/jsbfld/201210/t20121026_211789.html.

② 百度百科, http://baike.baidu.com/link? url = _vqZrbHbrHa4wKntcEe5zi16RUWnLmOXmsV9c5iW3zgxwlCE3yn7r-vP65v2SoTnXTBVRYKNm-qUVY5Ndx_XDK.

据显示，截至2018年底，全国机动车保有量达3.27亿辆，其中汽车2.4亿辆。根据2018年5月14日北京市发布的新一轮细颗粒物（PM2.5）来源解析最新研究成果，表明北京市全年PM2.5主要来源中本地排放占2/3，区域传输占1/3。本地排放贡献中，移动源、扬尘源、工业源、生活面源和燃煤源分别占45%、16%、12%、12%和3%，农业及自然源等其他约占12%；移动源中在京行驶的柴油车贡献最大，扬尘源中建筑施工和道路扬尘并重，工业源中石油化工、汽车工业和印刷等排放挥发性有机物工业行业的贡献较为突出，生活面源中生活溶剂使用等约占四成。因此，城市雾霾主要还是在城市本身运行中形成，且因建筑物高、密度大，不利于空气对流，造成汽车、工业等排放物局部的高浓度。在没有形成强大空气对流的情况下，这些废气只能在城区低空弥漫，并在城区扩散，形成雾霾。由此可见，人口高度密集、产业集聚的城市，因人类活动造成空气污染而对城市发展形成制约，空气将成为城市乃至城市群越来越稀缺的资源，其可获得性显得越来越有难度，治理与防控的要求越来越高。城市群有较强的环境承载能力，但多大的城市群规模以及什么样的城市群内部结构，才能满足城市群可持续发展的要求呢？这些问题是非常有必要进行认真研究的。

3.5.2.2 水资源

水是人类赖以生存和发展不可缺少的最重要的物质资源之一，城市及城市群更是用水最集中、用水要求最高、最需供水保证的区域，也是对水危机最为敏感的地方。我国人多水少、水资源时空分布不均，人均水资源量不足世界平均水平的1/3，亩均水资源量也仅为世界的1/2，2005年全国首届内陆湖泊暨鄱阳湖可持续发展研讨会上发布的研究数据显示，全国600多个城市中，缺水城市有400多个，其中严重缺水城市有114个。严重缺水城市中北方城市占71个，南方城市有43个。即便在多水的长江流域也有缺水城市59个，缺水县城155个[①]。2018年全国水资源总量为

① 正视城市水荒——关注饮水安全系列报道(2)[EB/OL]. 中国环境报,2005-07-25. http://www.eedu.org.cn/news/resource/water/200507/5745.html.

27960 亿立方米，人均为 2008 立方米/人。以超大城市北京为例，2018 年，北京水资源总量仅为 35.5 亿立方米，人均水资源量为 164.8 立方米，人均约占全国的 8.2%；2018 年北京用水量为 39.3 亿立方米，高于北京水资源总量，可见北京是资源型重度缺水特大城市。目前，北京以年均 21 亿立方米的水资源量支撑了年均 36 亿立方米的用水需求，可见北京的年均水缺口达 15 亿立方米，其中，生活用水缺口最大，从 2000 年的 13 亿立方米增加到 2018 年的 18.4 亿立方米，占北京用水总量的 47%。2018 年，天津、河北水资源总量分别为 17.6 亿立方米和 164.1 亿立方米，人均用水量分别为 28.4 亿立方米和 182.4 亿立方米。因此，对北京乃至京津冀城市群而言，制约其城市及城市群规模的因素，就是水及水的可获得性。

2015 年 4 月国务院发布实施《水污染防治行动计划》（简称《水十条》）以来，全国水环境质量总体保持持续改善势头。截至 2018 年底，全国 97.4% 的省级及以上工业集聚区建成污水集中处理设施并安装自动在线监控装置。全国城镇建成运行污水处理厂 4332 座，污水处理能力 1.95 亿立方米/日。但随着城市经济发展、人口不断向城市集中，我国许多城市都还没有做好应对城镇化的准备，城镇化就已经如火如荼地开展建设，城市规划与建设在应对水资源的可获得性、水的循环利用、水污染的防治以及水安全问题等方面显得很是滞后。据报道，2016 年 12 月，长江太仓段江面铺满垃圾，数千吨生活垃圾漂浮于水面，造成太仓市 2 个集中式饮用水水源被迫中断取水分别超过 48 小时和 55 小时。2014 年 4 月 10 日至 5 月 9 日一个月之内，我国就有兰州、武汉、靖江 3 个城市发生饮水安全问题。这些问题也导致我国不仅出现如此数量巨大的缺水城市，还面临严重的水污染和因不合理开发利用导致的水质型缺水城市。除此之外，对于一些先天性的水资源短缺城市群来说，水资源的可获得性更是成为其发展建设的显性约束条件，必将阻碍和困扰城市群的发展。例如，地处我国西部的关中城市群，其主要核心城市西安、宝鸡、咸阳、渭南、韩城等都在我国缺水最严重省份之一的陕西境内，人均水资源量不足全国平均水平的 1/5。

我国远距离调水已成为解决城市缺水的主要手段，但“远水解不了近渴”，一方面因为大量的调水增加了经济成本与社会成本，另一方面随着需要调水的城市数量增加，能找到的可用水源也越来越少，并且这种远距离调水造成了水资源生态破坏。

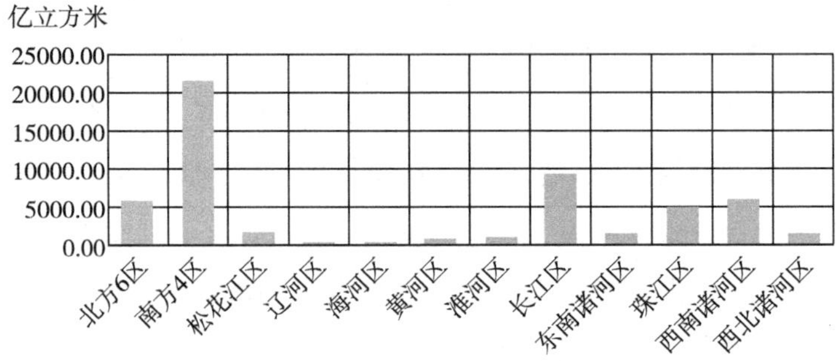

图 3－10　2018 年中国大陆水资源总量分布

资料来源：wind.

当前，即便是多数的沿江沿海城市及雨量充沛的南方城市，也存在着缺水问题。这其中缘由，就不能再简单归结为资源型缺水或者水质型缺水，而是这些城市在迅速发展中忽略了城市及城市群的环境承载能力，水资源形成与利用的生态平衡被打破，导致生态型缺水。无论何种原因导致的城市缺水问题，城市及城市群的发展都必须考虑的一个因素就是水资源的可获得性，这直接考验着城市及城市群的环境承载能力。

3.5.2.3　土地与粮食资源

把土地与粮食资源对城市群发展的约束作用放在一起讨论，主要是因为人口不断膨胀，在可耕土地相对狭小的空间内，粮食对土地的依赖性就显得尤为重要。然而人口在小幅度递增，并不断向城市集中，城市规模不断扩张，侵占耕地，而在可耕面积不断减少的情况下，城市赖以生存的粮食资源将从何而获必将成为困扰城市及城市群的重要因素。

改革开放 40 年，是我国经济飞速发展的 40 年，也是城镇化快速推进的 40 年，但也让中国付出了相当大的代价，其中，我国巨量土地资源被城镇化和工业化占有和消耗。据国家统计局统计，2018 年末，城市个数达到

672 个，其中，地级以上城市 297 个，县级市 375 个，建制镇 21297 个。显然，在城镇化快速推进的当下，建成区面积与城市人口呈现线性增长（见图 3－11）。如果再将承载我国工业发展的各大小开发园区计算入内，则我国无论大都市还是小县城，承载城市经济与人口就业的一个与多个园区都成为各行政区的“标配”。根据自然资源部《国家级开发区土地集约利用评价情况》（2018 年度）的统计数据，我国共有 520 个国家级开发区，范围面积为 49.7 万公顷，占全国城市建设用地的 9%，各开发区占地超过 9.56 平方千米。除此之外，我国还有 1000 多个省级开发区以及数量众多的县级开发区和工业园区。而城镇化的步伐加快，原老城区规模不断扩张，还催生了数量不少的新区，截至 2013 年底，我国规划建设的新区已达 391 个，规划范围为 6.33 万平方千米，占我国耕地面积的 5.2%，相当于斯里兰卡的国土面积。随着开发区、工业园、新城和新区等不断设立，城市建设快速突破老城区的界限，建成区面积显著扩张。1981—2017 年，全国城市建成区面积从 7438 平方千米增加到 56225 平方千米，增加了 48787 平方千米，增长了 6.6 倍。

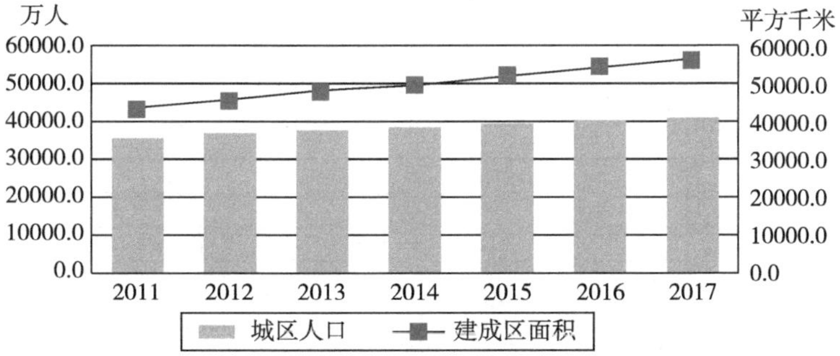

图 3－11　中国城区人口与建成区面积变化

资料来源：2017 年城乡建设统计年鉴。

从统计数据可见，我国设市城市随着人口的快速集聚，城市规模不断扩张。2017 年末，我国地级以上城市户籍人口达到 48356 万人，户籍人口超过 500 万的城市有 16 个，而 1979 年只有上海 1 个；300 万～500 万人口的城市有 25 个，1978 年只有 3 个；50 万～300 万人口的城市达到 271 个，

1978年末有60个；50万人口以下的城市有349个，1978年末有129个。

表3-3 1978年末和2017年末城市人口规模情况

人口规模	1978年末		2017年末	
	城市数/个	比重/%	城市数/个	比重/%
合计	193	100	661	100
500万人以上	1	0.5	16	2.4
300万~500万人	3	1.6	25	3.8
50万~300万人	60	31.1	271	41
50万人以下	129	66.8	349	52.8

资料来源：国家统计局；《改革开放40年》，中国统计出版社。

在城市数量和城市建成区面积同时增长的情况下来看看我国可耕土地的变化情况。自然资源部数据公报显示，截至2017年底，我国耕地面积为13488.12万公顷（见图3-12），比2010年底减少了40.16万公顷，调查获得的数据中所显示的耕地面积还包括了一部分需要退耕还林、还草、还湿和休耕，一部分被污染无法耕种的，以及一定数量因表土层破坏、地下水超采已影响耕种的耕地。由此可见，我国耕地保护形势依然严峻，加强集约发展，严格土地执法依然任重道远。

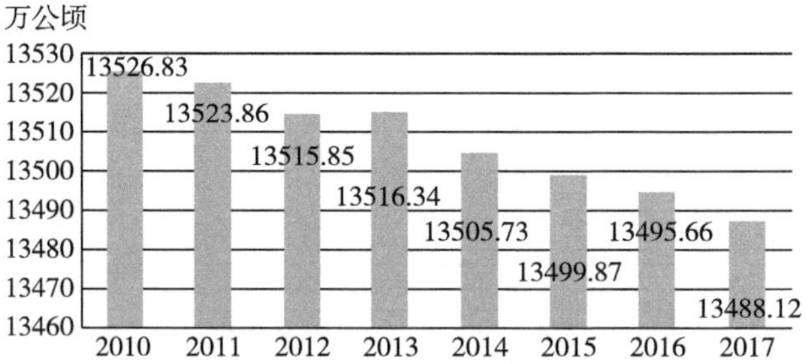

图3-12 中国耕地面积

资料来源：历年国土资源统计公报。

据中国科学院国情分析研究小组计算，目前，北京、上海和天津3大城市人均粮食需求量达483千克，当前中国人均粮食需求量达390千克左右，预计到2030年中国人均粮食需求量将达460千克左右（目前世界发达国家最低为500~600千克，最高为1000千克），2030年16.50亿的总人口和人均 460 千克的粮食需求量将使我国的粮食总需求达到 7.59 亿吨。2018 年我国粮食总产量为 6.58 亿吨，若按 1998 年的最高水平计算，到 2030 年我国粮食供应需再增加 2.01 亿吨以上，才能保证我国粮食的安全。截至 2018 年底，我国粮食产量已经连续 6 年保持在 6 亿吨以上，但我国进口的粮食却在连年递增，出口不断减少。随着我国城镇化进程加快，第二、三产业不断吸收农业转移人口，我国中部地区农田抛荒严重，“增产不增收”会进一步导致耕地的实际耕种数量减少，对未来粮食的供给形成威胁。未来我国人口将进一步向城市集中，如果形势继续发展下去，在我国粮食供给达到最高值后，城市及城市群人口会过多地依赖粮食进口，在某些特定时期，这种粮食结构就会变成粮食危机，进而成为城市及城市群发展的约束条件，同时也会影响国家粮食主权安全。

表 3－4　中国粮食供给情况　　单位：万吨

年份	生产量	进口量	出口量
2000	46218	1357	1400
2005	48402	3286	1141
2006	48804	3186	723
2007	50414	3237	1118
2008	53434	4131	379
2009	53941	5223	329
2010	55911	6695	275
2011	58849	6390	288
2012	61223	8025	277
2013	63048	8645	243
2014	63965	10042	211
2015	66060	12477	164
2016	66044	11468	190
2017	66161	13062	280

资料来源：国家统计局农村社会经济调查司；《中国农村统计年鉴（2018）》，中国统计出版社。

3.5.2.4 能源

我国是当今世界最大的发展中国家。人口多，底子薄，中国石油、天然气资源相对不足，石油探明可采储量只占世界的 2.4%，天然气占 1.2%，我国人均石油、天然气可采储量分别仅为世界平均值的 10% 和 5%。2017 年，在中国的一次能源消费结构中，煤炭消费比重比世界平均高 32 个百分点，石油低 15 个百分点，天然气低 16 个百分点。

2018 年，我国能源消费总量 464000 万吨标准煤，其中，煤炭、石油、天然气、一次电力及其他能源占能源消费比重分别为 59%、18.9%、7.8%、14.3%。2018 年，我国能源生产总量是 377000 万吨标准煤，其中，煤炭占能源生产总量的 69.3%，石油占 7.2%，天然气占 5.5%，一次电力及其他能源占 18%。根据 2013 年中国能源统计年鉴数据计算，从城市群能源消耗总量的排序来看，长三角城市群为 58288 万吨标准煤，京津冀城市群能源为 45636 万吨标准煤，地处渤海湾核心地带的山东省为 38899 万吨标准煤，珠三角（不包括香港、澳门）的广东省为 29144 万吨标准煤，成渝城市群为 29853 万吨标准煤，经济越发达的城市群能源消耗总量越高，对能源的依赖性也越高。按照国际能源机构的预测，2020 年中国石油对外依存度将达到 68%①。实际上，2018 年，我国石油对外依存度就已达到 69.8%，天然气对外依存度达到 45.3%，是全球最大的原油、天然气进口国。而 2015—2025 年，是我国城镇化进程快速推进的十年，我国城市及城市群对能源的需求会进一步增大，有研究者预测，2030 年，我国城镇化率将达到 85%，能源消费总量将会比当前的总量翻一番。因此，对于一个贫油国家而言，石油、天然气将是我国城市群发展的主要约束因素，必须尽早做好战略性准备。

3.5.3 生态环境承载能力

生态环境是生物生存繁衍的各种自然因素、条件的总和，是生态和环

① 杨中强．中国能源安全及其战略选择[J]．国际论坛，2004(5)：56－60，81－82.

境系统中各个“元素”共同组成的一个大系统。生态和环境是有区别的，生态偏重于生物（含人类）与其周边环境的相互关系；环境则强调以人类生存发展为中心的外部因素，更多地体现为人类社会的生产和生活提供的广泛空间、充裕资源和必要条件①。在特定的生态系统演变中，当其逐渐发展到一定稳定阶段时，系统中各对立因素受食物链的制约，会使整个生态系统的物质循环和能量交换达到一个相对稳定的平衡状态。但这种平衡是动态平衡，一旦生态系统受到自然和人为因素的干扰，并且超过生态系统的自我调节能力（或者说超过了生态环境的承载能力），而无法恢复到原来的稳定状态时，生态系统的平衡状况就会被打破，物质和能量交换失衡，生态系统会出现如生物多样性减少等的成分缺损、结构变化、食物链中断等导致的物质循环中断，能量流动受阻，即形成生态失调，甚至生态灾难。

随着城镇化进程的推进，人口、产业向城市集聚，这可以减少对农村地区生态环境的影响，实现我国整个生态环境的改善。但同时，必须关注城镇化过程中，人口从乡村向城市集中所导致的生态环境变化。城市及城市群作为人与城市及城市群空间作用最为密切的区域，相比单个城市，城市群是一个大的区域概念，更有利于吸纳人口、集聚产业，有更大的环境承载能力，但毕竟城市群的更大环境承载能力仅仅是相对于单个城市或超大城市而言。总的来说，城市群还是一个人口集中，并集聚了大量的、高度密集的产业活动及土地开发等人类生产生活的区域，人类的各类活动及人类本身都会对原有的生态环境造成破坏，甚至重整，影响城市群的可持续发展。

随着我国城市群的发展，其生态环境表现出整体性、外部性与人为性等特征。

城市群生态环境的整体性，是因为城市群对应的是一个区域，在概念上就具有整体性，同时，城市群又是一个以人口、信息、资金、技术和文

---

① 陈百明．何谓生态环境？［N］．中国环境报，2012－11－02．

化传播等“流”，在多个核心城市之间高强度交互作用的组织系统。这个系统也是由其构成的各要素结合而成的有机整体，以有机整体的形式存在和发挥作用。城市群生态环境的整体性表现为城市群内部任何一个构成要素，在其与外界发生物质交换和能量转换过程中的任何一个环节，打破生态平衡或者造成生态破坏、环境污染，都会影响城市群的整个生态环境，即牵一发而动全身。以珠三角城市群水资源利用为例，澳门每天都要从珠海进口 20 万立方米以上的淡水，当珠海市水源的上游——西江进入枯水期，海水倒灌导致自来水无法饮用时，不仅珠海会出现暂时性缺水，澳门也会跟着缺水；澳门向香港借水，而香港的淡水主要来自深圳，深圳的水源除了本地区，有的来自江西赣州。于是，就出现了一个城市的缺水引发整个城市群一连串城市先后陷入缺水的境地①。同样，京津冀城市群中，首都北京的雾霾天气、大气污染，与周边河北大量的钢铁厂、化工厂及炼焦厂有直接关联。

从经济学的角度来看，城市群生态环境存在外部性。外部性又称为溢出效应，是经济主体的经济活动对他人和社会带来的非市场化影响，分为正外部性和负外部性。正外部性是个体经济行为活动给他人或社会带来好处，但其并没有因此获得补偿，受益者不必为此付出代价；相反，负外部性是个体经济活动或行为使他人或社会受损，但其却没有为此承担相应的成本。城市群是由多个核心城市组成的城市群落，城市集聚共同解决人口就业，推动经济发展，同时向区域排放废气、废水、废渣，也生产大量的垃圾；城市间以人口、信息、资金、技术等“流”的形式发生着广泛而密切的联系，在城市群这个区域乃至周边空间内共享蓝天白云、空气、水等资源，城市群内每一个城市的生产生活活动，对区域内的生态环境都会产生影响，但由于蓝天白云、空气、水等生态资源的不可分割性或不可私有化，即为公共资源，会出现城市群内某个城市的经济活动造成生态破坏，

① 正视城市水荒——关注饮水安全系列报道（2）[EB/OL]．中国环境报，2005 - 07 - 25. http://www.eedu.org.cn/news/resource/water/200507/5745.html.

要由其周边的城市甚至整个城市群共同承担，但其却不会因此付出相对应的代价，进而产生城市群生态环境的负外部性。城市群生态环境在多数情况下存在市场失灵和政策失灵。由于城市群内经济主体的利益是独立的，污染物的排放所造成的生态破坏没有发生在生产和交换环节，不受市场力量控制，存在市场失灵。在市场失灵的情况下，需要政府干预，但如果各城市政府为追求地方经济发展，也会成为生态破坏的帮凶，那么，此时的政府干预也会失灵，生态环境的负外部性就无法有效解决。一旦形成这种局面，城市群拥有再大的环境承载能力，也无法实现可持续发展，生态环境就成为城市群可持续发展的约束条件。

第4章

中国城市群的发展态势

1965—1978 年，我国总人口增加了 23721 万人，但城镇化率一直维持在 17%，改革开放后的 40 年内，我国城镇化率呈现较快增长（见图 4－1），其中，2010 年以前，我国人口总数与城镇化率都是快速递增的，之后，我国人口总数的增长趋势明显放缓，但城镇化率依然以 1% 以上的速度递增。以上数据表明，我国已经进入城镇化快车道和城市群时代。

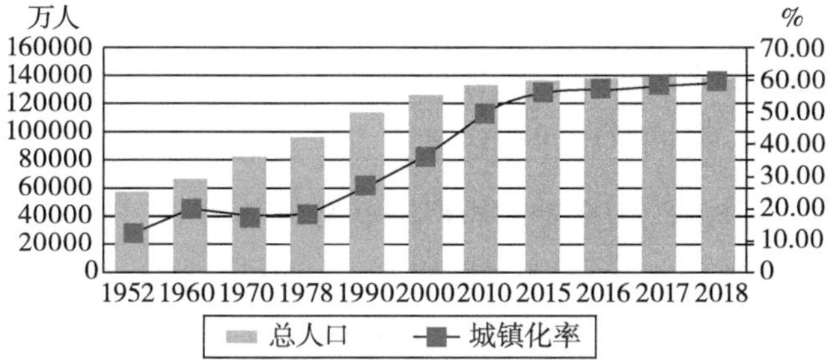

图 4－1　中国人口与城镇化率变化情况

资料来源：wind.

根据国家统计局网站分布的统计数据，2018 年末，中国大陆总人口（包括 31 个省、自治区、直辖市和中国人民解放军现役军人，不包括香港、澳门特别行政区和台湾地区以及海外华侨人数）为 13.95 亿人，其中，城镇常住人口 8.31 亿人，乡村常住人口 5.64 亿人，常住人口城镇化率为 59.58%，全国流动人口为 2.41 亿人。从 1978 年的 17.9% 提升至 2018 年的 59.6%，年均提高 1 个百分点以上，年均城镇新增人口超过 1600 万人。2018 年末全国就业人员 7.76 万人，其中城镇就业人员 4.34 亿人，党的十八大以来，城镇新增就业连续 6 年保持在 1300 万人以上。可见，我国已有60%左右的人口居住在城市，56%的人口在城镇就业，城市在我国经济社会中扮演着越来越重要的角色，承载着越来越多的人口与就业。我国已初步形成了长三角、粤港澳大湾区、京津冀全国经济增长极，更是成长为世界级城市群，同时，还有多个城市群在快速成长。据国家发改委统计，“十三五”规划《纲要》明确的19个城市群，承载了我国78%的人口，贡献了超过80%的国内生产总值，城镇人口占比接近80%。其中，京津冀、长三角、珠三角、成渝、长江中游等城市群以10.4%的国土面积，集聚了近40%的人口，创造了超过一半的国内生产总值①。

国外城市群的形成和发展主要依靠市场的力量，我国城市群更多的是在政府主导下，通过不同时期的多个区域发展政策影响、推动，呈现出梯次崛起的发展态势。改革开放初期的沿海、沿江开放，奠定了东部地区优先发展的区域非均衡发展战略；经过“八五”“九五”“十一五”“十二五”“十三五”等多个五年计划区域协调发展政策及多个区域发展规划和指导性文件推动，我国已逐步形成了以京广线和京哈线及沿东南海岸线为纵轴，以长江及陇海线为横轴的城市网状分布体系。2013年，中央城镇化工作会议进一步强调要实施“两横三纵”，即沿陇海亚欧大陆桥和长江沿线的“两横”，以及沿海、京广和包昆通道沿线的“三纵”，覆盖整个东、中、西部地区，以若干大型城市群为主体、中小城市和城镇点状分布城市化战略格局，主张一张蓝图绘到底。2015年《政府工作报告》提出，统筹实施“四大板块”和“三个支撑带”战略组合，“四大板块”是指东、中、西与东北部地区；“三个支撑带”或者说“三大战略”是指“一带一路”、长江经济带和京津冀的区域协同发展战略大布局。李克强总理指出，要在西部地区开工建设一批综合交通、能源、水利、生态、民生等重大项目，落实好全面振兴东北地区等老工业基地政策措施，加快中部地区综合交通枢纽和网络等建设，支持东部地区率先发展，加大对老少边穷地区的

① 顾阳，刘杨．国家发展改革委回应当前经济运行热点——更加注重采用发展型手段去杠杆[N]．经济日报，2019-08-17.

支持力度，完善差别化的区域发展政策。可见，“四大板块”和“三个支撑带”战略组合重点在西部地区，目的是破解区域发展“碎片化”现象，推动区域协调发展。主要以“一带一路”倡议为统领，“领头羊”是京津冀城市群建设，长江经济带是我国未来区域发展的主要支撑带。

党的十八大以来，在各类区域政策的推动下，我国进入城镇化的快车道和城市群时代。“十三五”规划中，明确提出要“加快城市群建设发展”，并对全国 19 个城市群和 2 个城市圈的建设目标和方向做出具体要求。“十三五”规划纲要提出，优化提升东部地区城市群，建设京津冀、长三角、珠三角世界级城市群，提升山东半岛、海峡西岸城市群开放竞争水平。培育中西部地区城市群，发展壮大东北地区、中原地区、长江中游、成渝地区、关中平原城市群，规划引导北部湾、山西中部、呼包鄂榆、黔中、滇中、兰州—西宁、宁夏沿黄、天山北坡城市群发展，形成更多支撑区域发展的增长极。党的十九大报告在“实施区域协调发展战略”的部分提出，以城市群为主体构建大中小城市和小城镇协调发展的城镇格局。从实践来看，截至 2018 年，我国共有 9 大国家中心城市，分别是北京、上海、广州、天津、重庆、成都、武汉、郑州和西安，而且目前南京、济南、沈阳、长沙等也都在积极创建国家中心城市。随着综合交通网络不断趋于现代化，城市间的联系日益紧密，以城市群为主体的城镇化格局不断优化，京津冀、长三角和粤港澳大湾区三大城市群建设加快推进，跨省区域城市群规划全部出台，省域内城市群规划全部编制完成，“19 + 2”的城市群格局基本形成并稳步发展。同时，中心城市的辐射带动作用不断增强，城市群内核心城市与周边城市共同参与分工合作、同城化趋势日益明显的都市圈不断涌现。2017 年，十二届全国人大五次会议《政府工作报告》首次提出粤港澳大湾区城市群发展规划。2019 年 2 月，党中央、国务院发布《粤港澳大湾区发展规划纲要》。建设粤港澳大湾区，并因势利导推动环杭州湾大湾区互联网经济和会展经济发展，我国湾区城市群经济发展为快速增长新模式。2019 年 5 月，中央审议通过了《长江三角洲区域一体化发展规划纲要》，对长三角一体化发展进行了顶层设计，要求形成高质量发展的区域集群，这些都意味着我国城市群发展按下了“快捷键”。

党的十八大以来，我国城市群发展的战略构想加入了较多的新理念，有必要对城市群发展的现状及发展态势做出新的分析。

在此，结合“四大板块”和“三个支撑带”战略组合与我国城市群区域分布情况，研究城市群发展的现状。

按照国家统计局2011年6月13日的划分办法，以及《中共中央、国务院关于促进中部地区崛起的若干意见》《国务院发布关于西部大开发若干政策措施的实施意见》以及党的十六大报告的精神，我国的经济区域划分为东部、中部、东北和西部四大地区。

东部地区：北京市、天津市、河北省、山东省、江苏省、上海市、浙江省、福建省、广东省、海南省。

中部地区：山西省、河南省、湖北省、湖南省、江西省、安徽省。

东北地区：黑龙江省、吉林省、辽宁省，即东三省。

西部地区：内蒙古、广西、重庆、四川、贵州、云南、西藏、陕西、甘肃、青海、宁夏和新疆。

据2018年统计年鉴整理（见表4－1），我国原煤、原油、天然气、发电量产量的近59.2%、34.4%、80%、36%以及农用化肥、水泥、微型计算机设备的49.4%、34.5%、42.5%分布在西部地区，我国生铁、粗钢、钢材、汽车的54%、55%、59%、48%及家用冰箱、程控交换机、移动通信手持机、微型计算机设备、原油的79.5%、52.02%、99.23%、62.3%、46.7%分布在东部地区；中部地区主要生产原煤、家用冰箱等。

目前，我国规划建设的城市群有19个，外加拉萨和喀什两个城市圈，并根据所处的地理位置进行初步分类如下：

三大世界级城市群：珠三角（广州、深圳）、长三角（上海、杭州、南京、合肥）、京津冀（北京、天津）。

南方区域（3个）：长江中游城市群（武汉、长沙、南昌）、海峡西岸城市群（福州、厦门）、北部湾城市群（南宁）。

表 4－1　我国主要工业产品在“四大板块”的分布情况

地区		原煤/万吨	原油/万吨	天然气/亿立方米	布/亿米	农用化肥/万吨	水泥/万吨	生铁/万吨	粗钢/万吨	钢材/万吨	汽车/万辆	家用电冰箱/万台	程控交换机/万线	移动通信手持机/万台	微型计算机设备/万台	发电量/亿千瓦时
西部地区	全国	368324. 9	18910. 6	1602. 7	657. 3	5424. 4	220770. 7	77105. 4	92800. 9	110551. 7	2781. 9	7993. 2	1006. 6	179846. 4	30700. 2	71117. 7
	内蒙古	97560. 3	10. 7	16. 1		377. 5	3052. 3	1744. 3	2307. 6	2259. 5	0. 5					5003
	广西	487. 7	51. 9	0. 2	1. 9	36. 1	11827. 1	1447. 1	2262. 1	2890. 9	215. 1			345. 6		1752
	重庆	1212. 3		61. 2	2. 2	146. 9	6583. 1	580. 4	638. 2	1187. 7	172. 6	139. 7		18868. 2	7074. 2	779. 5
	四川	3708. 2	8. 1	369. 8	16	370. 5	13752. 8	1978. 6	2400. 7	2896. 7	74. 7	85. 3	0. 9	9437	5903. 6	3687
	贵州	14323. 3		3	0. 4	487. 1	11121. 8	342	418. 4	554. 3	0. 5	143. 1		1956	2	2016
	云南	4727. 5				305. 2	12119. 8	1572. 4	1925	1940. 7	15. 9			1897. 6	72. 4	3241
	西藏						913									66. 6
	陕西	62974	3519. 5	444. 5	9. 8	129. 4	6286. 6	1157. 6	1178. 7	1445. 2	62. 1			1655. 1		1855. 6
	甘肃	3601. 9	51. 8	1		29. 5	3883. 3	614	802. 4	833. 5	1. 1					1531. 4
	青海	821. 3	223. 3	64. 1		478. 6	1354. 9	124. 5	138. 1	146. 6						811
	宁夏	7840. 1			0. 8	39. 1	1767. 9	210. 1	252. 5	266. 8						1610
	新疆	21317. 4	2647. 4	321. 8	2. 9	279. 1	3592. 6	1121	1155. 3	1322. 7	2. 5					3283. 2
	合计	218574	6512. 7	1281. 7	34	2679	76255. 2	10892	13479	15744. 6	545	368. 1	0. 9	34159. 5	13052. 2	25636. 3
	占比/%	59. 18	34. 44	79. 97	5. 17	49. 39	34. 54	14. 13	14. 52	14. 24	19. 59	4. 61	0. 09	18. 99	42. 52	36. 05

续表

地区		原煤/万吨	原油/万吨	天然气/亿立方米	布/亿米	农用化肥/万吨	水泥/万吨	生铁/万吨	粗钢/万吨	钢材/万吨	汽车/万辆	家用电冰箱/万台	程控交换机/万线	移动通信手持机/万台	微型计算机设备/万台	发电量/亿千瓦时
东部地区	河北	5508.2	537.2	6.2	22.3	199.7	9554.3	21396	23723.4	26916.9	121.1		25			3133.2
	北京	176.2		17.3			397			179.9	165.3			9029.6	564.5	450.5
	天津		3085.5	33.9	0.7	15	619.4	1649.4	2023	4733.8	86.3	49.9		2680.3		711.5
	山东	12632.1	2231.4	4.8	75.3	387.1	12619	6456.8	7177.2	9427.8	87.9	888.4		3254.1	0.8	5825.6
	江西	1245.8	151.4	10	117.8	168	14717.8	6796.1	10422.1	12146.7	121.9	956.3	0.3	4924.6	6215	5085.1
	上海		6.5	14.5	0.9	1	414.5	1476.8	1630.1	1983.3	297.8	46.1	27.7	4729	1448.8	839.7
	浙江				167.4	19.9	12323.5	873.8	1266.5	3048.7	119.2	618.3	72.3	5317.6	204.1	3438.4
	广东		1393.5	102.5	27.4	14.1	16082.2	2016	2880.5	4337.6	321.6	1598.7	873.5	80818.3	4733.8	4694.9
	海南		30.4	1.1		61.5	2104.2				2.1					323.4
	福建	941.3			110.8	68.2	8831.9	982.3	2085.7	2915.9	24			1362.1	1183.6	2494.2
	合计	20503.6	7435.9	190.3	522.6	934.5	77663.8	41647.2	51208.5	65690.6	1347.2	4157.7	998.8	112115.6	14350.6	26996.5
	占比/%	5.55	39.21	11.87	79.51	17.23	35.18	54.01	55.18	59.42	48.42	52.02	99.23	62.34	46.74	37.96
中部地区	山西	92633.5		52.4	0.2	361.3	4415.6	4761.3	5386.2	4903.3	10.8			1979.4		3180.5
	河南	11445.9	258.8	2.9	18.9	441.6	11020	2511.5	2892	3661	58.9	125.6		20605.5		3050.1
	安徽	11529.1		2.3	11.2	217.1	13248.2	2422	3103.9	3195	82.4	2631.1		70	2022.3	2734.5
	河北	120.1	54.3	5.1	57.9	644.1	10695.3	2514.6	3071.8	3649.9	241.9	488.8		4373.6	1111.5	2835.8

续表

地区		原煤/万吨	原油/万吨	天然气/亿立方米	布/亿米	农用化肥/万吨	水泥/万吨	生铁/万吨	粗钢/万吨	钢材/万吨	汽车/万辆	家用电冰箱/万台	程控交换机/万线	移动通信手持机/万台	微型计算机设备/万台	发电量/亿千瓦时
中部地区	江西	622. 3		0. 2	7. 9	5. 3	8884. 3	2204. 2	2499. 2	2571. 3	55	89. 1		4648. 6	96. 6	1281. 3
	湖南	1857. 5			3. 2	52. 7	10997. 4	1963. 2	2307. 6	2374. 7	52. 9		3. 2	1614. 7	67. 1	1532. 7
	合计	118208. 4	313. 1	62. 9	99. 3	1722. 1	59260. 8	16376. 8	19260. 7	20355. 2	501. 9	3334. 6	3. 2	33291. 8	3297. 5	14614. 9
	占比/%	32. 01	1. 66	3. 92	15. 11	31. 75	26. 84	21. 24	20. 75	18. 41	18. 04	41. 72	0. 32	18. 51	10. 74	20. 55
东北地区	黑龙江	6070. 7	3224. 2	43. 5	0. 1	38. 3	1955. 2	695. 7	774. 3	561. 4	16. 3					1029. 2
	辽宁	3403. 4	1036. 9	5. 9	1. 1	33. 1	4155. 9	6331. 8	6873. 9	6899. 1	94. 9	132. 7	3. 8	279. 4		1982. 7
	吉林	1564. 9	387. 8	18. 4	0. 3	17. 4	1480	1162. 2	1204. 6	1300. 9	276. 9					838. 2
	合计	11039	4648. 9	67. 8	1. 5	88. 8	7591. 1	8189. 7	8852. 8	8761. 4	388. 1	132. 7	3. 8	279. 4	0	3850. 1
	占比/%	2. 99	24. 58	4. 23	0. 23	1. 64	3. 44	10. 62	9. 54	7. 93	13. 95	1. 66	0. 38	0. 16	0	5. 41

资料来源:2018 年中国统计年鉴。

西南区域（3 个）：成渝城市群（成都、重庆），黔中城市群（贵阳）、滇中城市群（昆明）。

北方区域（10 个）：中原城市群（郑州）、山东半岛城市群（青岛、济南）、辽中南城市群（大连、沈阳）、哈长城市群（哈尔滨、长春）、山西中部城市群（太原）、宁夏沿黄城市群（银川）、关中平原城市群（西安）、天山北坡城市群（乌鲁木齐）、呼包鄂榆城市群（呼和浩特）、兰西城市群（兰州、西宁）。

4.1 中国东部地区城市群发展态势

4.1.1 东部地区城市群发展的整体情况

从城市群的分布来看，我国经济最为发达、发展最成熟的城市群都分布在东部地区，主要包括京津冀、长三角、海峡西岸、粤港澳大湾区、山东半岛城市群，其中，京津冀、长江三角洲和粤港澳大湾区城市群，是我国经济最具活力、开放程度最高、创新能力最强、吸纳人口与就业最多的地区，也是我国三大世界级城市群。

表 4-2 中国东部地区城市群的构成与整体定位

名称	城市群构成	整体定位
京津冀城市群	北京、天津、保定、张家口、秦皇岛、唐山、石家庄、廊坊、邢台、邯郸、衡水、沧州、承德	《京津冀协同发展规划纲要》中京津冀的整体定位是“以首都为核心的世界级城市群、区域整体协同发展改革引领区、全国创新驱动经济增长新引擎、生态修复环境改善示范区”
山东半岛城市群	济南、青岛、淄博、潍坊、东营、烟台、威海、日照	《山东半岛城市群发展规划（2016—2030 年）》明确了山东半岛城市群的“四大定位”：我国北方重要开放门户、京津冀和长三角重点联动区、国家蓝色经济示范区和高效生态经济区、环渤海地区重要增长极

续表

名称	城市群构成	整体定位
长三角城市群	根据 2016 年 5 月国务院批准的《长江三角洲城市群发展规划》，长三角城市群包括：上海，江苏省的南京、无锡、常州、苏州、南通、盐城、扬州、镇江、泰州，浙江省的杭州、宁波、嘉兴、湖州、绍兴、金华、舟山、台州，安徽省的合肥、芜湖、马鞍山、铜陵、安庆、滁州、池州、宣城等 26 市	据《长江三角洲区域一体化发展规划纲要》，长三角一体化的新战略定位为，要把长三角建设成为全国发展强劲活跃增长极、高质量发展样板区、率先基本实现现代化引领区、区域一体化发展示范区、新时代改革开放新高地
海峡西岸城市群	福州、厦门、泉州、莆田、漳州、三明、南平、宁德、龙岩、温州、丽水、衢州、上饶、鹰潭、抚州、赣州、汕头、潮州、揭阳、梅州	将海西建设成为促进祖国统一大业的前沿平台，推动国际合作的重要窗口，衔接长三角、粤港澳大湾区，辐射中西部的沿海增长极，两岸文化交融、社会和谐的示范区，践行科学发展观的先行区
粤港澳大湾区城市群	粤港澳大湾区包括香港特别行政区、澳门特别行政区和广东省广州、深圳、珠海、佛山、惠州、东莞、中山、江门、肇庆	《粤港澳大湾区发展规划纲要》明确了大湾区的战略定位为：充满活力的世界级城市群、具有全球影响力的国际科技创新中心、“一带一路”建设的重要支撑、内地与港澳深度合作示范区、宜居宜业宜游的优质生活圈

资料来源：百度百科及部分城市群区域发展规划。

2016 年 5 月国务院批准的《长江三角洲城市群发展规划》明确指出，长三角城市群主要核心城市包括：上海、南京、无锡、常州、苏州、南通、盐城、扬州、镇江、泰州、杭州、宁波、嘉兴、湖州、绍兴、金华、舟山、台州、合肥、芜湖、马鞍山、铜陵、安庆、滁州、池州、宣城等 26 个地级以上城市。这是我国城镇化率最高的区域，城市密集，2018 年中国统计年鉴统计显示（下同），城市人口 400 万人以上的有 17 个，200 万 ~ 400 万人的有 3 个，100 万 ~ 200 万人的有 5 个，100 万人以下的有 1 个（见表 4 –3）。城市间以沪杭、沪宁高速公路、多条铁路以及密集的公路为纽带，有机联系，共同构成城市群，是中国经济最为活跃和发达的地区。

随着近些年的发展，截至2018年底，据上海市政协副主席周汉民统计，长三角面积为35.9万平方千米，人口总量为2.2亿人，是国家总人口的1/6。2018年，长三角创下的GDP总量为21.2万亿元，占全国GDP的1/4。2018年，中国进出口总额是4.6万亿美元，其中37%是长三角完成的，中国利用外资的62%在长三角，2018年，中国对外投资的1/3也来自长三角。长三角地区拥有全国1/4的“双一流”高校，国家重点实验室工程研究中心集中在此。全国的科研经费支出居世界第二位，1/3在长三角；国家有效发明专利居世界第一位，1/3也在长三角。尤其是集成电路和软件信息服务业，长三角分别占全国半壁江山和1/3。但仅就长三角城市群而言，按照2016年的长三角城市群发展规划纲要确定的范围计算，2018年，长三角城市群常住人口占全国总人口的比重为10.55%，经济总量占全国的19.84%（见表4-3）。

表4-3　2018年长三角城市群常住人口及经济总量指标

序号	城市	常住人口/万人	GDP/亿元
1	上海	2423.78	32679.87
2	南京	843.63	12820.4
3	苏州	1072.17	18597.5
4	无锡	657.45	11438.62
5	常州	472.9	7050.3
6	镇江	319.64	4050
7	扬州	453.1	5466.17
8	南通	731	8427
9	泰州	463.57	5107.63
10	盐城	720	5487.08
11	杭州	980.6	13509.2
12	宁波	820.2	10745.5
13	嘉兴	472.6	4872
14	湖州	302.7	2719.1
15	绍兴	503.5	5417
16	台州	613.9	4874.7

续表

序号	城市	常住人口/万人	GDP/亿元
17	金华	560.4	4100.2
18	舟山	117.3	1316.7
19	合肥	808.7	7822.9
20	芜湖	163.99	3278.53
21	滁州	100.18	1801.7
22	马鞍山	81.53	1918.1
23	铜陵	162.9	1222.4
24	安庆	469.1	1917.6
25	池州	147.4	684.9
26	宣城	264.8	1317.2
合计		14727.04	178642.3
全国		139538	900309.5
占全国比重/%		10.55	19.84

资料来源：wind.

粤港澳大湾区包括香港特别行政区、澳门特别行政区和广东省广州、深圳、珠海、佛山、惠州、东莞、中山、江门、肇庆（以下简称“珠三角九市”），总面积5.6万平方千米，2017年末总人口约7000万人，是我国开放程度最高、经济活力最强的区域之一，在国家发展大局中具有重要战略地位。2018年统计数据显示，区域中城市人口400万人以上的城市有8个，其中，广州、深圳人口数达1000万人以上；200万～400万人的有中山市；100万～200万人的有1个，100万人以下的有1个，各城市相邻发展，城市及人口密度大，在紧凑的地理空间内创造了经济社会发展的奇迹。2018年，粤港澳大湾区城市群总人口占全国的5.1%，创造了全国12.22%的经济总量（见表4－4）。

表4－4　2018年粤港澳大湾区城市群常住人口及经济总量指标

序号	城市	常住人口/万人	GDP/亿元
1	香港	748.25	25082.02
2	澳门	66.74	3879.6

续表

序号	城市	常住人口/万人	GDP/亿元
3	广州	1490.44	22859.4
4	深圳	1302.66	24221.98
5	珠海	189.11	2914.74
6	佛山	790.57	9935.88
7	惠州	483	4103.05
8	东莞	839.22	8278.59
9	中山	331	3632.7
10	江门	459.82	2900.41
11	肇庆	415.17	2201.8
合计		7115.98	110010.17
全国		139538	900309.5
占全国比重/%		5.10	12.22

资料来源：wind.

注：①中国香港2018年现价GDP为28428亿港元，换算成人民币约为25082亿元；②中国澳门2018年现价GDP为4403.16亿澳门元，换算成人民币约为3879.6亿元。

京津冀城市群以超大城市北京为中心，包括天津、保定、张家口、秦皇岛、唐山、石家庄、廊坊、邢台、邯郸、衡水、沧州、承德共13个城市。2018年，京津冀城市群人口400万人以上的城市有11个，200万~400万人的城市有2个。2018年，京津冀城市群人口占全国总人口的8.06%，经济总量占全国的9.31%（见表4-5）。京津冀城市群是我国2014—2015年最吸引眼球的城市群，习近平总书记曾于2014年2月专题听取京津冀协同发展工作汇报，强调实现京津冀协同发展，是面向未来打造新的首都经济圈、推进区域发展体制机制创新的需要，是探索完善城市群布局和形态、为优化开发区域发展提供示范和样板的需要，是探索生态文明建设有效路径、促进人口经济资源环境相协调的需要，是实现京津冀优势互补、促进环渤海经济区发展、带动北方腹地发展的需要，是一项重大国家战略，要坚持优势互补、互利共赢、扎实推进，加快走出一条科学持续的协同发展路子来①。2015 年 4 月 30 日，中共中央政治局召开会议审议通过《京津冀协同发展规划纲要》，为京津冀地区协同发展作出了明确的规划，有利于更好地推动京津冀城市群可持续发展。

表 4 –5　2018 年京津冀城市群常住人口及经济总量指标

序号	城市	常住人口/万人	GDP/亿元
1	北京	2154. 2	30320
2	天津	1559. 6	18809. 64
3	保定	1169. 05	3070. 9
4	张家口	443. 4	1536. 6
5	秦皇岛	313. 42	1635. 56
6	唐山	789. 7	6955
7	石家庄	1095. 16	6082. 6
8	廊坊	474. 09	3108. 2
9	邢台	737. 44	2150. 8
10	邯郸	952. 8	3454. 6
11	衡水	447. 2	1558. 7
12	沧州	758. 6	3676. 4
13	承德	357. 89	1481. 5
合计		11252. 55	83840. 5
全国		139538	900309. 5
占全国比重/%		8. 06	9. 31

资料来源：wind.

山东半岛城市群由济南、青岛 2 个副省级城市和淄博、威海、烟台、东营、潍坊、日照 6 个地级城市，及其所辖章丘、胶州、即墨、平度、胶南、莱西、龙口、莱阳、莱州、蓬莱、招远、栖霞、海阳、荣成、乳山、青州、诸城、寿光、安丘、高密、寿光和昌邑等 22 个县级城市集合而成。相对而言，山东半岛城市群是省内城市群，以济南、青岛 2 个副省级城市

① 打破"一亩三分地"　习近平就京津冀协同发展提七点要求[EB/OL]. 新华网，http://www. hq. xinhuanet. com/house/2014 –02/28/c_119548429. htm.

为中心，其他城市发展规模相对均衡，从地级市来看，山东半岛城市群共有人口400万以上的城市5个、200万~400万人口的城市3个，是既没有城市人口特别多的城市，也没有城市人口特别少的城市的城市群。2018年，山东半岛城市群常住人口占全国的3.3%，经济总量占全国的5.43%（见表4-6）。

表4-6 2018年山东半岛城市群常住人口及经济总量指标

序号	城市	常住人口/万人	GDP/亿元
1	济南	746.04	7856.6
2	青岛	939.48	12001.5
3	淄博	470.2	5068.4
4	威海	283	3641.48
5	烟台	712.18	7832.58
6	东营	217.21	4152.47
7	潍坊	937. 3	6156.8
8	日照	293	2202.17
合计		4598.41	48912
全国		139538	900309.5
占全国比重/%		3.30	5.43

资料来源：wind.

海峡西岸城市群包括福州、厦门、泉州、莆田、漳州、三明、南平、宁德、龙岩、温州、丽水、衢州、上饶、鹰潭、抚州、赣州、汕头、潮州、揭阳、梅州20个地级市，涉及福建、浙江、江西3个省，是重要的跨省城市群，福建省内城市间交通距离相对较近，福州、厦门、泉州、莆田、漳州、宁德、汕头、潮州、揭阳、温州、台州都是沿海城市，有优越的地理区位条件，蕴藏着巨大的发展潜能。但这里也存在温州、丽水、衢州等既纳入长三角城市群又纳入海峡西岸城市群的情况，从地理及经济联系上来说，都是说得过去的。根据规划确定的范围计算，2018年，海峡西岸城市群包括400万人以上人口城市有11个，200万~400万人的城市仅8个，100万~200万人的有1个。人口占全国的6.62%，经济总量占全国的6.12%（表4-7），其中，福州、厦门、泉州、漳州、温州的经济总量明显高于其他城市。相比于其他东部城市群，海峡西岸城市群人口占全国比重略低于其经济总量占全国比重，这也意味着其发展潜能未得到充分释放。

表 4－7　2018 年海峡西岸城市群常住人口及经济总量指标

城市	常住人口/万人	GDP/亿元
福州	774	7856. 8
厦门	411	4791. 4
泉州	870	8467. 98
莆田	290	2242. 41
漳州	514	3947. 63
三明	258	2353. 72
南平	269	1792. 51
宁德	291	1942. 8
龙岩	264	2393. 3
温州	925	6006. 16
丽水	219. 9	1394. 7
衢州	220. 9	1470. 58
上饶	671. 07	1110. 58
鹰潭	117. 5	427. 6
抚州	404. 72	742. 51
赣州	863. 56	1336
汕头	563. 85	2512. 05
潮州	265. 66	1064. 28
揭阳	608. 94	2152. 47
梅州	437. 88	1110. 21
合计	9239. 98	55115. 69
全国	139538	900309. 5
占全国比重/%	6. 62	6. 12

表 4-8　中国东部地区城市群主要经济指标

城市群名称	地级城市个数/个	区域总人口/万人	区域总人口占全国比重/%	2018 年经济总量/亿元	经济总量占全国比重/%	区域面积占全国比重/%
京津冀	13	11252.55	8.06	83840.5	9.31	2.2
长三角	30	14727.04	10.55	178642.3	19.84	2.2
粤港澳大湾区	11	7115.98	5.10	110010.17	12.22	1.9
海峡西岸	20	9239.88	6.62	55115.7	6.12	2.8
山东半岛	8	4598.41	3.30	48912	5.43	0.7

资料来源：wind.

4.1.2　东部地区城市群发展的主要特征

4.1.2.1　区位地理条件好，城市发展基础好

东部城市群在区位上主要是沿我国东南海岸线分布，有利于发展对外贸易；临近日、韩等人口众多、经济发达的国家，市场条件好；平原广阔，土地肥沃，季风性气候，雨热同期，适宜作物生长，包括我国黄淮海平原的大部分、长江三角洲、珠江三角洲等重要农业基地。工业、农业、交通运输业和通信设施等基础设施条件好，商品化程度高，与海外有传统的联系，经济信息灵通。东部地区是我国率先发展的区域，长三角、粤港澳大湾区还是我国改革开放的前沿阵地，改革开放后，我国率先对外开放的深圳、珠海、汕头、厦门、海南 5 个经济特区，秦皇岛、天津、烟台、青岛、连云港、南通、上海、宁波、温州、福州、广州 11 个沿海港口城市，都处于东部沿海，这些城市已发展成为我国东部城市群的核心大城市，也是我国对外贸易的主要中心城市。

4.1.2.2　经济基础雄厚

东部地区的现代工业发展历史条件好，基础设施完备，有利于吸纳更多的企业集聚发展。同时，东部地区受区位条件和国家政策的支持等多重因素的影响，已成为我国区域经济基础最好的地区，是我国企业、人口最密集的区域，也是人才、技术、城市最集中的地方。2018 年，东部城市群集中了我国 35% 的人口，创造了全国 GDP 总额的 54%，人均 GDP 达

100085.3 元，高于平均水平的 35.4%。就东部地区而言，1979—2018 年，东部地区生产总值年均增长 11.3%，领跑“四大板块”。2018 年，其占全国社会消费零售总额的 51.4%，全国 81.7% 的货物进出口额发生在东部地区，此外，还集聚了我国 38.9% 的普通高校和 32.4% 的卫生机构。近百个地级以上城市分布在该区域，400 万以上人口的地级市有 53 个，其中，包括北京、上海、广州、深圳等超大城市，还有几千个小城镇密布其中。东部沿海地区依靠本身的区位优势和改革开放的先发优势，长期在全国经济发展中处于引领地位，地区生产总值占据半壁江山，是全国经济持续快速增长的“龙头”。

4.1.2.3　部分城市步入创新驱动发展阶段

根据统计分析可知，我国东部地区不仅集中了全国近 40% 的普通高校，高校招生人数占全国的 35% 以上，全国 39 所 985 高校，有 22 所分布在东部城市群，东部城市群拥有我国最好的教育资源，为其科技研发、创新发展提供源源不断的人力资源和动力源泉。全国 168 个国家级高新区，东部地区 7 省 3 市集中了 70 个，约占全国国家级高新区的 42%，区域内的江苏、广东、山东分别以 17 个、14 个、13 个国家级高新区位列全国前三。2017 年，东部地区开发区高新技术企业数占全国高新区企业总数的 73.34%，吸纳全国高新区 68.23% 的从业人员，创造了全国高新技术企业总收入的 66.97%。从 2017 年规模以上工业企业研究与试验发展（R&D）活动及专利申请数量来看，在规模以上工业企业投入的 R&D 经费达 8150.19 亿元，占全国 R&D 经费的 41.46%，东部城市群申请的 R&D 项目数占全国的比重为 72%。并且我国主要的科研机构都分布在东部城市群，因此，东部城市群技术市场也相对更为活跃，2017 年，东部城市群技术市场成交额达 8733.66 亿元，占全国技术市场交易总额的 49.35%；东部省份 R&D 经费投入强度远高于中东西部地区。2017 年，北京、上海、江苏、广东、天津、浙江、山东 7 省市研发投入强度超全国平均水平，其中北京 R&D 经费投入强度最大，为 5.64%；上海第二，为 3.93%；江苏第三，达 2.63%。从总量上看，广东投入研究与试验发展（R&D）经费最多，共计2343.6亿元，R&D经费投入强度为2.61%；江苏排名第二，投入研究与试验发展（R&D）经费为2260.1亿元，R&D经费投入强度为2.63%；山东第三，投入研究与试验发展（R&D）经费为1753亿元，R&D经费投入强度为2.41%。北京和上海排名第四和第六。东部城市群是我国科技资源的集聚地，从当前的情况来看，京津冀、长三角、粤港澳大湾区城市群已进入创新驱动阶段。科技是第一生产力，科技资源丰富的地方，是最能集聚追求技术创新企业与人才之地，也必定是经济发展最快并且最具增长潜力的地方。这既是我国东部多个城市群得以快速形成和发展的原因之所在，也是未来东部城市群转方式、调结构，继续引领中国经济增长，成为全球最具经济增长潜能的世界级城市群的主要推动因素。

4.1.3 东部地区城市群发展存在的主要问题

4.1.3.1 东部地区各城市群发展不均衡

与我国其他城市群相比，雄厚的经济基础支撑着长三角城市群在人口、经济、文化、社会、技术创新、城市层级体系以及生态等方面发展相对均衡。粤港澳大湾区城市群在城市总量、城市规模、城市群人口密度、城市群经济总量上与长三角城市群相比还有较大的距离。京津冀城市群最为突出的问题是发展不均衡，北京因其首都特殊的功能，在城市群中表现为“一城独大”的现象，京津冀城市群在产业协同、生态环境保护等方面与长三角还存在较大差距，但近两年，国家下大力气推动疏解非首都功能正不断取得成效，在生态环境保护方面逐渐取得好的成绩。目前，山东半岛城市群凭借其优越的地理位置和良好的经济基础，竞争力日益提升，在人口密度、经济总量等方面表现出较为强劲的竞争力。海峡西岸城市群的城镇化率不仅落后于长三角、京津冀、粤港澳大湾区城市群，甚至也落后于中西部的一些城市群，城市群发育程度低，城市数量少，规模都不大，经济总量偏小，其集聚和辐射能力有限。总体而言，东部城市群集中了中国发育程度最高的长三角、京津冀、粤港澳大湾区三个城市群和位于第二层级的山东半岛城市群，但同时，也还有发育程度较低的海峡西岸城市群，要实现沿海岸线建设城市带，就必须逐渐推动东部地区各城市群联动发展，从不均衡发展逐渐走向均衡发展。

4.1.3.2　东部地区各城市群内部普遍资源紧张，生态承载能力低

东部城市群发展中最为突出的问题是能源相对匮乏，原材料不足，北方各省市淡水资源短缺，导致我国实行“北煤南运”“南水北调”“西气东输”等措施，加上区域内人口密度大，经济总流量大，进而导致交通运输紧张。同时，人口规模与经济总量大，经济发展方式相对传统，从而表现为若干人口、城镇密集地区出现生态容量和环境污染问题，而长三角位于长江下游，涝年汛期的多洪涝，对城市群发展造成了一定的影响。

解决东部地区城市群发展的瓶颈问题，必须通过调整产业结构，进一步完善交通网络，长三角与粤港澳大湾区城市群之间尚未开通高速铁路，可在“十四五”期间加快立项建设，推动两大世界级城市群要素流动，释放更大的增长潜能；利用长江经济带建设的契机，加强与中部和西部地区的横向联系，转变发展方式，通过大力发展科技研发等生产性服务业和集约化的商品性、创汇型的农业生产，加快工业转型升级，逐步完成“工业2.0”向“工业3.0”的转变，推动东部地区率先走向“工业4.0”。重点突破东部城市群经济社会发展瓶颈，把长江三角洲、渤海圈和粤港澳大湾区建设成为环太平洋带上的重要经济地域。

4.2　中国中部地区城市群发展态势

4.2.1　中部地区城市群发展的基本情况

中部地区位于我国内陆，根据国家统计局的划分办法，包括安徽、湖北、湖南、河南、江西、山西 6 个相邻省份。但由于长三角城市群把安徽省规划在内，属于东部城市群，因此，中部地区城市群发展现状分析中，不再将安徽省统计在内，重点分析其中五个省份城市群的发展情况。

表4－9　中部地区城市群构成及整体定位

<table>
<tr><th colspan="2">名称</th><th>城市群构成</th><th>整体定位</th></tr>
<tr><td rowspan="3">长江中游城市群</td><td>环长株潭城市群</td><td>长沙、株洲、湘潭、岳阳、益阳、常德、衡阳、娄底</td><td rowspan="3">①中国经济新增长极。加快转变经济发展方式，实施创新驱动发展战略，发展壮大先进制造业，提升现代服务业发展水平，积极培育战略性新兴产业，大力发展现代农业，把长江中游城市群建设成为具有全球影响的现代产业基地和全国重要创新基地，提升城市群综合实力和竞争力，打造长江经济带发展重要支撑，带动中西部地区加快发展，构建中国经济新的增长极
②中西部新型城镇化先行区。不断完善城市群融合发展的体制机制，推动城市群集约集聚发展，调整城镇行政区设置，优化城市空间形态和空间布局，提高城镇综合承载能力，促进城镇发展与产业支撑、转移就业和人口集聚相统一，建设与山脉水系相融合的宜居宜业城市，打造农业转移人口就近城镇化典范，促进城乡融合互动，推动建立城市群一体化发展模式
③内陆开放合作示范区。以长江黄金水道和重要交通通道为纽带，依托中心城市和产业基地，畅通内外联系，加强与长三角、珠三角、成渝等地区合作互动，构建统一开放的市场体系和高水平的对外开放平台，深化全球合作和国际交流，打造内陆地区全方位、多层次开放合作的先行示范区
④“两型”社会建设引领区。加快资源节约型与环境友好型社会建设，推动形成绿色低碳的生产生活方式和城市建设管理模式，建立跨区域生态建设和环境保护的联动机制，扩大绿色生态空间，打造具有重要影响力的生态型城市群，为全国“两型”社会和生态文明建设积累新经验、提供典型示范</td></tr>
<tr><td>武汉都市圈</td><td>武汉、黄石、鄂州、黄冈、孝感、咸宁、仙桃、潜江、天门、襄阳、宜昌、荆州、荆门</td></tr>
<tr><td>环鄱阳湖城市群</td><td>南昌、九江、景德镇、鹰潭、新余、宜春、萍乡、上饶及抚州、吉安的部分县（区）</td></tr>
</table>

续表

名称	城市群构成	整体定位
中原城市群	以河南省郑州、开封、洛阳、平顶山、新乡、焦作、许昌、漯河、济源、鹤壁、商丘、周口和山西省晋城、安徽省亳州市为核心发展区，联动辐射河南省安阳、濮阳、三门峡、南阳、信阳、驻马店，河北省邯郸、邢台，山西省长治、运城，安徽省宿州、阜阳、淮北、蚌埠，山东省聊城、菏泽，涵盖 5 省 30 个地级市	①经济发展新增长极。深入推进供给侧结构性改革，强化大都市区引领和中心城市带动，建设高端发展平台，提升城市群综合实力，打造体制机制较为完善、辐射带动力强的发展区域，成为与长江中游城市群南北呼应、共同带动中部地区崛起的核心增长区域和支撑全国经济发展的新空间 ②重要的先进制造业和现代服务业基地。坚持高端化、集聚化、融合化、智能化战略取向，发展壮大先进制造业和战略性新兴产业，加快发展现代服务业，推动一、二、三产业融合发展，培育一批位居国内行业前列的先进制造业龙头企业和产业集群，建成具有全球影响力的物流中心、国际旅游目的地和全国重要的商贸中心 ③中西部地区创新创业先行区。发挥国家自主创新示范区引领带动作用，完善区域创新平台，健全区域创新创业生态系统，深度融入全球创新网络，促进各类创新资源综合集成，大力推动大众创业、万众创新，激发各类创新主体、创业人才的动力活力，努力在创新创业方面走在全国前列 ④内陆地区双向开放新高地。完善连接国内主要城市群的综合运输通道，构建横贯东中西、联结南北方的开放经济走廊，全面加强与周边地区和国内其他地区的合作互动；强化郑州航空港和其他重要交通枢纽的对外开放门户功能，打造对内对外开放平台，营造与国内外市场接轨的制度环境，加快形成全方位、多层次、宽领域的双向开放格局，形成具有全球影响力的内陆开放合作示范区 ⑤绿色生态发展示范区。牢固树立和践行生态文明理念，加强生态环境保护，传承弘扬中原优秀传统文化，推动历史文化、自然景观与现代城镇发展相融合，打造历史文脉和时尚创意、地域风貌和人文魅力相得益彰的美丽城市，建设生态环境优良的宜居城市群

续表

名称	城市群构成	整体定位
太原（晋中）城市群	“一核”即由太原市区、晋中市区、清徐县、阳曲县构成的太原都市区；“一圈”即太原大都市圈，是以太原都市区为中心，涵盖太原、晋中、吕梁、阳泉、忻州5市的重点开发范围	资源型经济转型示范区，全国重要的能源、原材料、煤化工、装备制造业和文化旅游业基地

资料来源：长江中游城市群主要内容来源于2015年国家发展改革委《关于印发长江中游城市群发展规划的通知》；中原城市群、太原城市群主要内容来源于其发展规划及草案。

为推动长江中游城市群发展，探索新型城镇化道路、促进区域一体化发展，2015年国家发展改革委印发的《长江中游城市群发展规划》（发改地区〔2015〕738号）中，明确了长江中游城市群是以武汉城市圈、环长株潭城市群、环鄱阳湖城市群为主体形成的特大型城市群，其规划范围包括：沿黄金水道长江经济带的中部地区，具体有湖北省武汉市、黄石市、鄂州市、黄冈市、孝感市、咸宁市、仙桃市、潜江市、天门市、襄阳市、宜昌市、荆州市、荆门市，湖南省长沙市、株洲市、湘潭市、岳阳市、益阳市、常德市、衡阳市、娄底市，江西省南昌市、九江市、景德镇市、鹰潭市、新余市、宜春市、萍乡市、上饶市及抚州市、吉安市的部分县（区），面积约32.60万平方千米。据各城市统计数据整理发现，2018年长江中游城市群GDP突破8万亿元大关，达到80057亿元，人均GDP达到10.48万元，远高于中部地区的平均水平，整体保持平稳增长的趋势。其中，武汉达到14847亿元，接近1.5万亿元大关，长沙突破了1.1万亿元关口；江西省南昌GDP达到5274亿元。而3000亿~5000亿元级别的城市由4个增至5个，湖南衡阳成功突破3000亿元大关，宜昌突破4000亿元，襄阳继续位居非省会城市第一。而2000亿~3000亿元的城市由6个增至7

个，湖北荆州、黄冈双双突破 2000 亿元。1000 亿～2000 亿元的城市有 11 个，湖北鄂州进入千亿级；而不足千亿的城市仍然有 5 个，其中仙桃、潜江、天门为湖北省的省直管市。长江中游城市群城市继续保持增长势头，但是 5000 亿～10000 亿元的城市仅有南昌，明显不足；3000 亿～5000 亿元级的城市数据也偏少，依然需要加快发展步伐。从人均 GDP 来看，最高的依旧是湖南省会长沙，2018 年人均 GDP 13.89 万元，其次是武汉 13.63 万元；第二梯次的有宜昌、南昌和鄂州，人均 GDP 在 9 万元以上。而人均 GDP 不足 5 万元的城市多达 11 个。2017 年，长江中游城市群常住人口为 7640 万人，达到千万人口的只有武汉，而 500 万～1000 万常住人口的城市则有 11 个；而不足 300 万人口的城市还有 12 个。自长江中游城市群发展规划出台以来，三大城市群之间的交流更加密切，如九江、黄石、咸宁、岳阳 4 个节点城市，其中九江和咸宁都处于两位数的高速增长中，岳阳的名义增速也在 9.0% 以上，转型升级中的黄石也开始复苏①。

中原城市群发展规划指出，中原城市群拥有特大城市郑州和数量众多、各具特色的大中小城市。城镇空间聚合形态较好，常住人口城镇化率达到 50%，大中小城市和小城镇协调发展格局初步形成，正处于工业化城镇化加速推进阶段，中原城市群城镇分布相对密集，是中国中部地区城镇最为密集的地区。中原城市群交通区位优越，处沿海开放地区与中西部地区的接合部，是我国经济由东向西梯次推进发展的中间地带。交通条件便利，高速公路通车里程居全国前列，郑州等机场可实现与国内外主要枢纽机场的快速联通，“米”字形高速铁路网和现代综合交通枢纽格局正在加速形成，立体综合交通网络不断完善。中原城市群产业体系完备，装备制造、智能终端、有色金属、食品等产业集群优势明显，物流、旅游等产业具有一定的国际影响力。2017 年，中原城市群常住人口占全国总人口的 13.6%，相比 2016 年此区域新增人口 1541.76 万人，数据再次证明中原区域

---

① 2018 年长江中游城市群 GDP 达到 8 万亿元，人均 GDP 超 10 万元[EB/OL]. 搜狐，2019－04－04. https://www.sohu.com/a/305933435_10005235/? sec＝wd.

是全国人口增加的主要动力。自2017年初《中原城市群发展规划》发布后，“中原城市群”被提升为国家战略，GDP总量两年增长幅度为18.76%，平均每年9%左右的增幅，表现出强劲的经济活力，其中，晋南区域，两年的GDP增幅为26.3%；皖北区域，增长幅度为24.3%；人口负增长的鲁西，增长幅度为20.87%；河南全省表现接近平均值在18.66%①。

依据太原经济圈规划草案，太原都市圈是以太原为中心，以太原盆地城镇密集区为主体的城市集群，包括3个地级市的16个市县：太原市的市区、古交、清徐、阳曲、娄烦，晋中市的榆次、寿阳、太谷、祁县、平遥、介休、灵石，吕梁市的文水、交城、孝义、汾阳。其拓展区涵盖太原、晋中、吕梁、阳泉、忻州5市的市域范围，位于山西省中部和全国“两横三纵”城市化战略格局中京哈、京广通道纵轴的中部，绝大多数重要城市都分布在六大盆地之内。共包括29个县、市、区，区域面积2.9万平方千米，现状总人口1160万人，城镇人口764万人。但由于山西省相对中部地区其他省份而言，经济发展严重依赖资源，随着资源枯竭情况日益凸显，经济发展水平相对较低，城镇网络结构尚不成熟，城市群规划尚未通过实施，城市群尚处于推动建设阶段。

4.2.2 中部地区城市群发展存在的主要问题

4.2.2.1 中部地区城市群发展尚不成熟

长江中游城市群发展规划已纳入国家重点建设城市群之一，城市群建设进入快车道，但是以武汉城市圈、环长株潭城市群、环鄱阳湖城市群为主体的长江中游城市群，发展尚不成熟，而且武汉城市圈、环长株潭城市群、环鄱阳湖城市群分属不同省份，且各城市群的规模尚小，城市网络体系并不发达，各城市群之间的联系不是很紧密，因此，如何加强跨区域协调成为长江中游城市群发展需要重点探讨的课题。2017年，国家发改委发布了《中原城市群发展规划》，自此郑州上升为国家中心城市，中原城市群上升到国家战

① 中原城市群两年了，看看这个“带头大哥”成绩如何[EB/OL]. 乐居网，2019-06-12. https://36kr.com/p/5214670.

略层面。但中原城市群建设时日尚短，中心大城市不够大，中等城市不够强，小城市发展缺特色，城市群经济规模相对较小，城市网络体系还不够紧密，城市群建设任重道远。相比京津冀城市群、长江三角洲城市群，中原城市群目前的典型现状是郑州“一地独大”，且各城市无论人口还是经济总量都差距较大。作为副中心的洛阳，2018 年 GDP 总量仅有 4640 亿元，其余各市与郑州的差距更大①。太原城市群建设更是落后，截至目前，太原城市群尚未出台城市群发展规划，城市群建设缺乏明确的方向定位，与东部城市群相比，无论是城市群经济规模，还是人口集聚能力都是相对薄弱的。

4.2.2.2　城市群发展潜力大，但综合实力不突出

长江中游城市群、中原城市群、太原城市群与东部地区城市群相比较，发育程度相对更低，城市群的整体实力不强，但发展潜力巨大。在地理条件上，中部城市群地处承接发达国家及中国东部地区产业转移、西部资源输出的枢纽和核心区域，也是参与国内外竞争、促进中部崛起、辐射带动中西部地区发展的核心增长极。长江中游城市群在全国主体功能区规划中，已被列为 18 个“国家重点开发区域”之一，目前是我国内陆唯一跨三省的重点开发区域，同时，中原地区、长江中游一直是我国重要的粮食主产区和工业基地，太原城市群是我国主要的能源基地，中部地区人口数量大，交通枢纽地位突出，区位优势明显，在我国未来空间开发格局中具有举足轻重的战略地位和意义。但是，我们仍然可以看到，三大城市群的发展水平良莠不齐，中心城市带能力不足，如长江中游城市群 2018 年 8 个两位数增长的城市，其中有 6 个属于武汉城市圈；反观长株潭城市群和环鄱阳湖城市群，长株潭虽然一体化程度是最高的，但 3 市增速明显低于周边的岳阳、益阳、娄底等城市，而环鄱阳湖城市群增速普遍处于一种低迷状态。这说明长株潭城市群和环鄱阳湖城市群中心城市动能不足，对于周边城市的影响辐射能力较差，不利于区域经济和长江中游城市群一体化

① 中原城市群两年了，看看这个“带头大哥”成绩如何[EB/OL]. 乐居网，2019-06-12. https://36kr.com/p/5214670.

发展。中原城市群经济结构单一。据统计，在中西部7个经济总量超过7000亿元的城市中（重庆、成都、武汉、长沙、郑州、西安、合肥），郑州高新企业数量仅为824家，在7个城市中垫底，与其他几个城市存在较大差距，在2018年上半年上市的企业里，中原城市群为0。

4.2.2.3 核心城市实力增强，但需加快提升

中部地区各省省会城市武汉、长沙、南昌、郑州、太原是构成中部地区城市群中五个都市圈（经济圈）的“首位城市”。近年来，各省会城市经济发展不断加速，城区面积不断扩大，在城市群或都市圈中的辐射能力不断提高，但与东部地区的中心城市相比，还存在明显差距。据2018年各城市统计数据可知，在经济总量上，郑州、武汉、长沙三个城市地区生产总值分别为6783亿元、10143.32亿元、11003.4亿元，分别占各省的GDP总量的22.54%、37.72%、30.2%，首位度相对突出，但远落后于北京、上海，而南昌和太原的经济总量则更少；从经济结构与城市功能上看，武汉、长沙是我国“两型”社会改革试验区，经过“两型”社会改革试验，产业结构不断优化，但产业结构中的传统产业正面临加速升级，一些重化工企业面临严峻的环境约束，第三产业有较快发展，但层次较低，武汉都市圈和长株潭城市群建设取得较好成绩，但城市群的影响力与辐射力依然不强。同时，中部城市群各省会城市发展也很不平衡，除武汉、长沙、郑州在经济总量与城市功能上发展相对接近以外，南昌、太原的经济总量与城市规模都相对偏小，与武汉、长沙、郑州存在较为明显的差距，中部五省城市群内部的其他城市与省会城市的差距也很大。

4.2.2.4 生态保护面临严峻挑战

受自然条件和人为因素的影响，中部地区城市群所在区域面临的生态问题日益严峻。太原是国家能源重化工基地和老工业城市，产业结构和能源结构偏重，东、西、北部三面环山，地理位置不利于大气污染物扩散，曾经是全国环境污染最重的城市之一，太原经济圈建设使其生态环境保护面临极大的压力。中原城市群人多地少，水资源相对匮乏，部分城市产业结构失衡，给生态环境保护造成的压力也大。长江中游城市群虽然水资源丰富，但洞庭

湖、鄱阳湖都存在水土流失加剧、土地沙化严重等情况，急需大幅度推进生态修复、环境保护，长江中游城市群的生态补偿机制亟待建立；同时，城市群经济快速发展、城镇化不断推进过程中，形成的工业、农业、生活污染也日趋严重，湖水富营养化问题日益突出；由于多年来自然淤积和人工围垦，素有“千湖之省”称号的湖北省湖泊的数量和水面积面临着“退田还湖”的巨大压力。中部地区城市群生态环境保护压力已面临严峻挑战。

4.2.2.5　自主创新潜能亟待激发

湖南、湖北虽然有 4 所“985”大学和 10 所“211”大学，但两省科技创新合作、产业协同创新非常有限。整个中原城市群“985”学校为 0，“211”学校仅有郑州大学。河南省博士后流动站设站单位仅 7 个，博士后科研流动站仅 180 个。在科技教育资源方面，中部城市群与西部地区相比，教育资源相对充裕，但远落后于东部地区。“2018 中国企业 500 强”中湖南 7 家、湖北 9 家，全国占比低。2017 年，湖南、湖北、河南、安徽、江西、山西研发经费投入强度分别为 1.68%、1.97% 1.31%、2.09%、1.28%、0.95%，远低于全国 2.13% 的平均水平，其中，湖南规模以上工业企业研发强度仅为 1.18%，湖北规模以上工业企业研发经费增速仅为 5.2%，与科教大省及全国重要先进制造业中心的地位不匹配。同时，一些企业的核心技术主要依赖于引进，技术上的“卡脖子”问题突出。

4.3　中国西部地区城市群发展态势

我国西部地区包括重庆、四川、贵州、云南、广西、陕西、甘肃、青海、宁夏、西藏、新疆、内蒙古等 12 个省、直辖市和自治区。土地面积 681 万平方千米，占全国总面积的 71%；人口约 3.79 亿人，占全国总人口的 27.1%。西部地区疆域辽阔，大部分地区是我国经济欠发达，但资源富集的地区，矿产、土地、水、能源等资源非常丰富，矿产开发是西部地区的支柱产业，而广阔的西部地区因地理条件复杂多样、气候各异，其自然景观也异常丰富多彩；少数民族聚集形成的民族风情以及丰富的人文景观等都是极具开发价值的旅游资源。并且，西部地区与蒙古国、俄罗斯、塔吉克斯坦、哈萨克斯坦、吉尔吉斯斯坦、巴基斯坦、阿富汗、不丹、尼泊尔、印度、缅甸、老挝、越南12个国家接壤，陆地边境线长达1.8万余千米，约占全国陆地边境线的91%；与东南亚许多国家隔海相望，有大陆海岸线1595千米，约占全国海岸线的1/11。大部分地区处在我国“一带一路”框架下，是贯通亚欧各国与国内通联的陆路和水路两条线的主要区域。其中陆路把西北的宁夏、青海、甘肃、陕西、内蒙古，西南的重庆、四川、云南、广西等西部省市贯通。“一带一路”倡议的实施为加快我国西部城市群的培育，打造中国经济增长第四极创造了良好机遇。

4.3.1 西部地区城市群发展现状

我国西部地区因疆域辽阔，与东部地区相比，城市群表现为数量多、规模小、竞争力弱的特征。主要城市群有呼包鄂榆城市群、宁夏沿黄城市群、关中城市群、兰西城市群、天山北坡城市群、成渝城市群、黔中城市群、北部湾城市群、滇中城市群等9个城市群。

4.3.1.1 成渝城市群

2016年3月，国务院常务会议通过《成渝城市群发展规划》，这是第4个获中央批复的城市群。成渝城市群总面积18.5万平方千米，占全国的1.9%；2018年经济总量为5.8万亿元，占全国的6.4%，从经济总量上看，成渝城市群与长三角、粤港澳、京津冀仍存在较大差距，但城市群中城镇规模等级很明显。在经济总量上，成都市地区生产总值超过1.5万亿元、增长8%左右；重庆实现地区生产总值20363.19亿元（成为国内第4个GDP突破2万亿元的城市），GDP增速6%。未来几年达州、泸州、乐山有望冲刺2000亿元；内江、自贡、广安、眉山、遂宁、雅安和资阳组成了城市群中的第三方阵。从人口来看，成渝城市群出现了明显的集聚现象。2018年常住人口约1.0亿人，占全国的7.2%，城镇化率从2010年的46.3%增长到2018年的53.8%，为西南地区最高，比全国平均水平还要低5.8%。成渝城市群发展人口的集中，产业化相对优化，城镇化率还相对较低，未来增长潜力大，具备未来引领西部大开发整体城镇化过程的强大优势。

4.3.1.2　北部湾城市群

2008 年 1 月，国家批准实施《广西北部湾经济区发展规划》，标志着北部湾经济区开放开发上升为国家战略。国家批准实施《北部湾城市群发展规划》，明确了北部湾经济区打造“一湾双轴、一核两极”的城市群框架，规划陆域面积 11.66 万平方千米，海岸线 4234 千米，还包括相应的海域①。经过 10 多年的不懈努力，2018 年，北部湾经济区实现地区生产总值 9860.94 亿元，约占全区的 48%。2006—2018 年，北部湾经济区（六市）地区生产总值增长近 4 倍，年均增速 14.1%，财政收入增长 5 倍，固定资产投资增长 10 倍，进出口总额增长 11 倍，呈现出质和量齐头并进的势头。现代产业体系快速兴起，产业规模不断壮大，打造了一批产业发展示范区，加快构建现代产业体系，推动园区高质量发展。区域性交通枢纽基本建成，经济区高速公路通车里程超过 1700 千米，占全区的 40% 左右；高铁实现公交化运行，形成了经济区内各市 1 小时、通往广西各主要城市 2 小时的经济圈，基本形成了服务西南地区出海、出边的国际大通道。沿海港口加速崛起，已实现与世界 100 多个国家和地区、200 多个港口通航，已开通渝桂、川桂、滇桂、黔桂、陇桂等 5 条海铁联运线路，成为我国西南中南地区重要的出海口和对东盟海上贸易的重要口岸。以核心城市为中枢，多中心、多层次的城镇体系加快形成，城镇化率超过 52%，高于全区平均水平，低于全国平均水平，城镇化推动经济发展的潜力大。

4.3.1.3　关中平原城市群

2018 年，《关中平原城市群发展规划》获得国务院批复，陕西省发改委印发《2019 年推进关中平原城市群建设行动计划》出台 31 条具体措施，为加快关中平原城市群建设提供了具体路径。2018 年，关中平原城市群的人口为 3865 万人，GDP 总量约 2.2 万亿元，不到成渝城市群的一半；人口是中原城市群的 1/4 左右，GDP 为 1/3 多一点；而与目前体量最大的城市

① 《北部湾城市群发展规划》。

群长三角相比，关中平原城市群仅为其人口的1/4，GDP的1/7，在全国国家级城市群处于相对靠后的位置。最主要的原因是目前仅有西安1个中心城市，2018年，西安GDP刚突破8000亿元，占到整个关中平原城市群的1/3左右，相比东部城市群中的中心城市而言，其经济发展水平尚有差距，城市功能不够完善、辐射带动作用不强，城市群城市数量总体不足。

4.3.1.4　兰州—西宁城市群

《兰州—西宁城市群发展规划》于2018年初获得国务院批复，规划中提到了兰州—西宁城市群的主要发展指标。城市群总面积9.75万平方千米，2016年地区生产总值4874亿元，常住人口1193万人。其中青海部分范围涉及2市3州，共计19区（县），常住人口占全省人口的72.57%，地区经济总量占全省的72.05%，面积占全省面积的7.87%；甘肃部分范围共计22区（县），常住人口占甘肃省人口的29.21%，经济总量占甘肃省的42.23%，面积占甘肃省面积的9.57%。《兰州—西宁城市群发展规划》提出到2035年，兰西城市群协同发展格局基本形成，各领域发展取得长足进步，发展质量明显提升，在全国区域协调发展战略格局中的地位更加巩固。要求合理布局建设一批特色鲜明、集聚能力较强的城镇，加快西宁—海东都市圈建设，重点打造兰西城镇发展带，带动海北、海南、黄南州府县城多节点支撑，构建“一带双圈多节点”格局。

4.3.1.5　呼包鄂榆城市群

2018年《呼包鄂榆城市群发展规划》获得国务院批复实施，提出将呼包鄂榆城市群培育发展成为中西部地区具有重要影响力的城市群。从统计数据来看，2018年，呼和浩特市、包头市、鄂尔多斯市、榆林4个城市常住人口1151.16万人，呼和浩特市、鄂尔多斯市、榆林各市的经济总量分别为2903.5亿元、3763.2亿元、3848.62亿元，其中，榆林经济总量排在第一位。4个城市经济总量相对均衡，但也没有十分突出的大城市，推动四大城市协调发展成为呼包鄂榆城市群发展的关键。

4.3.1.6　宁夏沿黄城市群

宁夏沿黄城市群位于全国“两横三纵”城市化战略格局中包昆通道纵

轴的北部，包括宁夏回族自治区以银川为中心的黄河沿岸部分地区。主要包括宁夏沿黄河分布的银川、石嘴山、吴忠、中卫、平罗、青铜峡、灵武、贺兰、永宁、中宁 10 个城市，宁夏以 43% 的国土面积，集中了全区 57% 的人口、80% 的城镇、90% 的城镇人口，创造了 90% 以上的 GDP 和财政收入，已初具城市带雏形。其中，银川是宁夏沿黄城市群的核心城市，宁夏回族自治区的首府城市，担负着整个宁夏经济发展的重任，2018 年，宁夏经济总量为 3705.18 亿元，其中，银川为 1901.48 亿元，经济首位度为 51.32%。宁夏常住人口为 688.11 万人，其中银川有 225.06 万人，集聚了宁夏 1/3 的人口。但宁夏沿黄城市群还没有进一步完善发展规划，应加快出台规划纲要，并争取获得中央的批准实施。

4.3.1.7　天山北坡城市群

2017 年 10 月，《天山北坡城市群发展规划（2017—2030）》也已通过专家评审，但尚未获得中央批复，根据国家发展改革委《2019 年新型城镇化建设重点任务》指出，加快出台实施天山北坡、滇中 2 个边疆城市群发展规划。包括乌鲁木齐、石河子、昌吉、克拉玛依、吐鲁番、伊犁等，新疆是一个相对特殊的地理单元，受地理和生态制约，目前，整个新疆能够形成城市群的只有天山北坡区域。而且，相对来说，这也是目前新疆经济、工业、产业基础最好的地方。截至 2018 年底，新疆常住人口为 2486.76 万人。其中，北坡城市群人口规模占新疆人口的 1/4，但经济总量占 1/2 以上；65 岁及以上人口占比仅为 7.23%，在全国新疆仅高于西藏、青海，人口结构趋于年轻。天山北坡和滇中城市群，是全国仅有的 2 个边疆城市群，天山北坡城市群承担陆港型、空港型等国家物流枢纽承载城市，伊犁（霍尔果斯）、博尔塔拉（阿拉山口）等是陆上边境口岸型城市。在“一带一路”规划中，新疆被明确定位为丝绸之路经济带核心区，其核心区中的重心是天山北坡城市群。天山北坡城市群除了在商贸物流方面打造区域性的枢纽中心，还在奋力打造丝绸之路的区域金融中心。截至 2017 年底，新疆已与哈萨克斯坦、美国等 90 个国家和地区开展了跨境人民币实际收付业务，业务累计结算量突破 2750 亿元。2019 年上半年，新疆跨境人民币结算量达

220.9亿元，同比增长30.7%，结算量稳居西北五省第一。随着“一带一路”倡议的深入实施，随着基建、资源、政策都投向城市群，加上城市群体量小、结构优，建设集约型的城市群，天山北坡城市群未来发展可期。

4.3.1.8 滇中城市群

目前，滇中城市群尚未获得国家层面的批复，2016年云南的住建部门重新修编并推出了《滇中城市群规划（2016—2049年）》，城市群面积因此从9.6万平方千米增加到11.46万平方千米，是地处边境的城市群之一。计划打造“一主四副”空间结构，“一主”是指昆明；“四副”分别是曲靖城镇组团、玉溪城镇组团、楚雄城镇组团、蒙自城镇组团。从2018年各城市经济指标来看，昆明常住人口685万人，上年经济总量达到5206.90亿元，全省占比29%，是立足西南，面向全国，辐射南亚东南亚的经济贸易中心、科技创新中心、金融服务中心、人文交流中心。曲靖常住人口615.5万人，经济总量为2013.4亿元，是整个云南经济增长的第二极；城镇组团规划定位是，滇中城市群次核心，参与“滇黔桂”和南亚东南亚分工协作的竞争力区域。玉溪常住人口238.6万人，经济总量为1493亿元，在云南排在第四位；城镇组团规划定位是：参与南亚东南亚分工协作的竞争力区域，具有区域性国际影响力的现代服务基地和传统产业升级示范区。楚雄经济总量只有386.97亿元，人口为274.8万人；城镇组团定位是：滇中城市群次核心，滇中城市群向西开放的门户和战略枢纽，滇中城市群西部增长极和协调滇西城镇群发展的重点区域。红河常住人口271万人，经济总量为1593.77亿元，排在曲靖后面，是非常有发展前景的城市。

4.3.1.9 黔中城市群

2017年3月8日，经贵州省政府批准、国家发展改革委同意，《黔中城市群发展规划》正式印发实施。黔中城市群位于贵州省中部地区，包括贵阳市、遵义市、安顺市、毕节市、黔东南州、黔南州6个市（州）及贵安新区的33个县（市、区），区域总面积为5.38万平方千米。《黔中城市群发展规划》明确黔中城市群发展的重点是打造以贵阳中心城区、贵安新区为中心，周边清镇、平坝、龙里、惠水等16个高速公路1小时以内可通达城市组成的黔中核心经济圈。

表 4－10　西部地区城市群的主要构成与基本定位

序号	城市群名称	城市构成	基本定位
1	呼包鄂榆城市群	2018 年国务院批复的《呼包鄂榆城市群发展规划》明确，城市群包括呼和浩特、包头、鄂尔多斯、榆林 4 个城市	全国高端能源化工基地、向北向西开放战略支点、西北地区生态文明合作共建区、民族地区城乡融合发展先行区
2	宁夏沿黄城市群	包括宁夏沿黄河分布的银川、石嘴山、吴忠、中卫、平罗、青铜峡、灵武、贺兰、永宁、中宁 10 个城市	全国重要的能源化工、新材料基地，清真食品及穆斯林用品和特色农产品加工基地，区域性商贸物流中心
3	关中平原城市群	2018 年国务院批复的《关中平原城市群发展规划》中明确关中平原城市群规划范围包括陕西省西安、宝鸡、咸阳、铜川、渭南 5 个市，杨凌农业高新技术产业示范区及商洛市的商州区、洛南县、丹凤县、柞水县；山西省运城市（除平陆县、垣曲县）、临汾市尧都区、侯马市、襄汾县、霍州市、曲沃县、翼城县、洪洞县、浮山县；甘肃省天水市及平凉市的崆峒区、华亭县、泾川县、崇信县、灵台县和庆阳市区	建设具有国际影响力的国家级城市群、内陆改革开放新高地，关中平原城市群将加快建设向西开放的战略支点、引领西北地区发展的重要增长极、以军民融合为特色的国家创新高地、传承中华文化的世界级旅游目的地、内陆生态文明建设先行区
4	兰西城市群	主要包括甘肃省兰州市，白银市白银区、平川区、靖远县、景泰县，定西市安定区、陇西县、渭源县、临洮县，临夏回族自治州临夏市、东乡族自治县、永靖县、积石山保安族东乡族撒拉族自治县，青海省西宁市，海东市，海北藏族自治州海晏县，海南藏族自治州共和县、贵德县、贵南县，黄南藏族自治州同仁县、尖扎县	维护国家生态安全战略支撑，优化国土开发格局重要平台，促进我国向西开放重要支点，沟通西北西南、连接欧亚大陆的重要枢纽

续表

序号	城市群名称	城市构成	基本定位
5	天山北坡（乌昌石）城市群	包括乌鲁木齐、石河子、昌吉、克拉玛依、吐鲁番、伊犁等（目前规划尚未公布，规划范围不详）	天山北坡城市群产业空间布局和结构优化应着重构建“丝绸之路核心区、国际经济合作走廊先行区”。天山北坡城市群在新疆发展中起龙头作用，将通过资源开发、产业发展、社会和谐建设、对外开放等途径辐射全疆，进而促进全疆快速发展
6	成渝城市群	成渝城市群主要包括：重庆市的渝中、万州、黔江、涪陵、大渡口、江北、沙坪坝、九龙坡、南岸、北碚、綦江、大足、渝北、巴南、长寿、江津、合川、永川、南川、潼南、铜梁、荣昌、璧山、梁平、丰都、垫江、忠县等27个区（县）以及开县、云阳的部分地区，四川省的成都、自贡、泸州、德阳、绵阳（北川县、平武县除外）、遂宁、内江、乐山、南充、眉山、宜宾、广安、达州（万源市除外）、雅安（天全县、宝兴县除外）、资阳等15个市	引领西部开发开放的国家级城市群（包括全国重要的现代产业基地、西部创新驱动先导区、内陆开放型经济战略高地、统筹城乡发展示范区、美丽中国的先行区）；构建“一轴两带、双核三区”的空间格局；优化城市规模结构；促进川渝毗邻地区合作发展
7	黔中城市群	包括贵阳市、遵义市、安顺市、毕节市、黔东南州、黔南州6个市（州）及贵安新区的33个县（市、区）	西部地区新的经济增长极、山地特色新型城镇化先行示范区、内陆开放型经济新高地、绿色生态宜居城市群
8	滇中城市群	包括昆明、曲靖、楚雄、玉溪，以及红河州北部7县市	带动云南省全面发展的战略核心区域；中国西部具有较大竞争力和影响力的特色城市群；中国面向西南的桥头堡，中国、东南亚、南亚结合地带的区域中心

续表

序号	城市群名称	城市构成	基本定位
9	北部湾城市群	覆盖范围包括广西壮族自治区南宁市、北海市、钦州市、防城港市、玉林市、崇左市，广东省湛江市、茂名市、阳江市和海南省海口市、儋州市、东方市、澄迈县、临高县、昌江县	面向东盟国际大通道的重要枢纽。打造与东盟国家便捷联系的国际大通道枢纽 “三南”开放发展新的战略支点。充分发挥作为“三南”地区重要出海口的作用，畅通与成渝、黔中、滇中、长江中游等城市群间的快速多向连接，推动内陆省份全面深化与东盟的交流合作。加强与粤港澳大湾区、珠江—西江经济带联动发展，优化区域合作机制，加快形成东、中、西部地区协调互动、优势互补的发展新格局 21 世纪海上丝绸之路与丝绸之路经济带有机衔接的重要门户；推动 21 世纪海上丝绸之路与丝绸之路经济带的交汇对接、衔接互动；面向“一带一路”沿线国家，加快打造国际产能合作先行基地、重要服务平台、人文交流纽带；全国重要绿色产业基地；陆海统筹发展示范区

资料来源：各城市群主要内容来源于国务院《全国主体功能区规划》，各城市群发展规划及草案。

4.3.2 西部地区城市群发展的主要特征

4.3.2.1 城市群的规模等级体系初现

我国西部地区已形成以成渝城市群较为成熟，关中城市群快速发展，北部湾等多个城市群孕育成长的多等级城市群体系。成渝城市群发育相对成熟，根据统计，每万平方千米拥有城镇 113 个，远高于西部的 12 个/万平方千米和全国的 23 个/万平方千米，各级各类城镇间联系日益密切。2018 年北部湾城市群以核心城市为中枢，多中心、多层次的城镇体系加快形成，城镇化率超过 52%，高于全区平均水平。

4.3.2.2 城市群功能定位已逐步明晰

目前，西部地区多数城市群都在加紧编制城市群发展规划或者已完成规划的编制工作，或者是编制了经济区发展规划，规划对城市群发展功能进行了初步定位（见表 4－10），为城市群发展奠定了方向性的基础。

4.3.2.3 空间上多沿交通干线分布

当前，我国已培育的西部地区城市群主要沿陇海线、成渝线、沪昆线、包兰铁路、南昆铁路等交通干线分布，近几年，我国高速铁路快速铺设，沪昆、徐州—郑州—兰州高速铁路都将在近期建设完成，到 2020 年，我国“五纵五横十联”的高速铁路规划将全部建成，时速在 200 千米以上的高速铁路将达 5 万千米以上，其中至少有“两纵五横”贯穿西部地区城市群。同时，上述城市群也主要沿黄河、长江等大江大河干流分布，相比其他西部城市，这 9 个城市群拥有较好的地理优势。

4.3.2.4 八大区域中心城市是西部地区发展的重要支撑

乌鲁木齐是新疆维吾尔自治区首府，全区政治、经济、文化、交通中心，天山北坡城市群核心城市，欧亚大陆桥中通道西部主通道，“一带一路”重要节点城市。兰州是甘肃省省会，西北区域性政治、军事、交通中心，是黄河上游兰西宁夏沿黄城市群核心城市；欧亚大陆桥中通道及中新海陆多式联运国际南向新通道交汇城市，全国第九大物流集散中心。西安是国家中心城市，副省级计划单列市，陕西省省会，全国八大综合交通枢纽之一，黄河中游经济区西安铁路监管局驻地，区域性政治、经济、文化、交通中心；欧亚大陆桥核心城市；关中城市群核心城市。贵阳市是贵州省省会，全省政治、经济、文化、交通中心；黔中城市群中心城市；中新海陆联运国际南向通道重要节点城市，西南地区重要交通枢纽。南宁市是广西壮族自治区首府，全区政治、经济、文化、交通中心；北部湾城市群中心城市；中国东盟合作中心城市，中新南向通道重要节点城市。成都是国家中心城市，副省级计划单列市，四川省省会，西南经济区成都铁路监管局驻地，全国八大综合交通枢纽之一，区域性政治、经济、文化、交通、军事中心；中新南向通道，中国—中南半岛多式联运核心城市；成渝城市群核心城市。重庆是直辖市、国家中心城市，全国八大综合交通枢纽之一，区域性政治、文化、经济、军事、交通中心；中新南向通道，中国—中南半岛多式联运核心城市；成渝城市群核心城市。昆明是云南省省会，全省政治、经济、文化、交通中心；滇中城市群中心城市；中新南向通道重要节点城市，中国—中南半岛多式联运核心城市。八大区域中心城市是在西部地区广阔区域空间内的增长极，也是未来西部经济增长的重要引擎。

4.3.3　西部地区城市群发展存在的主要问题

4.3.3.1　西部地区城市群经济总量与人口规模偏低

除成渝城市群发育程度相对较高以外，其他城市群基本都处于重点培育阶段，经济总量、人口规模都偏小。从 2018 年的经济总量来看，除了成渝城市群达到 5 万亿元的经济总量，只有关中城市群的经济总量过 2 万亿元，呼包鄂榆城市群、滇中、黔中城市群过 1 万亿元，北部湾城市群近 1 万亿元，而宁夏沿黄城市群、兰西、天山北坡城市群的经济总量还没过 5000 亿元；从人口规模来看，除成渝城市群的人口规模接近 1 亿人以外，其他城市人口都低于 5000 万人，其中，宁夏沿黄城市群和天山北坡城市群的人口规模更是低于 1000 万人；从户籍人口与常住人口的差距来看，各城市群的常住人口远低于户籍人口，可见西部各城市群对人口的吸纳能力相对较弱，成了人口的净输出地。与中东部地区城市群相比，该区无论是经济总量还是人口规模都存在倍数级的差距，经济实力较弱。

表 4-11　西部主要城市群人口与经济规模情况

城市群名称	人口/人	经济总量/万亿元
呼包鄂榆城市群	1151.16	1.4
宁夏沿黄城市群	688.11	0.3705
关中平原城市群	3865	2.2
兰西城市群（2016年）	1193	0.4874
天山北坡（乌昌石）城市群	约600	约0.12
成渝城市群	9600	5.75
黔中城市群	2701	1.19
滇中城市群	2084.9	1.069
北部湾城市群	4232.27	0.986

资料来源：wind.

4.3.3.2　中心城市实力偏弱，城市群内城市密度低

占据中国土地总面积71%的西部地区，现有能称得上城市群以及可作为城市群培育的城市群总量仅有8个，相比中东部地区城市群密度偏低，各城市群内部发育较好的城市数量较少，城市分布密度也低。例如，天山北坡城市群（以原来的天山北坡经济带规划为例）由乌鲁木齐市、石河子市、昌吉市、阜康市、五家渠市以及呼图壁县、玛纳斯县和沙湾县等5市3县和兵团25个农牧团场（县级管理权限建制镇）构成，该城市群的结构表现为：第一，建制市和地级市城市数量偏少。建制市仅有5个，地级市只有乌鲁木齐1个。第二，城市群结构不完整。城市群仅有乌鲁木齐1个大城市、2个中等城市（昌吉、石河子）以及6个小城市（阜康、五家渠、沙湾、玛纳斯、呼图壁、正繁户）。第三，缺少辐射带动能力强的大城市。据各城市统计数据整理发现，乌鲁木齐2018年经济总量为3099.77亿元，经济总量偏小，辐射带动能力有限，全市常住人口222.26万人，中心城市人口规模不大。而西部城市群中与天山北坡城市群结构类似的城市群还有宁夏沿黄城市群。从目前的情况来看，成渝城市群结构相对合理，城市群

有成都和重庆两个特大城市，并且两者之间距离为 260 千米，在 2 小时车程之内，高速铁路开通后仅为 1 小时。根据国家发展和改革委关于成渝地区城际铁路建设规划（2015—2020 年）的批复显示，规划建设成渝地区城际铁路，将以成渝“双核”为中心，覆盖区域内常住人口 50 万人及以上城市和大部分常住人口 20 万人以上的城市，实现以“双核”间 1 小时到达、核心城市与次级中心城市 1 小时到达、城市群内所有次级中心间 2 小时到达。而成渝城市群经济总量在不断攀升，人口规模已近 1 亿人，城镇分布密度、人口集中度相对较高，具备未来引领西部大开发整个城镇化过程的强大优势。西北的关中城市群有西安、宝鸡、咸阳、渭南、铜川、商洛 6 个地级市，1 个特大城市（西安）、2 个大城市（宝鸡、咸阳）、6 个中等城市、34 个小城市、837 个建制镇，该城市群的结构也相对完整且合理，同时有较好的教育科技资源，相较而言，关中城市群也具备很好的发展潜力。

4.3.3.3　城市群及城市之间的竞争大于合作

我国的城市群有一个明显的特点——要么竞争要么“一城独大”，西部的城市群也不例外。成渝城市群、兰西城市群两个城市群中都分别存在两个水平对等又相对独立的核心城市，并且其中成渝城市群中的重庆和成都、兰西城市群中的西宁和兰州由于地缘、历史、文化等原因，一直以来竞争多于合作，属两个省级行政区，战略协同水平不高，这些城市两两之间因为长期的竞争使原有的发展特色日渐模糊，产业结构日趋相同，增加了城市群发展内耗，对城市群的可持续发展形成了不利影响。而西部地区的其他城市群除呼包鄂榆城市群内部的核心城市发展相对均衡以外，黔中城市群、滇中城市群、关中城市群、宁夏沿黄城市群以及天山北坡城市群基本属于以省会城市为核心城市，其他城市为卫星城市的“一城独大”的城市群结构，省会城市对周边城市、城镇的虹吸效应明显，一体化程度不高。城市群及城市群内各城市之间往往因为行政分割的影响，不同城市之间的利益主体要应对各自的利益目标，要面对各城市间不一样的市场准入、技术标准、营商环境等，致使城市间要素流动困难，如何打破这些束缚，也是城市群可持续发展要研究的重要问题。

4.3.3.4　西北地区城市群发展面临严重的生态考验

随着我国新型城镇化不断推进，城市群的发展不仅要求城市人口有效集约、产业集聚发展，而且要通过产业发展为集聚的人口提供稳定就业，但这都是建立在城市群的有效环境承载能力①的基础上。当前，我国正在着力推进生态文明建设，西部地区更是我国的重要生态屏障，经过近几年的努力，我国西部地区生态环境有所改善，但西北地区正面临严峻的生态环境问题（见表4－12）。

从主要城市的生态环境数据来看，呼包鄂榆城市群、宁夏沿黄城市群、关中城市群、兰西城市群、天山北坡城市群等中心城区人口密集，其中银川中心城区人口已突破了城市总体规划确定的规模（2020年中心城区人口为130万人），兰州城区核心区人口密度甚至高达4万人/平方千米，远高于北、上、广等特大城市核心区人口密度，与之形成对照的是兰州郊区人口密度却很小。有限建城区内要承载密集人口，见缝插针的高密度建筑物，致使公共场地、园林绿化用地、停车场等公用地被不断吞噬，形成了交通拥堵、城市绿地极度缺乏、空气质量堪忧等"城市病"，也给原本脆弱的生态环境造成了更为严重的压力。同样的情况还出现在乌鲁木齐市区。西安因为高密度的人口集中、工业集聚，城区的环境质量成为西部城市群核心城市中最差的（见表4－12）。

西北地区城市群90%以上的面积处于干旱、半干旱地区，降水稀少，而蒸发量很大，水资源分布不平衡且相对贫乏。2018年西安统计年鉴显示，2014年，西安市水资源总量为18.87亿立方米，常住人口862.75万

---

① 20世纪80年代初，联合国教科文组织提出了资源承载力。其定义为：一个国家或地区的资源承载力是指在可预见的时期内，利用本地资源及其他自然资源和智力、技术等条件，在保护符合其社会文化准则的物质生活水平下所持续供养的人口数量。1991年，《环境科学大辞典》把环境承载力定义为：某一环境状态和结构在不发生对人类生存发展有害变化的前提下对所能承受的人类社会作用在规模、强度和速度上的限制，是环境的基本属性——有限的自我调节能力的量度。2001年，高吉喜将生态承载力定义为：生态系统的自我维持、自我调节能力，资源与环境子系统的供容能力及可维持的社会经济活动强度和具有一定生活水平的人口数量。

人，市域人口密度为 798 人/平方千米。据预测，2020 年水资源总量为 21.13 亿立方米，将突破西安市水资源总量的 90%，2030 年为 23.52 亿立方米，在不从外地市“调水”的情况下，将突破西安市的水资源总量。因此，2013 年，国务院、陕西省和西安市都下发《实行最严格水资源管理制度》，把各区域用水总量定为红线不得突破①。中心城区工业、人口的高度集中，使水的消耗量巨大。目前，开采地下水成了西部多数城镇用水的主要措施之一，2018 年西安市饮用水水源地的取水总量为 53171.68 万吨，其中地表水 43969.25 万吨，地下水 9202.43 万吨。地下水资源的过度开采造成了地下水位下降，城市地形塌陷，城市可利用土地减少，地下水水质变差，开采地区形成降落漏斗等严重后果，影响着城市的可持续发展。

表 4－12　2018 年各城市主要生态环境指标

序号	城市名称	可吸入颗粒物浓度（PM10）年平均值（$\mu g/m^3$）	全年环境空气质量达标天数（天）	区域环境噪声平均值（dB（A））	森林覆盖率（%）	主城区绿地率（%）
1	呼和浩特	86	272	54.4	—	16.4
2	银川	56	277	52.8	16（2017 年）	42.04（2017 年）
3	西安	122	188	56.1	48	36
4	兰州	56	213	54.7	13.86	9.97
5	乌鲁木齐	99	286	54.8	14.76	9.07
6	重庆	64	316	54.4	48.3	37.36
7	贵阳	57	357	58.2	52	41.2
8	昆明	28	361	49.1～59.2	49.56	9.63
9	南宁	57	340	56.5	62.3	—
10	成都	81	251	55.3	39.5	37.36

资料来源：根据各城市 2018 年环境质量公报整理。

同时，还应注意到，由于西部地区特别是西北地区气候干旱，城市周

① 姬娜．西安人均水资源量 277 立方米 属“极度缺水”城市[EB/OL]．三秦网,2014－08－09. http://news.cnwest.com/content/2014－08/09/content_11470825.htm.

边不适宜开垦和耕种的地区滥垦滥牧，土地不断沙化，影响着城市群的可持续发展，要防止生态环境进一步恶化。

4.3.3.5 总体处于资源驱动发展阶段

2017 年，西部地区仅四川 R&D 经费投入总额进入全国前十，贵州、甘肃、新疆、宁夏、海南、青海、西藏 7 省市投入研究与试验发展（R&D）经费不足百亿，其中西藏最低，仅为 2.9 亿元，R&D 经费投入强度为 0.22%。从研发强度来看，四川、重庆的研发强度为 1.72%，陕西为 2.10%；云南为 0.96%，投入 158 亿元，贵州的研发强度为 0.71%，投入 96 亿元；广西为 0.77%，投入 142.2 亿元。云南、贵州两省虽然与四川、重庆省份有较大差距，但是，同处西南地区的四川、重庆通过扩大开放实现经济腾飞的实例，鼓励着贵州千方百计扩大开放、推动全方位合作，搭乘大数据和生态驱动发展的快车，2018 年经济增速达到 9.1%。云南则搭乘旅游和“一带一路”驱动发展的快车，经济发展质量得到了一定提升①。

4.4 中国东北部城市群发展态势

我国东北三省经济相比其他中西部省份尤其是工业经济与城市经济起步较早，早在 20 世纪 30 年代已建成完整的工业体系，并成为东北亚最先进的工业基地。新中国成立以后，因其已有的工业基础和毗邻重工业发达的苏联，我国大量重工业建设项目被优先安排在此，东北地区一度占有中国 98% 的重工业基地，并因此形成了沈大、长吉、哈大齐 3 个工业带以及沈阳市、大连市、鞍山市、本溪市、抚顺市、吉林市、长春市、哈尔滨市、齐齐哈尔市、大庆市等工业城市。在工业集聚发展的同时也推动了城市经济的发展，由此形成了辽中南城市群、哈长城市群两大城市群。

① 张燕生．高质量发展，“生力军”打好主动仗[N]．光明日报，2019-09-04(08)．

表 4－13　2018 年东北地区城市群主要经济指标

序号	城市群名称	城市构成	区域面积/万平方千米	区域总人口/万人	经济总量/亿元
1	辽中南城市群	以沈阳、大连为中心，包括鞍山、抚顺、本溪、丹东、辽阳、营口、盘锦等城市	9.71	3073.9	21823.7
2	哈长城市群	包括黑龙江省哈尔滨市、大庆市、齐齐哈尔市、绥化市、牡丹江市，吉林省长春市、吉林市、四平市、辽源市、松原市、延边朝鲜族自治州	5.11	4758.24	24763.14

资料来源：wind.

注：人口的部分数据来源于各城市 2017 年、2018 年统计公报。

表 4－14　2014 年东北三省主要经济指标

城市群名称	省份	区域面积/万平方千米	区域总人口/万人	经济总量/万亿元	城市群人口、经济总量/省域/%
辽中南城市群	辽宁	14.84	4359.3	25315.4	70.51/86.21
哈长城市群	吉林	18.7	2704.06	15074.62	73.46/78.77
	黑龙江	47.3	3773.1	16361.6	
	东北三省合计	80.84	10836.46	56751.62	

资料来源：2018 年东北三省统计公报。

根据表 4－13、表 4－14 的数据计算，辽中南城市群、哈长城市群以占整个东三省 44.6% 的区域面积，分别集聚了辽宁省及吉林与黑龙江省的 70.51% 和 73.46% 的人口，创造了 86.21% 和 78.77% 的经济总量。辽中南城市群、哈长城市群工业经济和城市经济基础较好，城市群经济活跃，各节点城市发展相对均衡，城市化水平高。

但作为我国老工业基地，东北地区也面临产业单一、城市间产业协调发展能力相对较弱的问题，是我国国有企业集聚地，存在市场化程度低，创新能力激励因素少，人才外流严重，发展后劲不足等问题。以山海关为界，关内关外相对分隔，关外很难融入关内发展大局，在交通的互联互通上，关内关外唯一的陆路通道是山海关，每年输送旅客人数达到 160 万人次以上，2017 年输送旅客 170 万人次，外加繁重的货运量，现有交通设施很难满足经济社会发展需要，是关内关外融合发展的主要短板。同时，与其地区城市群的发展相比，更是受到毗邻我国最东北角地广人稀的俄罗斯及政局不稳定的朝鲜半岛影响，城市群在人口的集聚，工业的转型发展、生态环境保护上还面临诸多问题。

4.5 中国城市群发展面临的共性问题

4.5.1 产业发展不协调

目前，我国城市群的产业发展还存在如下问题，只有有效解决这些问题，才能真正发挥城市群在承载就业、集聚人口方面的优势。

一是在城市群内部城市经济职能分工不合理，产业同构现象严重。《中国新闻周刊》闵杰的调研指出，根据首届长三角一体化论坛上提供的信息，苏、浙、沪三地产值在前 10 位的行业基本相同，有 11 个城市同时选择汽车作为未来发展的重点产业，长三角“十五”高新科技产业发展规划中，集成电路产业的同构性达 35%，纳米材料为 48%，计算机网络为 59%，软件产业为 74%。经过多年的发展，这些情况依然没有从根本上扭转，在产业方面普遍存在的“规划粗放与内容因袭”问题，正迅速扩散到各城市群规划中①。

长期以来，我国城市间淡薄的商品观念，以 GDP 为主要经济考核指标，评价各行政区域的经济发展水平，并以此作为政府官员政绩的考核方式等为主构筑的各类行政壁垒，已经成为阻碍城市（尤其是内陆城市）横向联系、产业协同发展的主要因素。同一区域资源结构相似的城市为争取企业落户、资金落地自己城市，往往不顾自身技术、区位、发展基础等各类条件，是否适合相关产业发展，形成了同一区域内城市间工业结构雷

① 闵杰．中国三大城市群迈向一体化的不同路径［EB/OL］．中国新闻周刊，2014 - 07 - 03. http://news.inewsweek.cn/detail - 451 - 1.html.

同、产品结构相似、同类产业竞争无序等现象，不仅造成了各类资源的浪费，也成为区域城市发展壮大、吸纳就业人口的瓶颈。

二是缺乏长远的区域产业发展规划与区域协同发展的战略思维。我国各城市群内部城市依然以各自的行政区域范围为界，各自为政，自我循环、自我服务、自行发展，而缺乏更高层面的、统一的、区域性的发展规划指导。一些城市群发展规划法律约束力不够，使得城市群内各城市难以协调布局，各城市都很难保持和发扬自身的优势和特色，难以与区域整体发展目标保持一致，形成了一个完整的区域经济网络体系。产业不能长期稳定、健康发展，导致城市尤其是二、三线城市成为劳动力的主要输出地，人口与就业的吸纳能力相对较弱。

三是中西部地区城市群发育尚不成熟，产业结构层次偏低，与成熟度高的城市群中心城区相比，城市群生产总值主要依赖于附加值较低的第二产业，且工业规模较小，产业链短，多数情况下一条产业链无法满足一个城市，科技创新能力不强，为第二产业服务的配套产业不够发达。整个城市群传统农业占比大，农业产业化发展破局难。产业经济不发达，过剩劳动力只能选择向经济发达的东部地区转移，区域内产业还没有足够的能力吸纳本区域内的过剩劳动力，这也是我国中西部地区城市群成为劳动力或人口主要流出地的原因之一。

4.5.2　协调制度缺位

城市群首先是一个地理现象，没有固定的边界。城市群的界定更多的是偏向于一定区域城市群内部城市之间的联系而得到的，这种联系本身是非常复杂的，也相对抽象，量化难度大。例如，不同城市群内部城市联系的类别、联系的强度、联系的距离是不同的，也致使以城市间的联系不同来划分的城市群规模、质量、竞争力有极大的差异。一个成熟城市群的主要表现，应该是区域内具有联系非常紧密的城市体系，这个联系紧密的城市体系是以足够发达、多层次的综合交通体系和步调统一的政府管理为支撑。这与我国经济对传统计划经济体制下所形成的“行政区”经济的路径依赖相悖，“行政区”经济已然成为制约我国城市群发展的重大障碍因素。一个地理概念上的城市群因为行政区划形成强大的行政壁垒，阻断各类生产要素在城市群内外的自由流动以及城市群内外协调机制的建立和发展，或者说难以形成步调统一的政府管理。突出表现为国家提出多个区域协调发展政策难以落实执行，例如，即使在东北地区存在相同区位条件、资源禀赋、工业基础、文化渊源以及市场条件的辽中南和哈长城市群，城市群之间的经济联系也并不十分紧密，交流合作少，更多的是各省各自为政、各自发展、恶性竞争的状态。国家宏观层面的区域差异发展政策，在这种“行政区”经济的影响下最终演化成普惠政策或者是“会哭的孩子有奶吃”，致使区域政策效果难以奏效，区域协调机制缺位。

2013 年，《南方日报》曾用一则这样的报道来说明粤港澳大湾区城市群因城市群协调制度的缺位而导致的阻碍要素流动的事件。2008 年，长安镇德政东路修到莞深交界，准备跨过界河与深圳松岗雄宇路对接，但一道高约 2 米、长达数百米的围墙却立了起来，让通途成了“断头路”，一断就是 5 年。坊间有说法称，涌头社区房屋租金比松岗塘下涌社区便宜，居住环境和配套生活娱乐设施却比塘下涌优越，塘下涌的一些居民担心打通两条路后会造成租房人员大量流失，影响当地的出租房生意[①]。同时，受“行政区”经济影响以及科学的区域协调机制缺位（2018 年我国出台了《关于建立更加有效的区域协调发展新机制的意见》，意味着国家层面对我国区域协调发展机制的高度重视，但还有待提高意见的约束力），也使得我国一度出现城市群建设盲目跟风现象，我国各地区争相申报国家战略层面的城市群、经济区和试验区，即使是条件不成熟的地区也极力扩大城市建设规模，争夺国家政策，导致土地资源开发利用不合理，建设用地城镇化远超前于人的城镇化，形成了极大的浪费。与此同时，各地方政府为使自身利益最大化，难以推动基础设施互联互通、共建共享与产业科学合理

① 区域协调：从诸侯割据到城市联盟[N]. 南方日报，2013 - 11 - 05. http://www.southcn.com/nfdaily/news/content/2013 - 11/05/content_83728198.htm.

布局，区域内环境污染加重和治理难度大，同时，人口的流动更多的是与就业、生活成本及居住环境相关，这种“行政区经济”容易使城市间联系割裂，阻碍要素流通，使城市群的发展与自然规律、产业发展规律相悖。因此，当前我国城市群与实质意义上的城市群相去甚远。

4.5.3　中国特色人口集聚与城市群发展规模

从我国业已成型的长三角、粤港澳大湾区、京津冀城市群分析可见，我国城市化发展到一定阶段并未出现类似美国、英国以及欧洲西北部城市群中那样的逆城市化现象。作为三大城市群核心大城市的上海、广州、深圳、北京、天津等，依然是处于产业、人口集聚的阶段，这些核心城市还有足够的空间去承载更多的经济因素，处于这些核心城市周边的副中心，多为与核心大城市发展差距巨大的地级市、县级城市甚至乡镇，周边副中心基础设施建设落后，产业不发达，吸纳就业能力差，在城市群核心大城市虹吸效应的作用下，城市群总体呈现“一城独大”现象。在核心大城市的中心城区更是人口最集中的区域，这在北京表现得尤为明显，北京中心地段房价是六环外的 5 ~6 倍，中心城区一房难求，人口向中心城区集中，主要是因为通勤成本低，产业、就业都集中在此。而同时，中心城区繁华的街道间甚至还存在面积不小的城中村，即使在拥有雄厚经济实力的北京主城区朝阳、海淀、丰台 3 个最大的区，资源集中在近中心城区，城市经济发达，而远郊依然存在农村。同时，由于教育资源以行政区划进行划分，使仅一路之隔的两个同等质量的楼盘，因为所处的行政区划不一样，房屋售价就会不一样。由于多种原因，我国同一城市群范围内，核心大城市人口密度大，而产业不发达、教育、医疗等配套设施不完善的副中心城市，却成为“空城”，造成土地资源的浪费与开发的无序。

4.5.4　城市群经济与社会事业发展不协同

改革开放 40 余年，我国城市经济快速发展，尤其是财富向城市群高度集中，长三角、粤港澳大湾区、京津冀、山东半岛等城市群经济实力非常雄厚。据统计，当前 19 个城市群以 25% 的土地集聚了 75% 的人口，创造了88%的GDP，其中城镇人口占比78%，但即使在经济发达的城市群范围内，社会事业发展也严重滞后于经济发展。城市群中各城市间教育、医疗、社会保障、环境卫生、收入水平、人民生活等社会事业差距明显，核心大城市中由于教育、医疗等资源分布不均也引发了择校、“天价房”等社会问题。这集中反映了我国城市群内各城市教育、医疗等资源分布不均，已开发的副中心没有配套完善各类社会事业基础设施，致使同城市的中心城区与近郊、核心大城市与周边城市社会事业发展差距大，城市群层面的经济与社会事业发展不协同。因此，加快推进城市群社会事业与城市群经济协同发展，不仅是城市群经济增长的潜力，也是城市群可持续发展的基本要求。

第5章

国外城市群发展的经验与教训

5.1 英国城市群发展的经验与借鉴

5.1.1 英国城市群发展的历史

5.1.1.1 英国城市群是城市与产业互动发展的结果

中世纪到近代早期，英国是一个传统农业国家。16—19 世纪，英国农业生产方式变革（包括“圈地运动”、机械化、四轮作、良种培育等）使农业生产效率大大提高，出现了过剩农产品和剩余劳动力；新航线开通和航海技术发展，使英国对外贸易快速增长，进而推动英国工业革命从工商业较发达的东南部农村开始。随着工业革命的快速发展，英国东南部地区诞生了多个大城市，大城市规模的扩大，周边中小城市的兴起，推动了英格兰东南部地区城市连片发展，城市群在工业革命后期逐渐形成。

1760 年，英国只有伦敦一个有 10 万以上人口的城市，12 个大的省级城市，其中只有布里斯托尔是5 万以上人口的城市。18 世纪末，随着英国工业革命的展开，新兴工业依赖于自然资源与自然动力，首先在地理位置优越的地方发展，而蒸汽机的发明与完善，公路、铁路、运河的修筑，使工业生产逐渐摆脱对区域空间和自然动力的依赖。1780—1851 年，工业开始从乡村转移出来，工商业日趋集中到城市和交通便捷的地方，推动了老城市复兴和新兴城市形成。到 1801 年，省级 5 万以上人口的城市增加到 5 个，大小城市（镇）已达 1036 个，伦敦人口 110 万，是欧洲第一个人口过百万的城市①。此后，新的城市不断涌现，老的城市不断拓展，到 1911

① 罗淑宇．盎格鲁—撒克逊晚期英国城市兴起原因初探[J]．北方论丛，2009(6)：60－63.

年，英国总人口增加到4083.1万人，大小城市（镇）数已达1541个，比1801年增加了429个，全国10万以上人口的城市增加到42个，1900年伦敦人口增加到了648万人，伯明翰、格拉斯哥、曼彻斯特、利物浦人口数达50万人。此后，人口不断向大城市集中，到1950年，伦敦人口突破1000万人，达1170万人之多，到1960年增长到1247万人，只有在20世纪70年代，随着人们对环境质量要求提高，以及乡村地区和小城镇基础设施逐步完善，出现过伦敦城市人口有所下降，市区人口向郊区及卫星城迁移的现象，1970年伦敦人口下降到1200万人，其他时期，伦敦人口一直处于增长状态。20世纪90年代初，整个英国城市人口已达90%①。

5.1.1.2　核心城市分工发展为城市群形成奠定了良好基础

16世纪初，相比其他欧洲国家，英国可以说是一个“欠发达国家”。全国城镇人口数量不足1500人，城镇规模小，城市经济极不发达，没有形成全国性的城市体系，城市（镇）的主要经济功能是为范围不大的周边农村服务，城市只是周边农村剩余产品及手工业品的交换场地，城市之间的经济往来少，并且商贸业及城市经济发展严重受制于封闭保守的经济政策，城市及城市经济发展极为缓慢。16—18世纪，是英国城市经济的转型期，逐渐形成了包括首都伦敦、重要城市、中小城镇的三级城市体系，各城市产业分工明显。

16世纪，伦敦依靠从国王那里取得的特权实现了商业化、开放化，控制着全国70%的出口贸易，并逐渐成长为全国市场体系中最大的集散中心和全国各地的经济、政治、文化中心，承担了整合英国国内经济进入国际市场和世界经济网络的主要职能。伦敦的快速壮大，出口贸易业集中并蓬勃发展，推动其他重要城市实现了产业的专业化分工。

16世纪中叶，随着产业革命迅速发展，曼彻斯特依靠传统纺织业、方便运输的运河、充足的水和煤炭供应及技术创新的文化传统，发展成为一个繁荣的纺织工业城市，拉开了英国工业革命的序幕。1780年后的很长一

① 陆伟芳．近代英国城市群落与城市发展定位[J]．世界历史，2004(6)：82－90.

段时期，曼彻斯特棉纺织工业都占全国的 1/4。1830 年利物浦—曼彻斯特铁路建成，1894 年海轮经运河通达曼彻斯特市内，使曼彻斯特发展成为仅次于伦敦和利物浦的重要港口。

1816 年，利兹依托丰富的铁、煤资源，与利物浦运河的通航和 1834 年两城市铁路的修建，工业得以快速发展。到 1840 年，利兹的人口超过 15 万人。1869 年，利兹与约克、谢菲尔德、布拉德福德、迪斯伯里、达勒姆、诺森伯兰郡的城镇、曼彻斯特、利物浦、伦敦及英格兰中部地区的铁路全线贯通。1893 年，利兹已迈入大城市行列，成为英国显要的制造业中心，主要为纺织行业提供纺织机械、蒸汽机、齿轮等，也是采煤中心。目前，利兹已发展成为英国约克夏—横勃塞得地区的首府，集聚着约 560 万人，是位于英国经济最发达地区的国际化大都市，既是英国重要的文化、行政和交通中心，也是英国仅次于伦敦的重要金融、法律中心和工业中心。

利物浦位于英格兰西北部，16 世纪中叶，它还是一个人口不足 500 人的小城镇，1715 年建立了英国第一个船坞，利物浦的港口优势发挥作用，港口贸易和人口快速增长。1821—1831 年利物浦人口增长了 43.6%，40%以上的世界贸易经过这里，利物浦进入快速发展期，1930 年集聚的人口已超过 85 万人①，并很快成长为大都市和默西塞得郡得首府的港口城市。经历 20 世纪 70 年代的经济衰退后，利物浦依托传统的船舶修理、喷气发动机、柴油机等制造业与化工、食品等工业，以及转型发展的商贸、旅游等服务业，现已从经济衰退中恢复发展，据 2008 年统计，利物浦城区人口达 46.9 万人，以利物浦为中心的默西河畔大都市人口接近 140 万人。

伯明翰位于英格兰中部，接近为英格兰地理中心，东南距伦敦 160 千米，工业革命时期，因为与伯明翰邻近的奔宁山南发现了煤矿，逐渐发展成欧洲举足轻重的工业和商业中心，以及当时世界上最大和种类最多的金属加工区，伴随工业规模的扩大，城市迅速发展起来，1800 年城市人口 7.5 万人，1900 年 65 万人。随着人口不断向工业区集中，以伯明翰为核

① 陆伟芳. 近代英国城市群落与城市发展定位[J]. 世界历史,2004(6):82－90.

心，包括考文垂、伍尔沃汉普顿、达德利、沃尔索尔和索利哈尔等城市和郊区的人口日益稠密，小城镇众多，且连绵不断，逐渐形成了面积 899 平方千米、人口 368. 30 万的大伯明翰 ，1974 年这片城市集聚区被划为西米德兰兹都市郡。这个英国唯一不在海滨或大河沿岸发展起来的大城市，今天已成为英国重要的机械、塑料、化工、玻璃、橡胶、金银珠宝等工业城市。

11 世纪的布里斯托尔已建立了独立的城堡，中世纪发展成贸易港口及造船中心，15—16 世纪，成为奴隶交易中心，并一度成为仅次于伦敦的大都市，19 世纪后港口贸易受到邻近利物浦市的竞争，布里斯托尔转而发展工业，受第二次世界大战的影响，布里斯托尔城市地位下降，不再是世界级都会，但经过战后的重建，已成为英国的航天中心。

13 世纪的谢菲尔德只是一个小集镇，14—16 世纪成为英格兰刀具、餐具生产中心，19 世纪起发展成以钢铁工业为主的城市，20 世纪七八十年代，国际竞争和英国产业的衰退，使谢菲尔德工业及城市曾一度衰落。目前重新定位建设体育与科技之城。

这些历史形成的核心城市是英国城市群重要的节点城市，核心城市间通过专业功能分工，既有效避免了单一城市过度集聚的问题，又保持了各城市的多样性，有利于城市群协同效应的形成，为形成多中心大都市城市群奠定了历史基础。

5. 1. 2　英国城市群发展的特点

5. 1. 2. 1　大都市—多中心城市群结构

英国城市群是典型的多中心—大都市城市群。英国工业革命推动了伦敦、伯明翰、利兹、谢菲尔德、利物浦、曼彻斯特等多个核心城市成长为国际化的特大城市。20 世纪 60 年代开始，交通、通信技术快速发展，为克服大城市交通拥挤、环境恶化、房价增长等弊端，英国实施了逆城市化行动，将政府的一些管理机构搬移到小城镇，这一行动也带动了公共事业部门及企业加入进来，高校、研究所、企业总部纷纷搬往郊区小城镇，推动英国人口向大城市周边卫星小城镇转移。与此同时，英国政府顺应城市群发展需要，适时调整行政区划，设立了大伦敦、大曼彻斯特、大伯明翰等行政区，把伦敦、曼彻斯特、伯明翰等特大城市及其周边卫星城镇全部划入相应的都会区，如大伦敦都会区就包括伦敦及 32 个伦敦自治市等 33 个次级行政区，进而实现对城市群的规划和管理。英国伦敦—利物浦城市群的生命力在于加强对国防、教育、科技等方面的公共投资，突出核心城市的国际地位，在核心城市的辐射带动下，通过交通干线加速生产要素在城市间的流通，并逐步形成多中心区域性网络式城市体系。核心城市产业深度分工，各大都市（核心城市）在区域城市群内产生协同效应，形成优势互补，分工协作，发挥城市群整体优势参与全球竞争。

5. 1. 2. 2　市场作用力促进城市群的形成

从英国城市群形成的历史来看，英国城市发展初期及英国城市群落的形成，基本上是由市场起决定性作用。在工业化与城市化互动发展、基础设施日益完善、交通及通信技术不断创新等条件的多方促进下，城市群落自然形成。产业革命时期，农业生产效率提高，农村剩余人口增加；在海外贸易发展、工厂生产对劳动力需求不断增加的双重作用下，乡村人口不断向厂区周边集中，推动了城市的发展及小城镇的诞生。产业革命后期，基础设施日益完善及交通、通信技术发展，城市与小城镇、农村的差距不断缩小，人口逐步向周边卫星城镇转移，实现了城市群规模的扩大及城市群发展质量的提升。因此，英国城市及城市群的发展动力主要源于市场的力量，在市场的推动下水到渠成。

5. 1. 2. 3　政府规划推动城市群可持续发展

产业革命后，英国政府开始重视城市问题，并着手出台政策解决城市犯罪、住房、公众健康及环境等问题，尤其是进入 20 世纪后，通信、交通技术发展及社会经济结构变化，外加战后重建需求，赋予了城市及区域规划在英国政治中重要的地位，对城市群的可持续发展产生了积极推进作用。1909 年，英国首次颁布了《住房、城市规划法案》，用于协调解决城市贫困、公众卫生问题。二战后，陆续出台了《工业布局法案》《新城法》

《城乡规划法》《国家公园和乡村通道法》《城镇发展法》等一系列法规及政策，对英国城市群的发展形成政府干预，在内容上强调对大城市的分散、限制、更新，对大城市周边卫星城市的开发，大规模治理大城市病，关注区域平衡，致力于缩小城市及区域差距。以中央政府的特别项目引导旧城建设与郊区开发，逐步实现大、中、小城市精密化和协调发展。此后的政策则更多是中央与地方合作解决区域开发、环境保护、土地利用等区域性问题。1997 年，英国政府将处理规划与环境事务的部门合并到环境、交通与区域部，以交通为核心，协同处理环境保护、规划及其他区域性事务，并引入欧盟规划标准来协调区域重大事务。规划政策的制定与实施，既强调突出各大城市特点，实现大城市之间优势互补，推动城市间多功能协调发展；又重视中小城市的精细化设计，以市场规律引导中小城市简化主体功能，发挥与中心大城市的配套服务功能，实现与大城市协调发展，从而确保城市群内部城市结构精密化和现代化，推动城市群可持续发展。

5.1.2.4　独具特色的城市协同发展机制

英国政府通过财政、金融、规划等手段对大城市规模实行有效控制，支持中小城镇发展，整体上推动了英国城市群大、中、小城市协同发展。在“新城运动”的推动下，为解决特大城市中心城区人口、工业过于密集的问题，大伦敦规划提出的有机疏散理论对后来各特大城市及周边卫星城镇规划产生了深远影响，英国的逆城市运动由此持续展开，将部分工业搬离特大城市的中心城区，落户卫星城镇，带动人口向周边卫星城镇分流，大城市中心城区发展金融、贸易、教育等产业，实现老城市复兴及新城市开发，追求各城市平衡发展，城市群得以可持续发展，而其中交通、通信等基础设施不断完善，对城市群的发展也起到了极大的推动作用。以削减交通流量为总体目标的交通方式改革不断推进，突出完善与建设各大城市公共交通体系的战略不断被更新。目前，英国已形成由地铁、轻轨、有轨电车、公共汽车、轮渡等多种交通方式组成的城市交通体系，而伦敦市区公共交通出行分担率高达70%，公共交通体系非常发达且运营高效。大力发展城市群内的交通基础设施，城市群内已实现路网发达，铁路、运河、高速公路等把英国各个城市连成一片，城市间通达高效，人口与物资流动快。产业结构不断转型升级，英国实现了产业高端化发展，这使英国企业总部地理位置的选择更加灵活；信息技术的发展，使英国实行国内统一电话费、统一邮资、统一上网资费成为可能，推动了电子商务的发展，电子商务的普及又使得英国大城市经营成本的地理优势逐渐消失，这为企业搬离大城市、小企业在大城市周边卫星城镇落户提高了良好条件，企业发展带动卫星城镇快速发展，从而实现城市群内大、中、小城市协同发展。此外，为推进各核心城市在竞争中合作，城市间还建立了多个职能各异的区域性合作组织。例如，英国建立了核心城市小组和 9 个地区发展署等城市合作组织，其中，核心城市小组由伯明翰、布里斯托尔、利兹、谢菲尔德、利物浦、曼彻斯特、纽卡斯尔和诺丁汉等 8 个地区性大城市组成，旨在一起推动作为伦敦地区之外的英国主要城市的共同利益。地区发展署的主要职能是为各地区的商业组织创建一个良好环境，以便于区域内商业组织通过提供培训和基础设施等商业支持、为企业匹配技能供应和招商引资等措施，促进本区域城市在合作中共同发展 。2013 年 10 月，为了进一步推动城市间的合作与协同发展，英国政府还专门成立了城市发展委员会，其主要职责是制定城市群发展路线图，推动伦敦等大都市与其他城市间的协同发展。城市发展委员会制定了城市群发展 4 大目标，包括提高城市群经济产能，增强城市群中长期发展潜力；强化对税收及开支的指导，引导产业合理布局与城市功能定位，推动国家及地方财政的永续发展；加强对日益增多的公共服务需求的管理和规范；推动交通低碳发展，最大限度地减少城市发展对环境的影响。

5.1.3　英国城市群发展的经验启示

5.1.3.1　加快推进核心城市产业深度分工

目前，我国已形成发展相对成熟的长三角、粤港澳大湾区、环渤海城市群，并且中西部的武汉城市圈，以郑州为中心的中原城市群，西部的成渝城市群与关中城市群等发展迅速，各大城市群内有功能和地位突出的核心城市，是相对典型的大都市城市群。例如，北京、天津、上海、杭州、南京、深圳、广州、香港、武汉、郑州、成都、重庆及西安等城市分别是这些城市群的核心城市。这些核心城市都普遍存在“虹吸效应”，导致产业和人口都往核心城市集中，地区间的经济梯度落差过大，核心城市“大城市病”严重，生态承载能力弱。因此，可参照伦敦都市圈规划中提出的有机疏散理论，推动我国城市群内核心城市尤其是上述提及的特大城市产业深度分工与人口分流，有步骤、有计划地疏散中心城区产业，核心城市集中发展金融服务、商务、商贸、文化娱乐、创意等生产性服务业及高端制造业，积极推动制造业和流通业落户周边城市和城镇，同时带动人口分流。要积极避免核心大城市，尤其是巨大城市在产业上追求“大而全”，盲目追求 GDP，推动核心大城市产业转型升级，实现核心大城市与城市群内中小城市的深度分工，优势互补。转变规划理念，正确认识我国这类巨大城市在城市群的中心地位短期难以改变的事实，以大都市区的空间结构为城市群规划框架，强调这类巨大城市的核心作用，在城市群内规划发展周边中小城市，接受巨大城市产业转移和辐射，使核心城市有基本腹地。必要时，通过行政区划调整，合理确定城市群规模，推进城市群内各城市的深度分工与合作，加强核心城市与周边城市的基础设施建设，发展快速交通，拓展都市圈一小时可达范围，保证城市群可持续发展。

5.1.3.2 推动大、中、小城市协同发展

全球化、信息技术、高速公路及其他高科技的发展，正在使大城市相对小城市而言的地理优势逐渐消失，企业及其他社会组织对大城市的依赖正在逐步减弱，相反，交通拥堵、房价过高、环境恶化等“大城市病”已成为大城市发展的瓶颈。与大城市相比，城市群内的中小城市土地成本低，房价地价相对便宜，生态环境好，能吸引追求高品质生活的高端人士居住。因此，把北京、上海、广州、深圳等巨大城市周边的中小城市纳入大都市圈或城市群规划，发挥周边的中小城市为巨大城市的配套服务功能，严格控制巨大城市用地规模，启动逆城市化运动，推动部分政府部门或下属机构、企业总部搬离大城市，新兴企业、高等院校、科研院所等落户城市群内的中小城市，

以带动中小城市发展。与此同时，要加强核心城市与周边中小城市交通干线建设，加大对学校、医院、银行、休闲场所等公共服务设施的配套建设，推动城市群内各城市间的社会服务一体化，从发展条件上缩小核心城市与周边中小城市的差距，壮大次级核心城市，逐步建立相对完善的多中心网络式城市体系，有效治理“大城市病”，推动城市群可持续发展。

5.1.3.3　发挥市场与政府对城市群发展的合力推动作用

英国城市群是在市场作用力的推动下逐步发展形成的，政府科学合理的顶层设计实现了英国城市群的可持续发展。据研究，我国现已形成了粤港澳大湾区、长三角、京津冀等 11 大城市群，其中长三角城市群跻身世界级城市群。由于长期受 GDP 考核的影响，我国城市之间的竞争远大于合作，城市群内存在各城市间产业趋同、产业关联弱、融合度低，产业链断裂；市场配置作用弱，行政影响较强；区域合作关系复杂，缺乏高层次合作协商机制；生态环境形势依然严重等问题 ，我国城市群之间及城市群内部城市之间的合作网络体系尚未形成。减少城市间摩擦，促进城市间在竞争合作中差异化发展，形成开放型、多层次、全方位的城市群合作网络，参与世界城市群竞争，将成为我国发展的巨大引擎。但我国城市管理体系是隶属于政府管理体系的，是垂直隶属关系，目前，我国第三方的非政府组织尚不发达，且市场主体在城市合作中缺乏讨价还价的机制，导致利益交换或让渡很难实现，城市群之间及城市群内部城市之间的深度合作面临体制瓶颈。借鉴英国城市群发展经验，推进城市群可持续发展及城市间良性竞争与合作离不开政府干预，政府干预的最好方式是做好顶层设计，制定城市群发展战略规划。通过城市群总体规划，明确各城市群及城市群内城市的分工、发展目标和发展方向，设计各城市群及城市群内部城市之间区域合作组织机构（政府间的合作机构、非政府机构或者企业联合机构），打破传统的垂直管理体制，加强横向合作，引导城市间在多领域和维度上开展良性合作与竞争。要逐步建立有利于推动城市群及城市群内城市合作的等价交换机制，高层级政府在顶层设计的基础上，要引导地方政府间突破行政壁垒，以城市群建设和城市间的共同发展为目标，推动各市场主体在参与城市群建设过程中遵循等价交换原则，平等实现成本支出、损失补偿、利益交换、权益让渡、收益分配等市场行为，有效减少城市合作的阻力，推动城市群的可持续发展。此外，在产业转移、产业融合、基础设施建设、城市配套设施建设等方面，要发挥市场的决定性作用，为民间资本参与城市公共领域的投资松绑，要发挥民间智慧与民间资本对城市群与城市建设的积极性，凝聚力量，推动城市群可持续发展。

5.2 美国城市群发展的基本特征、趋势及经验借鉴

20 世纪以来，美国城市群快速发展，并呈现出港口城市优先发展为核心城市、多中心的卫星城城市结构、相对运行有效的区域协调机制、城市群内产业合理分流与布局的几大基本特征。我国可借鉴美国城市群的发展经验，通过发展城市群推进区域统筹发展，并以区域规划引导城市群的形成与发展，在城市群的发展过程中尤其要注重集约高效与适度分流分散相结合，提升区域整体创新力来促进城市群可持续发展。

据统计，2010 年底，美国大都市区人口为美国总人口的 83.2%，2.43 亿人口集中居住在仅占美国国土面积 3% 的土地上；据美国人口普查局数据整理，2017 年，美国 100 万以上人口的城市有 53 个，集中了全国 56.2% 的人口。大多数城市人口集中在以纽约为中心的大西洋沿岸城市群、以芝加哥为中心的北美五大湖区城市群、以洛杉矶为中心的太平洋沿岸城市群。这些城市群内部路网密布、产业各具特色、区位优势明显，人口密集，经济活跃。可以说，美国城市群的形成与发展几乎演绎了美国经济、政治、文化生活的绝大部分。

5.2.1 美国城市群发展的历史与现状①

美国城市群的形成与发展大体经历了三个阶段：1870 年以前各城市是独立发展、松散分布、联系单一的，这一时期美国建设了运河与铁路网，

① 数据来源：根据美国各城市统计网站数据以及百度百科、维基百科对美国各城市介绍中的数据整理。

进行了西部开发，人口从南部的农村迁往中西部城市。1870 年到 20 世纪 20 年代，随着电力的广泛应用、内燃机、新交通工具及新通信手段的发明，工业化进程加速，农村人口、外国移民向城市大量集中，推动了美国单个城市规模扩大，城市数量快速增加；同时，城市内部贫富分化，富人向城郊迁移，以黑人为主的穷人居住在市中心；城市多中心化，沿发展轴线外延式发展。1920 年后至今是美国城市群发展时期，这一时期美国城市人口趋于饱和，"大城市病"日趋明显，人口的迁移不再发生在城乡之间，而是发生在城市及城市与城郊之间；中心城市规模不断扩大，城市向周边郊区延伸，大都市区形成；交通与通信技术的不断进步，使城市间空间距离缩短，而城市产业的转型升级与横向发展，推动各大都市沿发展轴相向连接，逐步发展成跨越几个州的城市群。

当前，虽然美国的"逆城市化"明显，但大都市区仍然是人口主要集中地。位于美国大西洋沿岸城市群（包括波士顿、纽约、费城、巴尔的摩、华盛顿等主要城市与周边城镇）的区域面积约占美国总面积的 1.5%，集聚了约 20% 的美国人口，其中，2017 年以纽约市为中心的大都市区，集聚了约 2032.09 万人。目前，大西洋沿岸城市群是美国经济核心地带，是国际金融中心，是美国全球服务与管理的控制中心，也是美国最大的商业贸易中心。

五大湖城市群是沿圣劳伦斯海道和五大湖地区的一些北美都市区。大都会区从中西部延伸到纽约州北部和宾夕法尼亚州西部，一直延伸到魁北克的南部，再向北延伸到加拿大的安大略省南部。加拿大部分的大城市被称为魁北克市温莎走廊。五大湖大城市群是北美最大、人口最多的都市圈，人口约 5910 万人，预计到 2025 年将达到 6000 多万人。这个大城市与曾经高度工业化的"铁锈地带"重叠。如果把五大湖的大城市看作一个单一的实体，那么它就是世界上最大的经济单位之一。该地区的地区生产总值超过 4.5 万亿美元，其经济几乎等同于日本全年 GDP。该地区由五个大湖组成，这些湖泊占世界淡水面积的 20%，总体上有 10210 英里的海岸线。每年有2 亿吨的货物通过大湖运输。五大湖城市群拥有一些规模最大、经济多样的都市区，包括芝加哥都市区、底特律、克里夫兰、匹兹堡、多伦多、蒙特利尔，这些城市环五大湖分布，是北美最大的制造业中心。2018 年，大芝加哥地区人口 948.9 万人，拥有全球最大的期货交易市场，2017 年创造了 6796 亿美元的生产总值。围绕大湖的八个州分别是纽约、宾夕法尼亚、俄亥俄、密歇根、伊利诺伊、威斯康星、明尼苏达和印第安纳。五大湖城市群没有单一的行政单位，而是有着不同的政府管辖权。构成大城市一部分的美国各州和坎迪亚省各自有自己的政府。然而，该地区经济和环境战略的协调是由美国和加拿大各省通过大湖会议和圣劳伦斯州长和总理共同完成的。

太平洋沿岸城市群包括加州南部地区近 160 个大小城市，其中大洛杉矶地区，土地面积约 8.8 平方千米，2018 年，该区域集聚了 1329.1 万的人口；2017 年创造了高达 10437.3 亿美元的 GDP，其中制造业仅为 892.2 亿美元（见图 5 - 1）。该城市群最大的核心城市洛杉矶县实际上是美国人口最多的县，近 30% 的美国人居住在洛杉矶县。除了得克萨斯州、纽约州、佛罗里达州、伊利诺伊州和宾夕法尼亚州，洛杉矶县的国内生产总值超过了除加利福尼亚以外的所有美国州。洛杉矶是美国的“科技之城”，拥有科学家与工程技术人员的数量在美国排名第一，世界上一些最好的大学都位于此，包括加州理工学院、加州大学洛杉矶分校和南加州大学。科技/游戏公司也在洛杉矶地区建立了自己的家，其中包括 Activision 暴雪、防暴游戏、Hulu 和 Snapcha，以及 X 空间公司，这些公司的总部都在洛杉矶。洛杉矶也是全美石油化工、海洋、航天工业和电子业的最大基地，还拥有洛杉矶港和长滩港，这两个港口是美国最繁忙的集装箱港口，是美国与太平洋地区国家贸易的主要港口。洛杉矶大都会城市群拥有世界上最大的娱乐业之一，6 家主要电影制片厂（派拉蒙影业、21 世纪福克斯影业、索尼影业、华纳兄弟影业、环球影业和沃特迪士尼影业）均位于洛杉矶大都会区，仅电影产业每年就能获得数十亿美元的收入。

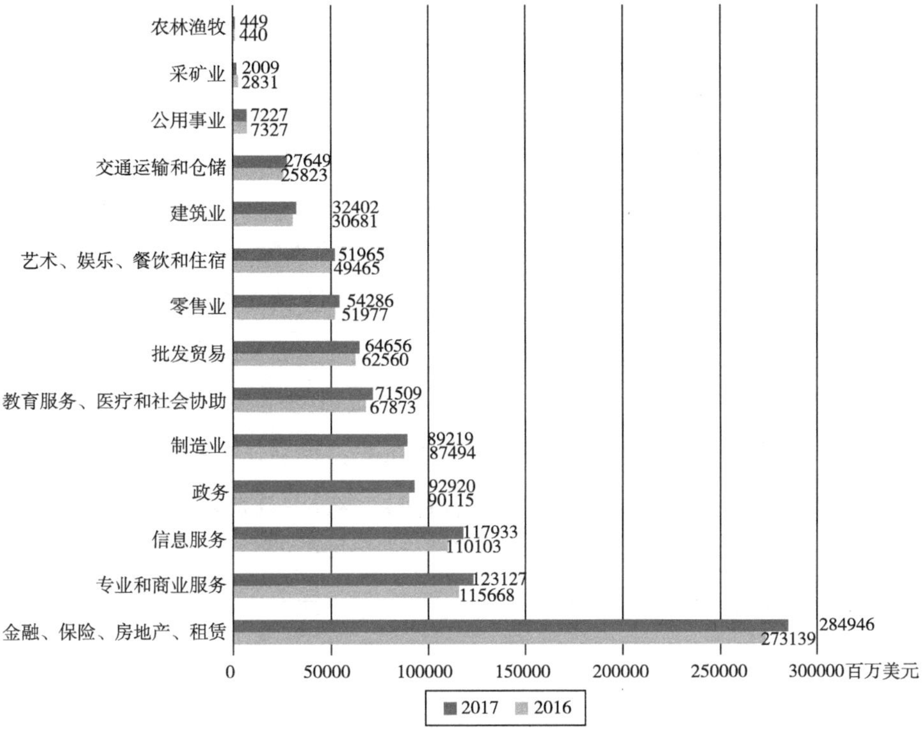

图 5－1　2016—2017 年洛杉矶大都会地区各产业生产总值

资料来源：https：//www.statista.com/statistics/591646/gdp－of－the－los－angeles－metro－area－by－industry/.

纽约都市圈，又名为美国大西洋沿岸城市群，是世界十大都市圈之一。按照美国统计局的官方统计口径，有狭义的纽约—纽瓦克—泽西大都市统计区（New York－Newark－Jersey City，NY－NJ－PA Metropolitan Statistical Area）和广义的纽约—纽瓦克联合大都市统计区（New York－Newark，NY－NJ－CT－PA Combined Statistical Area）两种划分方法，国内文献多采用广义的界定方法。北起缅因州，南至弗吉尼亚州，跨越了美国东北部的 10 个州，面积约占美国本土面积的 1/5。纽约都市圈拥有纽约、波士顿、费城、巴尔的摩和华盛顿 5 个大城市，以及 40 个 10 万人以上的中小城市。其中，纽约大都会区是纽约市的城市和郊区，是世界上最大的城市用地，面积为 8293 平方英里，人口密度为 2450.4 人/平方英里。2018 年仅纽约大都会就集聚了2032.09万人，其中，白种人占46%、黑种人占16%、亚裔占11%，拉美裔占25%。平均通勤时间为33.7分钟，其中，50%开车，6%拼车，31%公共交通，1%自行车，6%步行，2%其他交通工具，4%在家工作。2018年，纽约大都会自有住房单元中值为44.09万美元，大约为美国平均中值21.76美元的2.02倍①。2017年纽约大都会创造了17177.12亿美元GDP（见表5-1），人均收入为40772美元。纽约是美国经济中心、金融中心，金融业占GDP比重达到32%，信息产业、教育、医疗及社会保险也是纽约的主导产业。同时，纽约是联合国总部所在地，被称为“世界之都”。同时它也是全球城市里上镜率最高的大都市，许多熟知的美剧及好莱坞大片故事都发生在此，特别是核心区曼哈顿。

表5-1　按行业结构大都市统计区（MSA）纽约-纽瓦克-新泽西市、纽约-新泽西-宾夕法尼亚州经济总量**

单位：百万美元（现值）

产业	2016年*	2017年*
各产业总值	1662671	1717712
私人企业	1511190	1564422
农林渔牧	706	***
建筑业	***	***
制造业	***	***
批发贸易	94159	97587
零售业	77757	81056
运输和仓储	***	***
信息服务业	131480	130295
金融、保险、房地产、租赁	549129	572459
金融保险	273226	283457
房地产和租赁	275903	289002
专业和商业服务	***	247791
教育服务、医疗保健和社会援助	135932	142486
教育服务	25545	26261

① https://censusreporter.org/profiles/04000US36-new-york/.

续表

产业	2016 年*	2017 年*
医疗保健和社会援助	110387	116225
艺术、娱乐、住宿和餐饮服务	62519	65613
艺术、娱乐	22185	23210
住宿和餐饮服务	40334	42403
其他服务，政府除外	33344	34559
政府	151481	153290
联邦文职人员	18251	N/A
联邦军队	3139	N/A
州和地方	130092	N/A

资料来源：https：//www. baruch. cuny. edu/nycdata/employment/gdp - select. htm.

注：* 最新年度数据。

** 这一地区包括纽约的 12 个县（纽约市、长岛、杜契斯、奥兰治、普特南、洛克兰、韦斯特切斯特），新泽西的 12 个县（卑尔根、埃塞克斯、哈德逊、亨特顿、米德尔塞克斯、蒙茅斯、莫里斯、海洋、帕萨奇、萨默塞特、苏塞克斯、联合）和宾夕法尼亚州派克县。

*** 为避免披露机密信息而未显示；估计数包含在更高级别的总数中。

5.2.2　美国城市群发展的基本特征

5.2.2.1　港口城市优先发展为核心城市

无论是大西洋沿岸的纽约，北美五大湖区的芝加哥，还是太平洋沿岸的洛杉矶，在区位上，这些城市都位于海洋或大湖沿岸，这种区位条件为这些城市奠定了全球化的早期基础，并使它们成为美国重要的港口城市、传统的贸易中心。就纽约而言，良好的区位优势，商人对节约运输成本的渴求，带动了早期以港口为依托的制糖、服装和出版业的发展，而 20 世纪的全球化，使丧失了运输成本优势的纽约在创新发展、产业转型中，成长为世界的金融中心，这种外向型的区位优势使纽约一直保持着大西洋沿岸核心城市，乃至美国第一大城和最大海港城市的地位。

5.2.2.2　多中心的卫星城城市结构

随着城市群的发展，大量的人口、就业和经济活动从中心城市向郊区迁移，郊区逐渐发展成独立且具有完备城市功能的新中心，多个新中心城市与原有中心城市共同构成了多中心城市群。例如，五大湖城市群，跨伊利诺伊州、密歇根州、明尼苏达州—威斯康星州、密苏里州、俄亥俄州、宾夕法尼亚州、印第安纳州、肯塔基州、纽约州，包括芝加哥、底特律、明尼阿波利斯—圣保罗都会区、圣路易斯、克利夫兰、匹兹堡、辛辛那提、印第安纳波利斯、堪萨斯城、哥伦布、密尔沃基、路易维尔、大急流城、水牛城、罗切斯特、代顿、托莱多、麦迪逊、兰辛、罗克福德、韦恩堡、阔德城、伊利等23个20万以上人口的特大城市，周围还有许多卫星城镇以这些城市为中心分布。

5.2.2.3　相对运行有效的区域协调机制

美国城市群通常跨几个州，涵盖了百个以上的大小城市，在美国的分权体制下，城市群（包括大都市区）的发展面临财权与事权的冲突，尤其是在地方政府众多的城市群内，要办成一件区域性的事件，需全部政府一致同意，这使得政府间的协调成本极高。因此，美国既强调城市间地方政府的协作，更强调各种名称各异的公共机构与私人机构的合作。政府理事会和大都市区规划组织是区域协调主要的政府协作方式，两者的性质接近，但权限不同。前者主要在公共服务、经济发展和社会平等、财政公平两大政策领域方面发挥作用；后者主要是实施联邦政府的规划和交通设施管理的区域性准政府组织。20世纪90年代起，城市群内出现为数甚多的，自下而上、自发组织的，为区域性、单一目的或单一范围事务，资金来源于私人基金会，领导成员跨区域、跨行业，与私营企业或非政府组织合作的区域合作组织。这些组织就一些区域敏感问题展开讨论，引起人们对一些潜在的或不被人注意的区域问题的普遍关注，有的甚至制定了区域发展规划，就一些区域性问题进行广泛的协调，并成功地解决了很多区域协调问题。

5.2.2.4　城市群内产业合理分流与布局

与传统单核城市的城市化相比，人口在城市群内集聚，意味着城市群内有更大规模的商品和服务市场，更全面而复杂的交通与信息网络，更专业化的劳动力，更近距离接触产生的知识创新，推动了一些城市可以围绕一种核心产业，发展与之相配套的关联产业，这些城市逐渐演变成以特色产业集群或者单一产业为主的专业化城市。特色产业在城市群内不同城市的集聚，使美国的产业群在城市群内呈现出明确的功能分区格局。此外，城市规模的扩展，城市人口集聚加速，中心城区过于拥挤，企业巨头纷纷搬离中心城市，一些产业从中心城区分流出来。同时高新技术产业首先在土地成本相对较低的郊区兴起，在郊区建立工业园、科技园区，这样的郊区逐渐演变成新兴城市，推动城市群规模的壮大与产业集群化发展，使城市群内产业呈现出多样化。

5.2.3　美国城市群发展的经验启示

5.2.3.1　发展城市群推进区域统筹发展

美国的城市群主要是沿边、沿湖或沿海相对均衡分布，除了上述提到的三大城市群，沿美国海岸线，还有位于南部、东南部地区的达奥斯汀、休奥尔良、南佛罗里达城市群，以及美国西北部太平洋沿岸的卡斯卡迪亚城市群。受历史原因、资源分布、进出口贸易、主导产业、区域发展战略等因素的影响，我国形成了各个地区发展不平衡，沿海好于内陆，东部好于中西部的区域发展现状。目前相对成熟的长三角、粤港澳大湾区、京津冀三大城市群基本集中在东部沿海地区，这些城市群对中西部地区的辐射是有限的。借鉴美国城市群发展经验，加快推动北部湾、海峡西岸、渤海湾、辽中南等沿海城市群的发展，有利于在全国形成更大辐射范围、更为均匀的城市群空间格局；同时发展有一定基础的长江中下游城市群、中原城市群、川渝及关中等内陆城市群，以辐射广大的中西部地区，统筹区域发展。

5.2.3.2　以区域规划引导城市群的形成与发展

我国从东到西，城市间自然、经济、社会条件差异大，因此，应重视对我国各地区和城市发展实际情况的调研工作，从实际出发，认真完善和做好各级各类空间性规划工作，科学合理、因地制宜地确定各类重点城市群的布局与建设。特别是要重视城市群区域规划的编制工作，要以城市群资源的综合承载能力为约束条件，用可持续发展的眼光，来编制城市群区域发展规划，要创新有利于城市群科学发展的体制机制，增强区域发展规划对跨行政区城市的约束力，突破行政壁垒，引导城市群健康发展。

5.2.3.3 集约高效与适度分流分散相结合

当前，美国城市群内人口与产业以低密度向郊区扩张，不仅导致公共服务的边际成本高及城郊之间的通勤成本高，还造成了交通拥堵、空气污染等“大城市病”，也引发了对城市边缘地带的过度开发、郊区农田的大量侵占、土地资源的浪费与环境资源的破坏等社会问题。目前，我国北京、上海等城市也日益受到“大城市病”的考验，从美国城市群的发展经验可知，解决“大城市病”，必须发展城市群，完善交通网络，提高城市群内公共服务水平，引导人口、产业适当向大城市周边城市分散、分流。但其教训也不容忽视，面对中国人多地少的客观事实，城市群的发展要始终贯彻集约高效、因地制宜、可持续的原则，防止城市群发展过程中造成土地浪费、生态破坏问题。

5.2.3.4 提升区域整体创新力，促进城市群可持续发展

美国城市群是人口、产业集聚的地方，集聚效应的结果不仅提高了单位面积的生产效率，促进了区域分工，更为重要的是给区域学习、区域知识共享提供了平台，提升了区域创新能力与区域知识产权的自主掌握能力。区域创新能力的提升是城市群可持续发展的动力与壮大的源泉。因此，加强对不同城市的空间整合，是对区域创新要素的聚集与区域知识共享平台的搭建，有利于推动城市之间的合作关系的形成，凝聚创新力量，形成区域竞争优势，进而增强城市群对国内外经济要素的吸引力，推动城市群的形成与可持续发展。

5.3 欧洲西北部城市群发展的经验与借鉴

欧洲西北部城市群位于欧洲西北部，大西洋东岸，城市群内地势以丘陵和平原为主，境内河流众多，水力资源丰富，多数城市沿境内的莱茵

河、塞纳河等河流分布，由包括莱茵—鲁尔区城市群、大巴黎地区城市群、荷兰—比利时城市群的超级城市带构成。主要城市有巴黎、阿姆斯特丹、鹿特丹、海牙、安特卫普、杜塞尔多夫、布鲁塞尔、科隆等。这个城市带 10 万人口以上的城市有 40 多个，总面积 145 万平方千米，总人口 4600 万人。

5.3.1　欧洲西北部城市群的发展现状

欧洲西北部城市群是随欧洲工业革命的纵深推进，人口向城市聚集，城市经济发展和城市规模不断扩大逐渐发展形成。19 世纪 30—60 年代，德国、法国、比利时等西欧国家相继完成工业革命。这一时期，法国工厂制在棉纺业已占优势，鲁贝和里姆发展成毛纺织业中心，里昂成为丝织工业中心。同时期的德国，凭借丰富的煤铁等资源、优越的区位条件也快速完成了工业革命。工业革命推动了德、法两国城市化进程的加速，促进了城市与城市经济的快速发展，为欧洲西北部城市群成为世界有竞争力的城市群奠定了重要基础。荷兰地处北海沿岸，16 世纪，凭借优越的港口条件与船运优势，海上运输及贸易快速发展，17 世纪上半叶被称为“海上马车夫”，吸引了大量来自南部尼德兰、德国、法国等地的移民涌入，大部分新移民选择在城市定居，推动荷兰城市快速扩张、有序城市化与多样化、多层次功能定位的城市群形成。

尽管欧洲西北部多数城市因为工业革命得以快速发展，但各国城市化的历程对当前欧洲西北部城市群发展现状产生的影响却各不一样。

5.3.1.1　大巴黎地区城市群发展现状

法国巴黎与世界上多数的大城市一样，经历了“城市化—郊区化—逆城市化—再城市化”的过程，因此也出现了各国城市发展成大城市后的人口膨胀、交通拥堵、生态破坏、环境恶化、就业紧张等“城市病”。巴黎也因此成为最早开始进行改造的西方大城市之一，1955 年，巴黎进行了大规模的行政区划调整，设立巴黎大区（即巴黎大都市圈）计划区。为缓解巴黎同心圆式的传统发展模式所导致的中心城区人口过度密集、城市发展僵化的危险，1956 年，《巴黎地区国土开发计划》提出在近郊区和城市建成区边缘建设卫星城，以降低巴黎中心区人口密度。为配合这一计划的实施，1960 年《巴黎大区区域开发与空间组织计划》建议，要利用工业企业扩大或转产的机会，推动工业企业向郊区转移，建设新的卫星城。1965 年，巴黎的《城市规划和地区整治战略规划》正式提出，在巴黎外围塞纳河两边轴线上建设 8 个新城；1976 年和 1994 年的《巴黎大区总体规划》将 8 个新城调整为 5 个，同时规划布置了 9 个副中心，在远郊建设几十个中小自然村为主的小村镇；在大区城市周围建设 5 个自然生态平衡区，由此形成以巴黎为中心向周边各卫星城市辐射的大都市圈空间结构，为欧洲西北部城市群现有空间结构奠定了良好基础。为了防止大量工业外迁导致中心城区衰落，伴随一系列大区规划的实施，巴黎逐渐地实现了产业转型。依托流经巴黎的塞纳河沿岸各式建筑、博物馆，重点发展内河沿岸旅游、会展等服务业；在巴黎主轴线的西端建设了欧洲最完善的商务区——拉·苔芳斯新兴商业区，该商业区吸引了 1500 多家公司总部和规模在全球排名前 100 的最大企业在此设立办事处，集聚了法国多数的大型集团公司和金融机构，保持了巴黎浓厚的商业气息。

巴黎是法国的政治和经济首都。巴黎大区是欧洲第一大经济体，集聚了法国 18% 的人口，2014 年，其国内生产总值为 6490 亿欧元，占法国创造财富的 30%，近年来其在法国整体经济中的比重有所增加。大巴黎地区也是欧洲第一大经济体，约占欧洲 GDP 的 5%。该地区的经济表现出全球大城市的特殊特征。经济主要以第三产业为基础，第三产业占巴黎地区增加值的 87%。第三产业的权重高于其他地区（75%）的平均值 10 个百分点，这主要是由于主要公司总部的存在以及金融和商业服务业的规模。大巴黎地区是欧洲第一研发区、世界第三研发区，包括在航空航天、信息技术、电信、生物技术和科学以及环境等领域处于领先地位的主要公司。大巴黎地区的工业活动要比全国其他地区少得多，随着服务业比重不断攀升，城市功能得到了置换，但还有许多工业总部位于大巴黎或在该地区拥有生产基地的里亚尔公司。大巴黎地区也是法国的国际贸易中心，尤其是法国进口的入口点，大巴黎地区进口额约占法国全部进口额的 1/4，出口额约占全国出口额的 20%。大部分贸易是与欧洲国家进行的，但美国和中国也是该地区首选的经济伙伴之一。在商业活动方面，一方面，法国 CAC40 指数中主要的法国集团几乎都位于巴黎，在国际上产生的约 75% 营业额集中在这里。根据毕马威 2016 年的“全球城市投资监测”，大巴黎地区是仅次于伦敦的欧洲第二大投资中心，大约有 13000 家外国公司在该地区提供了 50 万个就业岗位，占该地区全部就业的 16%。在这些外国公司中，最常见的是英国、德国和美国。根据福布斯的“财富全球 500 强”分类，31 家最大的法国公司中有 29 家总部位于大巴黎地区，年收入超过 20 亿美元。更广泛地说，全球 500 强企业中有 1/3 在该地区设有总部。在全球范围内，巴黎在主要公司数量上排名第三，在欧洲排名第一，领先于伦敦或纽约等主要竞争对手。

欧洲西北部城市群中一个不可忽略的重要都市圈是里尔大都会，里尔位于法国的北部、欧洲十字路口，是巴黎、伦敦和布鲁塞尔的中心地，距离比利时大约 30 千米。经由公路，里尔连接欧洲各大重要城市，里尔与敦刻尔克（法国西北部的一个城市，位于加莱海峡东岸，与比利时接壤）距离 80 千米、与加莱（经加莱海峡的海底隧道，与英国接壤）距离 110 千米、与巴黎距离 230 千米、与布鲁塞尔距离 110 千米、与奥斯滕德距离 90 千米、与安特卫普距离 125 千米、与阿姆斯特丹距离 300 千米、与卢森堡距离 305 千米、与伦敦距离 225 千米、与科隆距离 330 千米、与波恩距离 345 千米。基于其在欧洲重要的地理位置，里尔是法国北部最大城市、法国第四大城市，是北部—加莱海峡大区首府、诺尔省的省会，也是法国北部的经济、文化、教育与交通中心，是著名博物馆、艺术中心和保存完好的遗产所在地。该市预计 2018 年将吸引 100 多万游客。里尔都会区包括里尔及规模较小的鲁贝、图尔宽和阿斯克新城等城市，里尔是里尔都会区的主要城市。里尔向北延伸至比利时的城市群，称为里尔—科尔特赖克欧洲区，其中包括城市科尔特赖克、图尔奈、穆斯克龙、伊佩尔和梅嫩，共有 190. 5 万居民。Euralille 是该地区的商业区，战略上位于连接巴黎、布鲁塞尔和伦敦的高速铁路的交叉口。该地区在300千米半径内拥有7800万人口和1.8万亿美元的可支配收入群体。里尔大都会区被认为是法国的国际十字路口和充满活力的金融中心，该地区对该国经济的贡献率为3.4%。2017年，第三产业对该地区的全球价值评估贡献最大。其经济主要由金融管理、房地产、行政和支持服务驱动。

5.3.1.2 荷兰—比利时城市群发展现状

巴黎向北延伸经里尔大都会，进入比利时的首都布鲁塞尔。经安特卫普市往北，连接荷兰布雷达、鹿特丹、海牙、阿姆斯特丹、乌得勒支等城市，共同构成了荷兰—比利时城市群。

2019年，比利时人口约为1140万人。这些居民中的大多数生活在讲荷兰语的佛兰芒地区，那里是比利时近一半人口的家园。瓦隆地区大致与比利时讲法语的地区一致，约有360万居民，另外120万人人居住在布鲁塞尔及其周边地区（双语）（见图5－2）。布鲁塞尔是比利时的政治、经济、文化中心，是比利时的第一大城市，位于荷比法铁路干线的心脏，2019年，总人口为120万人左右。布鲁塞尔是欧洲联盟、北大西洋公约组织等国际组织的总部所在地，200多个国际行政中心及超过1000个官方团体在此设立了办事处，其产业都来自面向欧盟组织和众多国际组织办事机构的服务行业。比利时是一个工业国家，主要出口汽车、食品、钢铁、药品、钻石（成品）、纺织品等。其中位于比利时西北部斯海尔德河畔的安特卫普，是世界上最大的钻石加工和贸易中心，拥有造船、机械、汽车、电子、照相器材、有色冶金、炼油、石油化学、纺织、食品加工等重要的工业部门。同时，安特卫普地处斯海尔德河—摩泽尔河—莱茵河三角洲平原，境内河道纵横、港口优良、路网密集，是国际化的交通枢纽，安特卫普的港口位置和优越自然条件，完善的港口设施，是国际贸易中的理想中转港，又邻近德国鲁尔工业区，因此已发展成欧洲第二大港、全球第四大港。

安特卫普市经荷兰布雷达、多得雷赫特、卡佩勒等市镇，到达鹿特丹、海牙、阿姆斯特丹、乌得勒支等城市密集区——兰斯台德城市群。兰

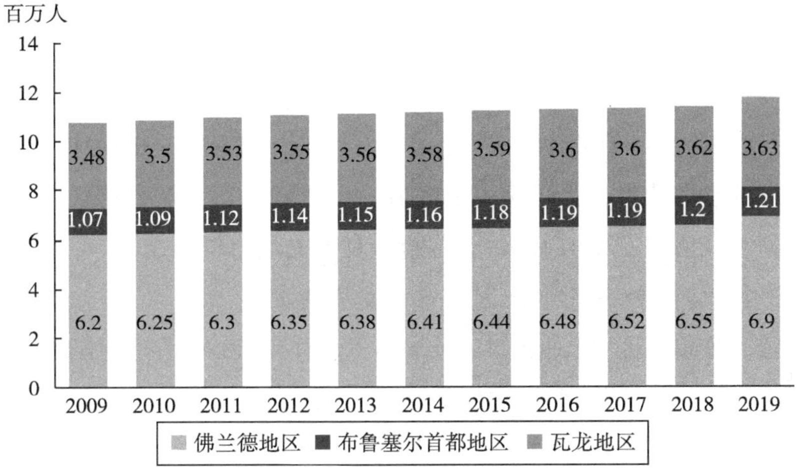

图 5 – 2　比利时人口分布

资料来源：https：//www. statista. com/statistics/517196/population – of – belgium – by – region/.

斯台德城市群约占荷兰国土面积的 1/4，集聚的人口占荷兰总人口近 2/3，拥有超过 1000 万的人口，是欧洲最大的组群城市之一。兰斯台德（Rand，荷兰语，即环形）大致呈新月形或链形，是典型的多中心网络型城市群。该城市群的发展得益于二战后荷兰重建运动，阿姆斯特丹与鹿特丹传统的国际贸易角色使该地区战后就业和人口上持续扩张，推进了郊区化与去中心化，加上良好的就业机会吸引移民源源不断地涌入，战后出生率快速上升，城市区域迅速扩大，阿姆斯特丹经济中心逐步南移，由此逐步形成了沿哈勒姆、艾梅登、阿姆斯特丹、阿尔梅勒、霍伊、乌得勒支等由西往东南的城市发展格局，这一沿线的城市带被称为兰斯台德的“北翼”，其中阿姆斯特丹是荷兰的经济、文化中心，是荷兰的首都。乌得勒支是阿姆斯特丹—莱茵运河沿岸的重要水运中心，是荷兰的批发贸易中心，国际工业博览会所在地。鹿特丹的港口重建沿新水道的南堤向西延伸，迅速成长为超过纽约的世界吨位最大港口，加上鹿特丹的储存、集散与转运优势，使石化业与造船业逐步发展成鹿特丹战后的支柱产业，并带动了金融、保险业的发展。19 世纪后海牙因为中央政府在荷兰社会生活中扮演的政治角色更为重要而得以快速发展，二战期间遭遇了严重而广泛的毁坏，战后重建推动了海牙城市向西南扩展，城市迅速扩大。海牙、鹿特丹附近各城市间相向延伸，形成了从海牙北部的莱顿，经鹿特丹和海牙，到东南部的多德雷赫特，绵延近70千米的城市带，构成了兰斯台德城市群的“南翼”。为保持良好的空间质量，为居民提供舒适的生活环境，兰斯台德区域一直坚持推行紧凑城市和“绿心政策”，保持着良好的城市群形态。

5.3.1.3　莱茵—鲁尔地区城市群发展情况

莱茵—鲁尔地区（Regional verbands Ruhr）城市群是指德国西部、莱茵河下游支流鲁尔河与利珀河之间的地区，临近法国、荷兰、比利时等国，处西欧大陆由南到北、自西向东十字路口的城市带，是连接西欧各国的陆上交通枢纽，是德国乃至世界的重要工业区。以杜塞尔多夫（Dusseldorf）为中心，北至埃森、南至波恩、西至门登等城市及周边城镇，区域半径60多千米，总面积近5000平方千米，是北莱茵—威斯特法伦州的大部分区域。该区沿东部的莱茵河与南部的鲁尔河、利珀河之间的地区，工厂、住宅和稠密的交通网交织在一起，形成了连片的城市带。包括埃森、杜塞尔多夫、科隆、多特蒙德和杜伊斯堡等人口超过50万人的5个城市，其中科隆为人口近100万的城市，10万~50万人以上人口城市有24个。与西欧其他多中心城市群不同的是，不管在经济、政治、文化还是其他任何方面，莱茵—鲁尔区城市群内都没有一个城市是明显的支配性城市。尽管埃森、杜塞尔多夫、科隆、多特蒙德和杜伊斯堡是区域内的核心城市，但这些城市与其他众多政治独立、规模较小的城市处于平行的竞争发展地位。依托发达的交通网络，区域内各城市间车程在30分钟以内，产业分工各异，城市间功能互补性强。杜塞尔多夫是德国北莱茵—威斯特法伦州首府，以发展广告、服装和通信业为重要产业支撑；科隆的工业以军工、冶金、机械、化学、制药、炼油、火电、纺织等为主，是德国金融中心之一；埃森德传统产业是采煤、钢铁、机械等，经转型发展电子等新兴产业、商贸及教育，成为鲁尔区服务密集产业中心；多特蒙德经过20世纪70年代的经济衰退，由传统的支柱产业如钢铁、采煤及啤酒业，转型发展以保险、零售、物流、信息及微技术等为主的服务和技术产业，并依托德国最大的运河海港和足球队发展成为全国重要的贸易中心与体育中心。杜伊斯堡现为全国最大的河港，以吞吐煤、铁矿石、石油、建筑材料等为主。波鸿是鲁尔区中部的中心，有著名的德国矿山博物馆，凭借高校科研力量成为科技中心。城市群内的教育、医疗配套服务设施与柏林、汉堡等大城市无差异，城市、乡村没有边界，规模较小的城市大多有各自的优势产业，城市间经济差异发展，为城市人口提供了广泛的就业机会。

5. 3. 2　欧洲西北部城市群特质分析

5. 3. 2. 1　欧洲西北部主要城市群空间结构模式

当前，欧洲西北部城市群最大的特点是呈现有序的网络化、三个城市群有三种不同线型、城市节点以及不同的空间结构模式。

（1）巴黎城市群极核网络化模式。

巴黎地区城市群表现为以巴黎为核心的极核网络化模式，巴黎位于法国北部巴黎盆地的中央，区域内水域丰富，城市横跨塞纳河两岸，优越的地理条件，良好的城市用水、用地，推动了城市及周边卫星城市不断扩张，人口规模越来越大，城市群越来越庞大，逐步形成了以超级城市巴黎为核心的极核型发展区域。

极核型城市群对空间外表现为超强的“虹吸效应”，高标准现代化的基础设施、管理体系与水平在法国乃至欧洲都是一流的，吸引全国及外国移民不断向大巴黎区域集中，各类经济、社会、文化活动在这个核心城市聚集，城市化区域不断扩大，城市用地规模继续增加，城市的虹吸能力进一步强化，巴黎作为处于西欧顶端的全球化城市，首位度相对高，起到了联系整个法国及其重要的公共与私人机构、银行、法院及中央政府的主控作用，并形成了庞大且复杂的网络体系。“虹吸效应”的结果就是对内要求城市群进一步集约化发展，城市群内部表现为城市集约化与城市功能网格化，大巴黎包括以环城大道为界的巴黎市区、与周边 5 个卫星新城及其周围多个副中心，巴黎市区又分为 20 个区，每个区都有独特的产业与城市功能。一个城市与其他城市（类型和强度）的关系越来越密切，这些城市将体现其活力，并衡量其作为大都市的地位。法国法律规定巴黎既是市镇又是省，在行政隶属上，巴黎市和巴黎大区是相互独立的。通过科学的交通网络规划，加强了作为拥有悠久文化内涵和超强国际竞争能力的巴黎市区，与周边地区的协调，将工业和拥挤的人口向周边省疏散。同时这种集中高等级公路、高速地铁、航空等网络化交通体系及联系巴黎城区与卫星城的配套工程修建，保障了巴黎市区与巴黎大区内其他卫星城市的协调发展，保障了巴黎大都会与其他卫星城市发展的活力与多样性。

（2）荷兰兰斯台德城市群多核网络化模式。

这一点与大巴黎有截然不同之处，大巴黎的城市间联系更多地表现为以巴黎为核心的层级联系，而兰斯台德城市群内的鹿特丹、海牙、阿姆斯特丹、乌得勒支等城市都是荷兰西部的重要城市，受荷兰地理条件、行政体制等的影响，各城市土地当局对本城市范围内土地有很强的控制权，传统行政体制赋予了地方政府高度自治权，促使这些在地理条件上有优势的城市在相互竞争中各自有特色地发展，形成了目前区域内各城市相互独立、规模相似、专业分工多中心网络化发展模式。城市间的联系和流动是水平和非层级性的，各城市有分工地共同承担着全国政治、经济、文化中心任务。同时，荷兰政府也因地制宜地推崇兰斯塔德实行多中心规划，建设有集中的分散组团式城市群。加强网络城市与城市网络建设，中央政府确定优先发展包括兰斯塔德在内的 6 个国家级城市网络，在高度城市化的地区，通过借助基础设施网络联系各大城市和密集的小城市，构成网状城市体系。中央政府与地方政府签订合作协议，并对关键城市网络节点和兰斯塔德地区的节点城市进行投资建设，城市间在网络体系中通过协调合作，统筹商业、服务业等产业布局与公园建筑，基础设施共建共享，不断提高区域内的可通达性，确保空间利用的高度集约与空间的多样性、差异性，为城市群内居民提供良好的生活、工作、生态环境。而国际化高速交通网络建设，又进一步促进了集聚经济的发展与区域一体化进程，推动兰斯台德城市群融入全球城市网络体系，并使之成长为可持续发展的、具有国际竞争力的地区。

（3）德国莱茵—鲁尔区城市群多点分布式网络模式。

德国莱茵—鲁尔区城市群与兰斯台德城市群网络体系有相似之处，但却因为其城市相对规模较小、发展均衡、数量众多，而使城市网络化表现得独具特色。历史上德国的城市体系大致经历了二战前的极化、二战后的分散与两德统一后微弱的再集中三个阶段。二战前，德国的政治、经济中心有向柏林极化的趋势，但任何时期德国城市的极化现象都远没有达到法国巴黎与英国伦敦那种程度。二战后，德国东部的柏林逐步丧失了政治、金融、媒体等中心地位，大量的工业企业向有资源优势和工业基础的鲁尔地区集中，德国城市体系分散化发展，莱茵—鲁尔区的城市功能得以增强。两德统一后，大多数的城市职能没有重新集中在柏林，而是继续分布在全国各大重要城市，大多数全球性企业总部仍然分布在莱茵—鲁尔区的城市，该区域城市的功能并没有因此削弱。造成这种现象的主要原因是德国是联邦制国家，各州的城市政治、经济相对独立，这种强大的自治权，使各州政府、城市等为争取企业和居民在不同层面的竞争加剧，各州政府、地方政府及城市必须为更好地发挥各自的政治、经济、文化和社会职能探索最佳政策与办法，进而使城市群内的城市分工更为专业，发展更为均衡，短期内难以快速极化。最为重要的是莱茵—鲁尔区城市群地处欧洲中部，城市群通过密集的高速公路、铁路、航空与水路等交通网络，不仅使该城市群内各城市间距离很近，而且使各城市与欧洲乃至全球紧密联系起来，融入世界城市网络体系。

5.3.2.2　欧洲西北部城市群产业协同发展与区域创新体系建设

（1）巴黎都市圈沿产业价值链圈层集聚发展模式与集群创新。

与其他都市圈相比，巴黎都市圈在产业布局上具有独特的优势。19 世纪末，法国工业地区从农业地区分离开来，以勒阿弗尔—塞特（Le Havre-Sete）为端点的分界线从西北到东南贯穿法国，巴黎属于分界线东北部的工业发达地区。自工业革命爆发到二战前，巴黎都是法国最重要、最完备也是最集中的工业区之一。1911 年，巴黎工业已表现出广泛性和多样性的特点，工人数量达到110万人，其中，约24万工人在冶金、食品、化学等工业部门就业，28万左右的工人在服装作坊和奢侈品生产企业工作①。在工业加速发展的推动下，巴黎工业企业在近郊自发聚集，独立式住宅在工业用地外围蔓延式发展，城市建设大规模扩张。二战后，由于巴黎地区经济技术基础雄厚、工业门类齐全、能源原料因集聚而便宜、交通便利、国际联系快捷、劳动力充沛、购买力强等，推动了各行业相互促进，产业和人口进一步向只占国土面积2.2%的巴黎地区集中，当时集中了全国19%的人口，全国25%的劳动人口，总人口达1000万人。伴随工业和人口的不断集中，巴黎地区地价不断大幅度上涨，到20世纪50年代，巴黎地价高达中等城市的10~15倍，导致工业产品成本不断攀升，工业建筑被迫向高层发展。大比重的重工业也使城市环境污染日趋严重，巴黎与其他地区间经济发展的不平衡也不断扩大，这推动了巴黎几次大区域规划的实施，其中，20世纪50年代《巴黎地区国土开发计划》提出积极疏散中心区人口，将不适宜在中心区发展的工业企业搬离，在近郊区与城市建成区边缘建设相对独立的大型住宅区与卫星城。1960年到20世纪初，《巴黎地区整治规划管理纲要》则进一步强调，要沿城市主要发展轴和城市交通轴建设卫星城市，以利于疏解城市中心区人口、发展多中心城市结构、发展区域性交通运输系统和推动资源合理利用与保护自然环境。20世纪80—90年代，法国政府修订和批准了《巴黎大区总体规划》，在巴黎地区原有基础上，推动城市之间的合理竞争与大区内各中心城市之间保持协调发展。一系列规划的实施，使巴黎的产业结构有了大的调整，就巴黎市区而言，中心4区（CBD）成为金融业、保险、管理咨询、科研机构等的集聚中心；市区内、外环集中了政府部门、教育、纺织、服装和印刷出版业。工业向郊区分散，工业中心西移，形成了沿巴黎西郊到西部的工业轴心两侧发展的工业带，工业进一步集聚与专业化发展，如西部郊区的汽车工业，南部的航空、电子工业，东北的基础化学、化妆品、制药工业，此外，零售网

① 朱晓龙，王洪辉．巴黎工业结构演变及特点[J]．国外城市规划，2004(5)：54－56.

点以及物流配送机构也在此集中，为工业生产服务。非生产人员主要集中在巴黎市区的中部、西部和市区近郊，其次是西南近郊和东北以及西北近郊的新城，巴黎的产业布局表现为市区分布高附加值的制造业与服务业，郊区与卫星城市发展工业，依托产业集聚与产业互补发展，维持巴黎地区的高就业率。在巴黎大都会区域内，既有巴黎高附加值活动的集中和资本在这些活动中的专业化，也有外围生产活动的集中，给予专门从事这些活动的空间。这种集中和专业化的双重模式在综合的大都会空间内得以实现，这就是大巴黎地区的魅力。

巴黎也是创新中心，巴黎大区拥有7个高等教育与研究机构集群。主要有巴黎东部联合大学，位于巴黎东部地区，专注于健康和社会、城市和环境；巴黎高科，集聚了工程技术研究机构，其中包括12个在法国最负盛名的综合研究性大学；巴黎南部联合大学，位于巴黎南部地区，致力于基础科学；还有4个高等教育与研究机构集群位于巴黎市中心，分别是巴黎西岱联合大学（其成员有8所大学）、巴黎索邦高等教育与研究集群（已有3个成员学校）、巴黎埃萨姆高等教育与研究集群（HESAM）（其成员有9所学校），以及法国精英学校联盟（专注于实验科学，社会研究和艺术创作），学科多元化。高质量的高等教育与研究机构集群，为巴黎大区提供了大量高素质的人力资源，根据2012年巴黎统计数据，2010年，就业人口的30%是管理者或高技能专业技术人员，26%是中级专业技术人员，40%以上的就业人口拥有较高的学历。根据2014年欧盟区域统计年鉴显示，2009年，巴黎的R&D能力与经费支出在欧洲排名第一，14.37万人在研发机构工作，其中包括9.16万名研究人员，R&D经费支出1690亿欧元。2010年，巴黎大区取得4900项法国专利，专利申请量在欧洲处于领先地位，主要集中在三个主要领域：制药与生物工程、电子与电气和仪器仪表，这三大领域的专利申请量占欧洲申请总量的比例分别为11%、8%、6%。

根据2012年巴黎统计数据，2011年，包括Advancity、ASTech、Cap Digital Paris Region、Cosmetic Valley、Elastopole、Finance Innovation、Medicen、

Mov'eo 和 Systematic Paris Region 等 9 个富有竞争力的研究集群，拥有城市的可持续发展、住房和建筑、移动技术、生态技术，商务航空、空间运输、推进系统和设备，信息和通信技术，数字内容技术等 1208 个技术研发项目，其成员有 2803 个，集群也带来了商业、其他研究中心和培训中心的集聚，刺激了大巴黎地区协同创新。大巴黎地区还成立了包括 5 个不同国家监督机构、252 名商界协调领袖和 5150 名员工在内的工商会网络（CCIs），该网络成员按照自愿原则，为区域内的 59300 家公司及它们的员工服务。CCIs 从提高意识到支持研究成果转化为创新产品，从工业产权到连接企业和金融机构、科研中心、教育机构与咨询公司等机构提供一揽子服务。

政府依托大区创新中心及众多的高校、科研机构以及一些国际、国家或地方层面的科研网络和以网络形式存在的企业集群、企业家俱乐部或融资网络，投资者和银行以及其他一些投资的支持者（如商会、竞争力中心、孵化器等机构）等，营造着良好的创新氛围；大多数中小企业都参与或者从事质量很高的科技研发，形成了有效互补的创新生态系统。

（2）荷兰兰斯台德城市群产业布局与区域创新体系建设。

荷兰兰斯台德城市群产业以第三产业为主，工业次之，农业比重很低。农业比重虽然低，但农业发展的质量却是全球学习的榜样。荷兰国土面积狭小，其中有 1/4 的土地是通过填海造田与人工规划获得，并且人口密度大，这也迫使政府必须严格控制土地使用，重视城市规划与集约发展。即使是在以城市为主的兰斯台德地区，《荷兰第五次国家空间规划政策文件概要（2000—2020）》也是按照绿蓝网（指城市内绿色地带、缓冲区和绿色心脏以及蓝色水系）、基础设施网、城市网、机场和海港及郁金香种植区几方面进行阐述，其中“绿心”指的就是兰斯台德地区内部保留的约 400 平方千米的农业地带。这一方面可以防止城市无限扩张，保持城市相对分散的区域布局，避免“大城市病”；另一方面也体现了荷兰政府对农业的重视。据统计，高度集约化农业，使荷兰成为农产品出口大国，全部农产品中，65% 销往国外，农产品出口占荷兰全部出口额的 24% ，是德国、比利时、卢森堡和法国等欧盟国家的主要农产品供应国，其中，60% 的蔬菜出口德国①。荷兰的工业占国民经济的比重虽不高，但却拥有阿克苏诺贝尔、飞利浦、壳牌、帝斯曼、联合利华、喜力等知名跨国企业，食品加工、化工和机械制造等领域的技术居于世界领先水平，同时也是荷兰的三大产业支柱，工业制成品约 80% 供出口②。食品、化工产业主要集中在鹿特丹港，与工业产品外销相关联的存储、加工以及运输公司也在此集中，同时带动了鹿特丹港转口贸易发展，欧洲 70% 的物流分拨中心落户兰斯台德地区③，美国和亚洲企业在欧洲一半以上的第三方物流业务由荷兰包揽 。阿姆斯特丹的互联网交换中心（AMS - IX）在欧洲大陆上同类设施中规模最大，正在推动荷兰成为全球有线网络最发达的国家之一，并带动电子商务、通信和外包领域快速发展。正如前文所提及的兰斯台德地区各城市有分工地承担着政治、经济、文化、科技等职能，有明确分工的城市体系，却能长期保持旺盛的发展活力，除了各城市产业分工互补发展外，其中最重要的是该地区逐渐形成的复杂区域创新网络。兰斯台德地区及周边拥有乌得勒支大学、阿姆斯特丹自由大学、莱顿大学、马斯特里赫特大学、海牙大学等世界知名大学与众多的研究机构和实验室，为兰斯台德地区技术研发与区域创新网络体系源源不断地输送人才，目前，在各公司企业，大学和研究院所就职的科研人员达 6 万以上④。同时，政府积极鼓励技术创新，组建了包括来自大学和各行业跨学科专家组成的多个一流的创新中心，来鼓励产品投产前的工业研究，测试和示范创新的全规模潜力，以填补实验室与全规模厂房之间的空白，减少全规模厂房的投资风险和缩短创新产品进入市场的时间；还建立了荷兰金属研究院、荷兰聚合

① 荷兰的现代农业[EB/OL]. 荷兰中国商会，http://www.dccchina.com/chinese/jj/jjgk06.htm.

② 荷兰产业结构[EB/OL]. 中华人民共和国驻荷兰王国大使馆网站，2012 - 06 - 05. http://nl.china - embassy.org/chn/zhgx/jmlw/hljjgk/t136043.htm.

③ 物流案例：借鉴荷兰物流拓展欧洲市场[EB/OL]. 道客巴巴，http://www.doc88.com/p - 4039262001305.html.

④ 荷兰各行业就业[EB/OL]. 努力留学，2012 - 04 - 03. http://www.nuli.org/top/103433_2.html.

物研究院、远程通信研究院和荷兰食品科学技术研究院等重点工业研究机构，保持本地优势产业的技术处于国际领先地位；建立了阿姆斯特丹的互联网交换中心、千兆港以及远程信息通信研究院等，推动荷兰信息、通信技术不断领先全球与信息共享；兰斯台德地区政府还为本地企业和外商投资企业提供广泛的补贴。包括飞利浦、壳牌、阿克苏·诺贝尔、帝斯曼以及联合利华等大约有5000家公司拥有自己的研究部门，以不断革新其产品和生产工艺。兰斯台德地区因为拥有能满足高技能劳动者理想的文化环境、技术研发平台、优越的住宅空间及生态环境、大小企业云集，而吸引多数的科研技术人才在此聚集。正是在这种浓厚的创新氛围中，区域内的企业与欧洲乃至世界的同行及其他产业集群才互相合作，共同研发，共享知识，联合创新，构建出错综复杂、相互关联的创新网络。

（3）德国莱茵—鲁尔区各城市有差异的主导产业。

德国莱茵—鲁尔城市群内产业互补发展是得益于德国20世纪60年代起，政府重拳推动的鲁尔区产业转型，推动鲁尔区产业互补发展是产业转型的一个重要内容。转型前的鲁尔区是典型的重型化工业结构，以传统的煤钢生产部门为主，工业化初期，城市沿煤层布局并发展扩大。埃森、杜伊斯堡、多特蒙德、奥本豪森、莱茵豪森等这些煤炭储存量大的城市曾集中了联邦德国90%的焦炭、30%的化工和80%的钢生产能力①。传统的产业链表现为煤炭驱动蒸汽机，蒸汽机推动工业生产及采矿。煤炭用来炼钢，钢铁带动铁路铺设与采矿机械发展。铁路用来运输煤炭和机械，煤炭驱动机车等相互依存的产业链条，整个产业链围绕煤钢循环运行。但20世纪50—60年代，石油等新型能源、新技术浪潮对单一产业结构的鲁尔地区形成了巨大冲击，鲁尔区从德国的产业引擎区迅速变成了产业衰退区。基于这样的背景，德国启动了鲁尔区的产业转型战略，并成立了鲁尔煤管区

① 张剑英，孙彩．老工业基地改造的国际经验及其借鉴[C]．建设东北亚和谐国际经贸关系学术研讨会论文集，2008(11)：82－85.

开发协会，负责对全区域内的发展进行总体规划布局，包括新型工业化、再工业化、区域经济一体化、产业集群化和网络化等手段逐步引导区域产业转型与产业多样性。在区域规划上，借助系统工程的预测与分析手段，开辟绿色空间、完善交通网络、建设发展轴和支持工商业中心发展的规划理念逐步被引入，点轴理念开始与北莱茵—威斯特法伦的州域发展规划相协调。商业与城市工业中心被南北向的绿色带分隔开来，采矿与鼓风冶炼操作场所也配备了完整的休闲设施，大学被添加到以住宅、就业、休闲等为主要内容的规划中，在包括杜伊斯堡、埃森、波鸿、哈根和多特蒙德的 5 个城市规划新建大学，因此莱茵—鲁尔区成为全欧洲大学密度最高的城市群。规划新建多家医院与医学院系，完善城市配套设施。为适应产业转型与科技发展，鲁尔区的科研机构呈现快速发展，多数大企业建立了自己的科研机构，制订各自的科研计划；建设了从多特蒙德，经哈根、波鸿、埃森到杜伊斯堡的“技术公路”；同时建立了“鲁尔区风险资本基金会”、新技术服务中心、科学技术革新信息中心，加快科技成果产业化与区域科技信息共享，实现了研发中心与生产中心的紧密结合、科研界与经济界的有效合作，形成了城市群内有效的区域创新网络体系。通过利用信息技术改造传统产业、直接发展以信息技术为主的高新技术产业等手段促进信息化与工业化深度融合。鲁尔区建立了德国最大的信息、媒体基地，全国最大的移动通信网络企业在此落户。无论是传统的钢煤、机械制造、食品加工等产业，还是精密加工、精细化工、现代交通网络等，无不利用信息技术提高市场竞争力和生产效率。鲁尔煤管区开发协会的区域改造计划提出对区域内的城市进行全面整改，包括博物馆、休闲景观公园、商贸旅游中心等开发，使传统的工业区逐步转型为科学园区与商务区。产业转型与升级，不仅推动莱茵—鲁尔城市群产业多样化，改善生态环境与保持高就业率，实现了让各城市宜工、宜商、宜居等战略目标，更是搭建了一个完善的区域创新平台，提高了城市群的区域创新能力，推动了整个区域的可持续发展。

5.3.2.3 欧洲西北部城市群的外部性问题内部化经验

城市群的外部性包括正外部性和负外部性，欧洲西北部城市群也不例外。欧洲西北部城市群的正外部性因内部空间结构的多样性与城市网络化而变得独特。作为欧洲的巨大城市群，其对整个欧洲的辐射带动作用是不可忽视的。优越的地理条件、完善的交通网络、因地制宜的城市群空间结构等，使西欧成为19世纪世界经济的增长中心。而欧洲西北部城市群的可持续发展得益于欧洲一体化进程的持续推进，1951年，在煤钢共同体的统一协调下，欧洲共同体成员国之间实现了当时最重要的煤炭和钢铁这两种战略物资的生产流转，通过成员国之间有计划的优势互补，协调合理配置资源和生产力，使成员国的经济发展普遍受益。此后，欧洲一体化进程经历了自由贸易区、关税同盟、统一大市场、经济货币联盟和政治联盟等五个阶段，这种真正意义上的一体化彻底解决了欧洲共同体成员国城市间的通达性、资本与劳动力的可自由流通性、技术标准的统一性及技术创新的网络化等问题，推动了资源向欧洲区位更为优越、工业与城市发展基础更好的国家和城市集中，使处于欧洲西北部地区的城市保持旺盛的经济活力，城市间互补共赢发展，形成巨大密集城市带。城市带内商品流、技术流、资金流、信息流、人才流的高速集散与资源配置的合理化，提高了区域内城市分工专业化、基础设施共享和知识、技术外溢等正外部性，并表现为极高的区域经济效能，在形成巨大的辐射与溢出效应后，为周边国家与区域带来了更多的发展机遇与正面影响，因此也逐步成长为全球最富有竞争力的城市群之一。

城市群的负外部性一般表现为由于城市群内各城市主体利益的不一致形成的各类行政壁垒；城市群内各城市间竞争能力强弱不一，导致城市间发展差距不断扩大，发展不均衡；城市群内因人口、产业的不断集聚，产生的如生活垃圾、大气污染、水质污染、空间限制、交通堵塞等区域负外部性问题。欧洲西北部城市群通过严格的区域空间规划、高效的管理与法律手段等来有效化解通常意义上的城市群负外部性。法国、荷兰与德国都有严格的城市规划立法，并且在实践中严格执行规划法，确保城市群及城市的发展按照规划法的要求实现良好的空间布局；德国、法国、比利时及荷兰等西欧国家国土面积都不大，除了上述提及的大城市，还有数量众多、大小不一的中小城市，能满足不同人群的需要，提高了城市对人口、产业的承载力；大中小城市密集分布，城市间时空距离近，且高速路网纵横密布，铁路、航空发达，一天之内可畅游多个城市，城市群内部城市之间通勤效率高、联系紧密；加上在欧盟统一法律框架下，每个国家都制定了更为严格的交通规则、环境保护法与碳排放交易体系。类似于这些行政和法律手段的运用，区域援助的实施，以及欧盟及各类区域性组织的共同协调，比较成功地克服了城市群的负外部性，实现了城市群的可持续发展。

5.3.3 欧洲西北部城市群发展的经验启示

5.3.3.1 加快推动城市群的科学布局与城市群网络化发展

(1) 加快城市群的科学布局。

区位优势、城市历史基础、城市间产业关联度对城市群发展具有极大的影响力。根据中国青年网的消息，当前我国已建成长三角、粤港澳大湾区和京津冀等 11 个城市群 ，这些城市群主要沿海岸线分布，中西部地区仅 4 个。我国东部地区因为良好的区位优势与产业优势，吸引了大量的人口从经济不发达的中西部地区流向东部沿海城市，东部地区城市规模快速扩大，带动城市基础设施不断完善，城市间距离日益缩短，形成了大规模的城市群。从我国已建成和正在建设的城市群内部发展情况来看，城市群中首位度高的城市对周边城市产生了极大的“虹吸效应”，人口、资源从周边向首位度高的城市集中，推动了首位度高的城市规模快速扩张，只有首位度高的城市扩张到一定程度后，对周边城市的辐射带动作用才能增强，并逐步形成城市群。由德国鲁尔区城市群的发展经验可知，缩短城市群及城市群内部城市间距离，不仅可以减少“虹吸效应”的强度，更有利于城市群内城市功能的科学合理分工，推动城市群相对均衡与网络化发展，有效缩小城市群之间的差距，带动我国经济相对落后的中西部地区城市群发展。

国家在2013年提出的“一带一路”倡议，除了具有重要战略意义，还有更为突出的作用，即可以把国内各城市群有机地串联起来，同时，使全国的城市群与全球城市群建立更为广泛的联系，形成一个比以往更为开放的发展格局，为国内城市群集聚人才与资源提供更为广阔的空间，有利于中国带动周边国家互利共赢，扩展中国城市群对周边地区的辐射范围。因此，加快“一带一路”倡议的实施，克服各类困难与障碍，推进“一带一路”倡议中的基础设施建设，加快与周边各国的互联互通，对发展以城市群为主的中国新型城镇化建设将具有极大的推动作用。围绕“一带一路”倡议，并结合中央城镇化工作会议再次强调的“两横三纵”战略布局，尽快完善我国城市群的科学布局，尤其是要逐步推动中西部和东北有条件的地区发展形成若干城市群。利用现代高铁与信息技术，进一步缩小城市间的实际距离与虚拟距离，加速城市间人口、物资、资金与技术的流动，加快城市群内部城市网络化发展，形成良好的整体效应。

（2）合理确定城市群规模。

与西欧国家相比，我国人口众多、区域经济发展不平衡，改革开放后，随着东部地区经济快速发展，城镇化进程的加快，我国人口呈现出从农村向城市、从欠发达地区向经济发达地区流动迁移的趋势，根据国家卫生健康委员会发布的《中国流动人口发展报告2018》，我国流动人口规模在经历长期快速增长后开始进入调整期，从1982年的657万人增长到2013年的2.45亿人，占全国总人口的18%，近年来，流动人口规模已经逐年下降。2016年全国流动人口规模比2015年减少了171万人，2017年继续减少82万人。我国改革开放40多年，人口呈现出从中西部向东部和东南沿海一带流动的趋势，这种流动趋势加快了北京、上海、广州、深圳等城市规模的快速扩张，促进了人口红利的实现。根据2014年北京市统计数据整理，2013年，人口密度最大的东城区、西城区92.54平方千米城区面积，集聚了221.2万人，人口密度为2.39万人/平方千米，与2011年法国人口统计数据中显示巴黎市区人口密度为2.54万人/平方千米（87平方千米的巴黎市区人口是 225 万人）相比，两者差距并不大，但是 2013 年北京市主要城区（包括东城、西城、海淀、朝阳、丰台、石景山、通州 7 个区共计 2274 平方千米）人口密度与 2008 年巴黎大区相比较，北京市 7 个区人口密度为 6094.3 人/平方千米，巴黎内环三省加上市区的人口密度为 8163 人/平方千米①，可见，巴黎中心城区的人口密度大于北京。北京与巴黎相似的是两者都只有一个中心城区，但北京城市发展呈现“一城独大”的特点，围绕一个中心城区，摊大饼似地一圈一圈朝外围不断扩大中心城区规模，进而引发了“大城市病”。因此，学习巴黎大都市圈发展经验，合理规划京津冀乃至环渤海湾城市群，加快城市群内各城市的功能分区与互联互通，有效疏散中心城区产业与人口，建设和发展好环北京市区的卫星城市，都是解决北京城市规模无限扩张的好办法。

（3）推动城市群网络化发展。

国家统计年鉴显示，2017 年，我国城区达 100 万人口以上的城市有 53 个，其中，500 万～1000 万人的城市有 13 个，1000 万人口以上的有 4 个，而全球 1000 万人口以上的城市是 25 个，此外，我国还有数百个人口在 10 万人级别的城市。据城乡与住建部统计，2017 年末，全国城市城区户籍人口与暂住人口共计 4.91 亿人，占全国总人口的 35.4%，建成区面积 5.6 万平方千米，仅占国土面积的 0.59%。同时，从城市的分布图来看，我国城市主要分布在中东部地区，越往东南沿海，城市就密集，长三角、环渤海、粤港澳大湾区城市密度最大。当前，我国已形成了城镇、城市、大城市、特大城市的城市结构体系，西部地区城市分布稀疏，城市间距大，但在长三角、环渤海、粤港澳大湾区等区域，却形成了由城市、密集的交通网络组成的城市群，以及由城市群连成的城市带，中东部地区城市通过带状的交通大动脉连接西部城市，由此构建了我国现今不平衡结构的城市网络。

---

① 陈文捷．中外大都市人口密度的数据比较[EB/OL]．新浪博客，2013－06－13．http://blog.sina.com.cn/s/blog_6d7f2c32010185vr.html.

随着我国高铁网络体系的形成与城市化进程的加速，中国城市网络将实现升级调整，城市群内部各城市及各城市群间虽然仍将非均衡发展，但差距将逐步缩小。西部地区城市布局将受“一带一路”倡议的影响，发生新的变化，生存条件恶劣的不发达地区将通过贫困移民和生态移民，转移部分农村人口；撤并部分极为分散的居民点和小镇，发展条件较好的重点城市；同时，依托“一带一路”倡议的实施，加大对连接重点城市的基础设施投入，将这些重点城市嵌入“一带一路”建设中，逐步发展和建设好几个城市群，增强西部地区人口、产业的承载能力与参与国际竞争的能力，逐步将西部城市链接到全球城市网络体系中；部分人口将可能在寻求就业的过程中，继续向中、东部地区转移。中部地区随着城市群内城市间距离缩小，城市间协作与联系日益紧密，农村人口继续向城市集聚，城市群规模不断扩大，各城市功能重新整合，并逐步发展为成熟的城市群，城市群通过交通网络与国内乃至世界其他城市群发生广泛的联系，并衍生新的城市带。东部沿海的城市群联结更为紧密，并将连成一个全方位开放的世界级巨型城市带，整个东部地区将继续吸纳中西部人口，且将逐步实现全部城市化。由此形成自西向东阶梯式城市群及城市网络体系，整个体系与全球城市网络体系发生着广泛而密切的联系，城市与城市群的自我修复、自我适应、自我调节能力不断增强，全国城市群实现健康而稳定发展。

5.3.3.2 提高我国城市群产业体系的核心竞争力与建设城市群创新体系

（1）重视城市群主导产业的定位。

受区位条件及历史的影响，新中国成立初期，上海、天津、青岛、北京、南京、广州等东部沿海地区集聚了全国70%以上的工业[①]，除武汉外，地处内陆的中西部地区几乎与近代工业无缘。近代工业的集中带动了中国沿海城市经济快速发展，打破了传统的城乡分割体系，各相对孤立的经济

① 李瑛．中国东部沿海地区制造业集聚动力机制分析[J]．合作经济与科技，2014(23)：43－44．

区域、开埠城市与乡村的交流增加。但由于这些在地理位置上有优势的东部沿海地区城市被帝国主义分割统治，没有统一规划，城市建设与建筑因不同的殖民者而风格迥异，且不具备可持续性。新中国成立后，受苏联地域经济综合体理论的影响，根据“运输成本最小化”原则，我国采用了“均衡布局”与“国防安全”相结合的产业政策，建立了门类齐全、相对完整的社会主义工业体系，快速地缩小了中西部地区的差距，但这种“均衡布局”限制了沿海比较优势的发挥，导致了工业的重复布局，在坚持国防安全原则的同时，许多布局在中西部地区的重大工业项目远离大中城市，没有有效发挥城市化与工业化的互动作用。

改革开放后，随着基本经济制度、农村家庭联产承包责任制及现代企业制度等制度创新，我国的产业布局表现为明显的层次化，国家层面逐步退出竞争性领域，产业关注的重点向基础设施、民生工程、生态环境等领域转变。地方则坚持市场导向，有效发挥地方的比较优势，主导布局具有地方特色的产业项目。加上在引进外资、国家投资、产业布局、优惠政策方面向东部沿海地区倾斜的非均衡产业政策的实施，企业根据成本最小化与利润最大化原则，在投资环境较好的地区落地，由此形成了自东向西梯度分布，由南向北展开的工业布局。根据 2018 年各省统计公报整理，各省规模以上工业增加值排名前十的省份包括：江苏、广东、山东、河南、河北、浙江、福建、湖南、四川、安徽，其中，东部地区有 6 个省份，中部地区有 4 个省份，西部地区仅四川位列其中。自东向西梯度分布的产业布局，使东部地区因为产业发展的自我强化效应而更具有吸引力，产业更进一步集中，带动城市及城市群规模不断扩大。2018 年，我国人口在东、中、西部地区的分布分别为 38.6%、26.7%、27.2%，人口分布与产业对就业人口的需求不匹配，导致我国人口自中西部向东部地区流动的趋势愈演愈烈，东西部城市、城市群及区域差距也越来越大。同时，资源分布地域与产业、人口集聚区不匹配，城市、城市群间产业依存度低，分工不合理，区域产业结构趋同、重复引进与重复建设，也使我国南水北调、西气东输、北粮南运、北煤南运常态化。欧洲西北部城市群发展的经验表明，在工业化后期阶段，城市群的建设要重点关注城市功能互补、产业协同发展，城市群间主导产业差异化聚集，辅助产业对主导产业的支撑能力强等方面。

我国城市群应结合国家“一带一路”倡议的实施，根据城市群的实际情况、产业优势、技术优势以及周边国家的发展情况，做好有战略意义的产业发展规划，有重点地优先发展能在资金、技术水平接近或超过发达国家水平的主导产业，积极参与国际城市间在产业链、价值链、供应链的分工。城市群的规划应以产业优化为前提，结合产业转型升级，按照国家整体的产业分工和布局，引导城市群定位好主导产业，构建好城际战略产业链，做好辅导产业的支撑配套，推动城市群产业沿产业、价值链在城市间有差异、专业化发展，提高城市群产业体系的核心竞争力。

（2）推动我国城市群沿产业、价值链分工。

伴随城市群的发展，城市间产业分工已开始沿产业链分工方向发展，由于产业、价值链不同环节对技术、人力、资本、规模等要素条件的需求不同，产业、价值链各环节的区位偏好也不同，而任何城市群及其内各城市的区位、规模、功能、产业基础及资源禀赋等都是不一样的，因此链式产业活动在客观上要求链条上各环节按区位优势的指向性，在城市群内的不同城市进行专业分工，并成为各城市产业发展的核心竞争力。从西欧发达国家城市群的发展经验来看，一个成熟的城市群基于其高效的联系系统，使城市群内部的摩擦几乎为零，加上城市、城市群间合理有效的产业分工与产业网络，以及低成本的技术扩散，城市群内部的每一个城市都专注于自身核心竞争力的培养，并推动欧洲西北部城市群成长为全球最富有竞争力的城市群。因此，推进我国各城市群发展有差异的主导产业及使产业链上的不同价值环节有效地配置在城市群内的各城市，实现专业化分工，是城市群及其产业协同发展和提高核心竞争力的关键。在城市群规划中，各地方政府应结合自身实际，认真思考城市未来产业布局和主导产业的定位，要主动实现与城市群内产业链的衔接，并专注主导产业的发展，提高产业集聚度和规模效益，形成竞争优势，合力推动城市群主导产业的整条产业、价值链及各环节城市的产业都处于有利地位，实现城市群及各城市多赢的局面。

（3）建设好我国城市群区域创新体系。

任何具有国际竞争力的城市群，其核心竞争力都主要体现在产业部门的核心竞争力上，这种竞争力的提高最为关键的是技术创新推动以及科技成果的共享。从欧洲西北部城市群的发展经验来看，城市群内各产业广泛、复杂、密切的经济技术联系，借助城市间良好有序的交通、信息等网络，以及人才、物资资源等要素的无障碍流动，推动了城市群内技术创新发展。同时，由于其天然的地理空间，人才、企业、高校、科研院所等创新要素集聚，这些城市群本身就是一个良好的区域创新平台，也为技术外溢与扩散创造了良好条件，推动了协同创新与技术成果的共享，并形成了激励技术创新的良性循环。产业经济研究学者指出，产业价值链中某个环节在其中一个城市的技术创新，必然要求处于上下各环节的其他城市提供与新技术相符合的原材料和零部件，推出新的销售计划等关联行动，带动整个产业链的技术更新或创新。我国正处于产业转型升级的关键阶段，大多数领域处于产业链中没有核心技术的低端，技术创新能力还不够强。因此，要加大科技投入，尤其是城市群主导产业关键技术与核心技术的投入，突破关键环节的技术瓶颈，带动城市群整个产业链的创新；要加强技术创新要素合理流动、技术成果共享、区域协同创新及科技创新评价等机制体制的创新，搭建以城市群为载体的区域创新平台，为科技创新与科技成果共享扫除人为的障碍；要加快推进城市群内部综合配套建设，增强城市对人才、企业及科研院所的吸引力，推动城市群技术创新资源的集聚与积累；城市群要配套建设和发展好高校、科研机构、技术培训等创新基础平台，培育和积累科技创新资源，增加科技资源的存量，为科技创新提供不竭的力量源泉。

5.3.3.3　发挥城市群的集聚外部性与实现区域负外部性的内部化

从欧洲西北部城市群的发展经验来看，城市群的集聚外部性表现为以巴黎、海牙等为核心的集聚外部性及整个欧洲西北部城市群的网络外部性。以 Krugman（1991）为代表的新经济地理学派已详细论证了核心城市通过集聚外部性促进整个区域经济发展的机理；整个欧洲西北部城市群的网络外部性主要体现在区域内基础设施一体化、人口等要素无障碍流动、产业沿价值链在各城市差异化分工与协同发展、技术及知识外溢推动协同创新等方面。而欧洲西北部城市群通过环境治理、低碳体系建设、政策一体化以及良好的协调机制，有效地调和了区域负外部性引发的城市群内部利益矛盾，在一段较长时期内保持着强劲的核心竞争力。经魏守华等学者论证，我国东部城市群尤其是长三角已呈现明显的集聚与网络外部性，但是中西部城市群还主要以集聚外部性为主，核心大城市的虹吸能力强，但对周边中小城市的辐射能力还不够强，中小城市集聚功能弱。因此，进一步发挥城市群的集聚外部性与实现区域负外部性的内部化，是我国城市群可持续发展不可回避的课题。

（1）分类引导我国城市群建设。

当前，我国城市群发展存在较大的区域差距，西部地区自然条件恶劣、生态环境脆弱、基础设施相对落后、贫困面大、城市化水平低、城市密度低、城市间联系不紧密，相比中东部地区核心城市规模较小，城市间间距较大，城市发展相对处于孤立的环境，城市群的正外部性更多地表现为核心城市的聚集外部性，对周边地区的带动还不强。而中部地区城市群因其还处于城市群的发展阶段，区域内城市联系不强，产业结构趋同，城市间密集的交通、信息、产业等网络体系尚处于建设阶段，城市群的正外部性也多表现为核心城市的聚集外部性，城市群的网络外部性不明显，对外围中小城市以及周边省市的辐射能力比较弱。东部地区长三角、粤港澳大湾区及环渤海湾城市群发展相对成熟，能有效吸引全国乃至全球资源集聚，城市间的交通体系发达，城市联系紧密，城市群的集聚外部性与网络外部性都较为明显。因此，基于我国城市群发展所处的现状及阶段不同，应分类引导我国城市群发展，发挥不同城市群的正外部性。要积极培育以贵阳、银川、拉萨、兰州、太原、呼和浩特、乌鲁木齐、南宁、昆明等大城市为核心的城市群，科学规划，积极谋划，发展好核心城市，增强核心城市的集聚要素资源的能力，提高各大城市的核心竞争力，并逐步发展成区域的增长极，为带动周边地区及西部农村地区发展打下基础，力争培育成支撑西部经济社会发展的城市群。中部地区要积极打破行政壁垒，着手合力推进基础设施一体化、市场一体化、城市群产业分工与协作体系建设，加强城市间、城市群间的沟通与联系，推进城市群网络体系的形成，逐步实现依靠核心大城市集聚外部性与城市群网络外部性的双重集聚效应，来加快城市群发展。东部地区城市群要更加重视教育与科研技术，加快创新网络体系建设，提高城市对创新要素的吸引力，加强对外经济技术联系，发挥技术外溢效应，有效利用更多更高质量外部创新资源与要素，紧紧依靠创新驱动城市群可持续发展。

（2）发挥“一带一路”倡议对城市群正外部性的推动作用。

我国正在积极推动“一带一路”建设，城市群要积极融入沿“一带一路”的区域开放格局中，定位好在全球、全国以及“一带一路”的功能、地位。城市群是城市、产业、技术的集合体，当然，更是人力资本的集合体。因为集聚，带动该区域经济高速增长，形成规模经济效益，这种效益通过外部效应进一步推动经济集聚，规模经济与集聚经济通过外部溢出效应不断辐射周边地区，带动更大区域的经济增长，形成区域正外部性。欧洲西北部城市群的发展现状显示，相邻城市能互相分享劳动力和市场的最终产品，以及相类似的人均资本和管理人才，能有效地推动整个欧洲西北部城市群的企业和行业的负外部性转移为城市群正外部性。我国“一带一路”倡议涵盖东南亚、东北亚经济整合，并最终融合在一起通向欧洲，形成欧亚非大陆经济整合与海上、陆地的闭环发展的大趋势。处于“一带一路”的各节点城市，一方面要积极做好应对更为开放的亚非欧市场的准备工作，优化产业结构，完善基础设施，加强与相邻城市间的互联互通，构建好城市群网络体系，做好对接“一带一路”的城市群发展规划，提高城市间经济社会发展关联度和城市群发展质量；另一方面要清醒把握“一带一路”倡议实施所带来的更大机遇与挑战，充分利用和发挥好现有优势，积极培育一批具有战略性的新兴产业，推动城市现有产业高质量发展，积极参与全球竞争，提高各节点城市的核心竞争力；还要积极积累创新要素，完善城市基础设施与各类配套设施，搭建创新平台，优化创新机制，吸引国内外高质量人才和智力向城市群集聚，以创新驱动城市和城市群可持续发展，壮大和发展好城市群，形成良好的规模效应与集聚效应，只有有质量的城市群才能通过外溢形成更大范围的辐射效应，并对“一带一路”倡议实施形成更好的循环推动效应。

（3）创新区域协调机制，实现区域负外部性内部化。

随着我国城市化与工业化进程的快速推进，城市群在资源、环境、承载能力、经济效率上存在综合优势，是我国未来城镇化的主体形态。但城市群建设发展过程势必存在推动城镇密度提高、人口向周边城市疏散发展、产业转移、综合交通运输网络建设等情况，这不可避免地会引起资源过度消耗、生态破坏、大气及环境污染、耕地破坏，甚至从根本上改变了区域原有的景观格局和地表结构，影响区域生物多样性等一系列问题，而当前我国行政边界对自然功能单元的分割所引发的空间冲突，最终导致形成区域负外部性。欧洲西北部城市群区域负外部性内部化的协调机制，对推动我国城市群可持续发展有着重要的借鉴意义。

对打破当前因行政壁垒所造成的市场分割、城市间产业同构、科技协同创新能力差等问题，重在发挥市场对资源配置的决定性作用，减少政府干预，激发民间资本的投资热情，推动产业落户符合产业价值链要求、具有空间优势的城市，政府则要在推动城市群交通、教育、医疗、社会保障、生态环境保护等基础设施建设与公共服务配套体系建设上发挥作用，创新体制机制，打破公共服务管理分割、跨区不流动、核心城市与周边城市有差别、资源配置不平衡等人为屏障，推动产业、人口和创新要素在区域内自由流动，推动城市群内各类配套设施与服务一体化，构建良好的区际利益平衡机制。要学习欧洲西北部城市群对规划的尊敬与重视，尽快推进经济社会发展规划、土地利用总体规划以及城市总体规划等“多规”在技术标准、监督执法等方面的协调衔接；科学做好城市群战略规划，引导城市群内各城市间沿轴带状扩张，形成经济走廊，尽量避免圈层式发展；

要注重生产空间、生活空间、生态廊道的科学布局，规划中要避免人为切断生态体系与生态走廊，改善区域生态环境，提升周边城市承接核心城市生产、生活空间外溢的能力。科学的城市群发展规划，是区域内各城市以及各行政单元为城市群发展所做的共同承诺，要成为城市群内其他规划的总领纲要。依靠科学统一的城市群规划，有效的法律手段，“互联网 +”、大数据建立动态的监控体系，严格规划执行，有效破解城市群内城市间土地浪费、城市扩张无序、生产生活空间混乱、生态环境恶化难题。要探索建立以成本为导向的有效疏解机制与生态补偿机制，要建立为核心城市的发展所增加跨区域调水、关停周边企业与生态建设等成本核算机制，并建立反映核心城市供求关系的公共产品与公共服务价格体系，提高核心城市人口准入成本与中低端产业生产成本，推动人口与产业向郊区和周边城市转移。

第6章

中国城市群发展的总体思路

6.1 指导思想

全面贯彻党的十八大和党的十八届三中、四中、五中全会精神，以邓小平理论、“三个代表”重要思想、科学发展观为指导，贯彻创新、协调、绿色、开放、共享的发展理念，坚持以区域发展总体战略为基础，统筹实施“四大板块”和“三个支撑带”战略组合。以“一带一路”建设、京津冀协同发展、长江经济带建设为引领，形成沿海、沿江、沿线经济带为主的纵向横向经济轴带。发挥城市群的辐射带动作用，优化发展京津冀、长三角、粤港澳大湾区三大城市群，培育形成东北地区、中原地区、长江中游、成渝地区、关中平原等城市群，优化城市群布局，不断完善城市群规模，合理定位城市群功能，推动城市群公共服务均等化。立足国情，尊重自然、顺应自然、保护自然，改善城市群生态环境，支持绿色城市、智慧城市、森林城市建设。推动城际基础设施互联互通，创新跨区域城市发展的协调和治理机制，增强城市群区域创新能力，提高城市群全球竞争力与可持续发展力。推进城乡发展一体化，开辟农村广阔的发展空间。

6.2 基本原则

6.2.1 坚持以人为本

以人为本，从“人”的概念来看，人是相对于神和物而言的，西方早期的人本思想，是相对于神本思想而言，主张以人性反对神性，以人权反对神权，突出人的价值。在我国历史上的人本思想中，人是相对于物而言的，主张人贵于物，“天地万物，唯人为贵”。现代社会，人们对于人本思想的认识主要是相对于物本思想而提出来的。“本”的哲学意义有两种：一种是世界的“本原”，一种是事物的“根本”。因此，以人为本就是指与神、与物相比，这个世界上，人更重要、更根本，更值得关注，即统一到人类社会科学发展，首先要考虑的是人的需求、人的发展。

城市群的发展要顺应时代发展中人们的新要求、新期待，以不断解决人与城市群自然环境、社会环境的协调发展为任务，在遵守自然客观规律的基础上，注重人性、人格和能力的完善和全面发展。我国领土辽阔、区域差异明显，不同的民族，不同的文化背景，不同的地理、气候条件以及不同经济条件的人们有着不同的物质需求和精神需求，城市群发展要以人为本，就是以满足大多数人的需要为衡量城市群发展水平、质量、效益的基本标准，不断改善和提高人们的生存环境和生存空间，以满足人们对生活环境、工作环境、文化环境、生态环境、社会环境的需要，为不同民族、区域、经济条件的人们带来令人满意、优美舒适、功能完善和精神享受的发展环境。我国城镇化已成为不可逆转的趋势，城市群的发展要着力破解我国城乡二元结构。在农村人口向城市集中过程中，要以城市群为基本范畴，以“集约、紧凑、绿色、生态”的理念，科学做好城市群发展规划，有序引导和接纳人口向城市集中，稳妥解决农村“空心化”问题，统筹兼顾城市与农村的发展。要通过产业合理布局、转型升级、引导新兴产业发展，不断创造可持续的就业岗位，满足人口城镇化的就业需求；要关注人口城镇化过程中出现的新问题，尤其是农村人口市民化问题，首要解决的是进城农民与城市市民基本公共服务和社会福利均等化问题，引导农民进城后，能快速融入城市工作生活；要继续推进城乡公共服务均等化，尤其是广大农村地区基本公共服务均等化，增大对农村地区基础设施、公共服务配套设施的有效投入，与时俱进提高农村治理能力和治理水平，全方位推进农业、农村现代化；要加强制度创新，加快户籍制度改革，逐步建立全国统一的以身份证管理为主的一元户籍制度，推动户口管理向人口管理，取消以户口为依据的城乡差别，以人为本，提高城市群治理能力。

6.2.2 坚持科学发展

城市群发展必须突出尊重自然、历史文化传承、社会发展规律和协调、可持续发展的道路。无论是城市群的发展规划还是引导城市群发展的各项政策，都要围绕增强和把握好城市群之间、城市群内部城市之间、城市与乡村之间生产空间、生活空间、生态空间的内在联系为最高追求目标，推动生产空间集约高效、生活空间宜居适度、生态空间山清水秀。

坚持科学发展首先要做好科学规划。2014 年 3 月 16 日，中共中央、国务院印发的《国家新型城镇化规划（2014—2020 年）》将城市群作为优化我国城镇化布局的主体形态，并明确提出，统筹制定实施城市群规划。科学规划包括：加强研究，遵循因地制宜的原则，做好全国各城市群的科学划分与布局；各城市群、城市间、城市与乡村之间综合交通体系、信息网络等基础设施规划；统筹规划各城市群发展目标、城市体系、功能定位与分工等内容，着力推动大、中、小城市协调发展和城乡一体化。通过规划手段加强城市之间的互通、互联、互惠，对其进行合理的职能定位与分工，优化大城市发展，增强大城市的辐射带动能力，发挥集聚效应和竞合效应，增强城市群整体竞争能力。通过规划将环境容量和城市综合承载能力作为确定城市群内各城市定位和规模的基本依据，着力加强快速城镇化对大气、水、土壤污染的防治、城乡环境治理以及生态环境保护等的统筹谋划，城市群规划要主动与城镇体系规划、土地利用规划、生态环境规划等进行衔接，发挥积极的引领作用。要探索和创新城市群规划方法、技术，规划深入实际、科学研判、多方论证，付诸实施后，要按照规划的要求严格贯彻执行，并保持对规划实施效果的跟踪与评价，常态化更新，或根据新情况及新的需要做定期编制。

坚持城市群科学发展，是生产方式在地理上的集约组合，是城市间在互联互通互惠基础上有效发挥各类要素优势，整合各类资源，实现产业科学分工重组，结构优化，科学合理地调配资源。实现城市群资源科学合理配置，要正确处理好城市群内各城市间的合作竞争关系、城市群与相关区域关系以及城市群与全国整体区域乃至全球之间的关系，合理解决城市群内人与环境、人与资源、人与人、时间与空间、要素集中与分散等的冲突问题，以可持续发展理念推动城乡一体化发展。城市群的划定需引入更加科学、精准的手段，避免生拼硬凑，要尽快突破以行政区划为基础的划分模式，使用国际通用的划分方式，推动基于人口与经济分布、联系密度等指标为主，科学划分经济区、都市圈和城市群，以此为依据，建立科学的区域协调管理机制，确保城市群发展规划、各类政策、法律等有明确的实施主体，各项政策措施获得有效的执行。

6.2.3 坚持政府与市场相结合

城市群的发展，必须遵循自然规律和城市群的发展规律。城市群是工业化和城镇化发展到高级阶段的产物，无论是城镇化还是工业化，都有其发展规律，城市群也不例外，有着客观的形成机理和发育规律。城市群的形成是一个自然演进的过程，需在尊重城市群发展规律的同时发挥政府的有效引导作用，推动城市群可持续发展。

改革开放40多年来，我国经济社会快速发展，工业化快速推进，也带来了城市与城市经济的快速发展，长三角、粤港澳大湾区、京津冀等城市群以超乎预想的速度快速形成，但因为市场失灵与政府失灵同时存在，城市群的发展过程中也产生了诸如跨区域的生态环境治理问题、基础设施与公共服务体系配套建设滞后于城市群的发展，城市无序蔓延，“大城市病”日益严重，城市主体在参与经济运行过程中出于地方利益的需要，建立了各种行政壁垒，阻碍要素在城市群之间、城市群内各城市间、城市与乡村之间的自由流通，人为提高了要素成本，降低了经济运行效率。党的十八大有效地界定了政府与市场的边界，但是，具体到城市群的“为与不为”该如何把握？怎样有效发挥“两只手”的作用，既要防止政府这只“手”对城市群及城市群所涉及的市场伸得过长，又要谨防过分地依赖市场的自发性作用？首要的是要清晰地界定政府的权限和职能，推行依法行政，把政府的权力关进透明的法律与制度笼子。我国当前进行的行政审批体制改革，建立权力清单、责任清单，就是把政府权力关进制度的笼子的第一步；接下来要做好行政职能“加减法”，简政放权，实现行政审批事项的“放”“管”结合，提高政府审批效率；同时，还需尽快出台和修改行政基本法，通过立法对政府的各项活动进行规范和限定，减少政府对市场、城市群发展的过度干预，释放市场与城市群的活力。发挥市场在配置资源中的决定性作用，最大限度地发挥各城市的比较优势，推动各类生产要素资源按照市场需求原则，通过优胜劣汰实现资源配置效率最大化。要使市场在资源配置中起决定性作用，保证各类要素自由流动，基础就是要在城市群内建设统一开放、竞争有序的现代市场体系。因此，首先，要着力清除城市间、城市与乡村间的各类行政壁垒，提高资源配置效率和公平性，给要素流动松绑；要建立公平、开放、透明的市场规则，完善主要由市场决定价格的机制，市场行为市场做主，以提高资源配置效率，促进市场自律和创新；要逐步完善市场的监管法律体系，规范我国政府对市场的监管行为，确保市场监管有法可依及在有效的法律框架下，市场监管不越位、不缺位，监管到位。政府要为城市群健康发展发挥更好的作用，科学做好城市群的发展规划、建立有效的跨区域合作机制，推动城市群、城市群内城市间基础设施互联互通、公共服务均等化，建设法治、透明、廉洁、务实、高效政府，有效解决住房、医疗、教育、就业、贫富差距等民生问题，确保政府在城市群发展中的不越位和不缺位，极力破解城市群内的行政封锁，形成由政府提供公共服务与规划引导、市场与全体人民积极参与的格局。要尽最大可能保持政府、市场、老百姓同心同向行动，保持政府有形之手、市场无形之手、老百姓勤劳之手共同发力，形成合力，共同推动城市群的健康可持续形成与发展。

6.2.4　坚持改革创新

要实现我国城市群的可持续发展，就必须对城市群发展所面临的新趋势、新问题、新要求、新期待有清醒的认识与判断，并紧密围绕城市群发展趋势，不断创新思想、挖掘智慧，提出有价值、有影响的发展新理念、新判断、新观点，开拓创新，解决问题。具体而言，要尽快结合“十三五”规划建议和“十三五”规划纲要，破解城市群发展难题。包括：正确认识和把握我国发展新特征，主动适应和引领经济发展新常态，对经济新常态下城市群发展的特征做出提前预判，创新思维，推动城市群经济发展方式转变，实现城市群更高质量、更有效率、更加公平、更可持续的发展。城市群发展要牢固树立发展新理念，推动创新发展、协调发展、绿色发展、开放发展、共享发展，让我国在城市群发展道路上越走越宽阔。“十三五”时期也是我国全面建成小康社会的决胜阶段，城市群的发展要紧密结合全面建成小康社会的难点和“短板”问题，着力推进城市群内攻坚扶贫、农村改革、城乡生态环境和社会治理，着力破解“中等收入陷阱”和“城市病”难题，推动共同富裕，建设更加开放、安全、富有竞争力的城市群。要在《全国主体功能区规划》《国家新型城镇化规划（2014—2020年)》《中华人民共和国国民经济和社会发展第十三个五年规划纲要》的基础上，进一步推进“一带一路”建设、京津冀协同发展、长江经济带建设等战略的实施，以城市群为主体形态，统筹城市群空间、规模、产业结构，实现紧凑集约、高效绿色发展。要不断优化提升东部地区城市群，进一步发挥其在全国城市群发展中的引领作用；加强中西部地区有条件的城市群培育和发展，有效发挥区域性中心城市的辐射带动作用，推动边境中心城市、口岸城市联动发展，让中西部地区广大群众尽快分享城镇化成果。城市群、各城市要结合资源禀赋、地理条件、区位优势，因地制宜、因势利导，明确主导产业和特色产业，城市群要围绕产业链，合理布局各城市产业，增强城市产业专业化水平，逐步形成横向错位发展、纵向分工协作的发展格局，实现大中小城市和小城镇产业协作协同发展。政府要通过各类基础设施的完善、创新平台和区域创新网络建设，改革创新机制，构建开放高效的创新资源共享网络，推动城市间创新合作便利化，实现区域整体创新能力的提升，以协同创新牵引城市协同发展。

6.2.5 坚持开放发展

坚持引导城市群发展融入国家对外开放和区域发展战略中，提升城市群利用两个市场、两种资源的能力，推动城市群积极参与国际经济合作和竞争，开放发展。

首先，城市群发展要尽快融入国家“一带一路”、长江经济带建设。各城市群要积极挖掘自身优势，找准在国家“一带一路”和长江经济带的战略定位，积极融入国家战略。探索构建与“一带一路”沿线国家和地区以及国内城市群经贸合作发展新机制和投资合作新模式，加强商贸互通与投资互动，积极参与自贸区、境外产业园区的合作建设，加强与“一带一路”沿线及周边地区产业合作，延伸城市群产业链，培育具有国际竞争优势的产业集群。着力营造良好开放的投资环境，优化城市群创新、创业、生态环境，以良好的环境吸引国内外先进技术、人才资金等要素聚集。各城市群要深化与长江经济带沿线各省市的合作交流，推动各类要素在城市群间自由流动，形成从内到外的城市群开发格局。

其次，优化完善城市群开放功能。各城市群要积极探索，加快建设水陆空综合交通体系，构建既符合城市群发展需要又与“一带一路”和长江经济带交通基础设施对接，强化对外大通道的互联互通，积极打造内外开放通道。要积极发挥各城市群区位优势，构建融入国际贸易和国际产业链的开放型产业集群。积极提升现有经济开发区、高新技术开发区开发层次，积极建设综合性保税区，大力发挥和拓展城市群内口岸平台功能，加强国际国内通关合作，建设高效便捷的通关体系等，加强开放平台建设。从当前情况来看，我国自贸试验区数量增至 18 个，沿海自贸区实现全覆盖。广西、云南、黑龙江成为我国首次在沿边设立自贸试验区的 3 省区，这将有利于我国密切同周边国家的经贸合作、提升沿边地区开放开发水平。随着广西、云南自贸区正式揭牌，泛珠 9 省（区）中已有 6 个自贸区和 8 个国家级新区，这对加快推进以粤港澳大湾区、自贸区、国家级新区等为载体的全方位开放格局的形成起到了积极的促进作用。同时，在粤港澳大湾区的推动下，泛珠三角区域城市群将得以构建“一枢纽两大港三通道四辐射”的出海出边大通道，推动建设中越、中缅、中老、中印等跨境铁路项目，推进孟中印缅经济走廊、中巴经济走廊、中新经济走廊和中国—东盟自由贸易区升级版等建设，进而推动泛珠三角区域城市群全面融入全球城市群网络体系。

最后，发展开放型经济。既要“引进来”又要“走出去”，既要积极承接国际产业转移，主动参与全球分工，引进“一带一路”沿线国家和地区优秀企业，又要培育城市群内有实力的本土跨国企业，鼓励本土企业积极稳妥“走出去”，积极参与“一带一路”沿线国家投资与海外并购，拓展国际市场。坚持不懈拓展开放型经济发展新空间，构建以城市群为单元的内外联动、互利共赢、包容发展、安全高效的开放型经济体系。

6.3　中国城市群发展的重点任务

6.3.1　优化城市群布局

城市群主要受工业化和城镇化的共同影响形成，是一个自然演进的过程，加强城市群布局却又更多地表现为发挥人的主观能动性，对城市群的形成和发展加以因势利导，推动城市群发展更加科学、更适应人类生产、生活的需要，是人类对城市群这类城市自然群落的一种人为干预。这种干预主要来源于政府，也是城市群发展原则中坚持政府与市场相结合的主要体现，这是基于城市群发展过程中，因为市场失灵以及城市群外部性的存在，政府从宏观层面上解决城市群通过市场手段无法解决的问题，引导城市群可持续发展的需要。本书所讨论的城市群布局更多的是对我国城市群在地理空间上的划分，以及主要划分依据的讨论。城市群布局，在我国已有不少学者提出了自己的观点，多数认为我国城市群应有或者应该建设20个以上，其中京津冀、长三角、粤港澳大湾区为相对成熟的城市群，长三角为世界级城市群，并提出应该把京津冀、粤港澳大湾区建设成为世界级城市群。第3章在分析中国城市群发展态势时，按照当前我国建设东、中、西以及东北四大板块和我国学者对城市群布局的主要结论把我国已形成的和待培育的城市群划分为 19 个，其中长江中游城市群包括武汉城市圈、环长株潭城市群、环鄱阳湖城市群。但这种城市群划分是否合理尚待进一步论证。另一个主流观点是我国将建设 20 个城市群：重点建设 5 大国家级城市群，包括长江三角洲城市群、珠江三角洲城市群、京津冀城市群、长江中游城市群和成渝城市群 5 大城市群。稳步建设 9 大区域性城市群（国家二级城市群），包括哈长城市群、山东半岛城市群、辽中南城市群、海峡西岸城市群、关中城市群、中原城市群、江淮城市群、北部湾城市群和天山北坡城市群 9 大城市群。引导培育 6 大新的地区性城市群，包括呼包鄂榆城市群、晋中城市群、宁夏沿黄城市群、兰西城市群、滇中城市群和黔中城市群。我国城市群到底该如何布局？布局时要考虑哪些因素？换句话说就是我国城市群体系（由不同发育程度、不同等级、不同行政隶属关系、不同成因和空间区位的城市群，通过各种物质流、能量流、信息流和知识流有机耦合而形成的空间聚合体和综合集群体）该如何构建才能更加符合我国经济及地理要求？这其中还有可探讨的空间。

此外，麦肯锡按照收入水平、地理位置、经济联系和贸易往来以及城市中消费者共同的消费态度和偏好的城市群方法，在划分过程中遵循每个城市群围绕 1 ~2 个中心城市发展，将涵盖了中国 815 个城市中的 606 个，占中国城市人口的 82% ，占据城市 GDP 92% 的中国城市分为 22 个城市群，同时发现，城市群人口、经济、空间结构分布极不均匀①。

从以上分析以及学者方创琳把我国城市群总体情况概括为：我国城市群总体发育程度低且差异很大，这种差异具有一定程度的合理性，并呈现出发育的阶段性、总体分布的不平衡性、空间分异的规律性、内部集聚的异质性和明显的分化性等空间分异特征②。

---

① 麦肯锡如何将 800 多个中国城市划分为 22 个城市群？[EB/OL]. 赢商网，2015 - 09 - 28. http://yn. winshang. com/news - 529781. html.

② 方创琳，宋吉涛，张蔷，李铭. 中国城市群结构体系的形成与空间分异格局[M]//城市规划面对面——2005 城市规划年会论文集(上). 北京：中国水利水电出版社，2005：193 - 200.

目前，由于城市群间、城市间庞大的物质流、能量流、信息流和知识流数据的不可得，以及科学测定城市间经济联系强度的方法还存在不少缺陷，国内较多学者更多的是通过考虑地理条件、历史基础、人员往来关系以及国家统筹区域发展政策的需要等因素推定城市群布局，如长江中游城市群的建设，主要是基于长江中游城市群在我国地理位置和区域发展条件上起着承东启西、连南接北的作用，同时处在历史上形成的长江经济带上，且是长江经济带的重要组成部分，也是我国实施促进中部地区崛起战略、全方位深化改革开放和推进新型城镇化的重点区域等政策的需要。从科学的角度而言，这还需要更加准确的论证，但推动长江中游城市群建设，国家决策层更多的是偏向于探索如何破解受行政区划分割的影响，解决武汉城市圈、环长株潭城市群和环鄱阳湖城市群产业同构较严重、经济联系不紧密、交通基础设施衔接不畅、生态环保联防联治不力、区域合作进展不快等突出问题，破解城市群发展最大的难题，同时推动城市群发展。从城市群定义来看，构成城市群的几个要件包括：以具有政治、经济、文化等职能的中心城市为核心，在其周边有多个卫星城市，共同构成大都市圈，多个类似的都市圈形成连绵不断的城市群，这仅从城市的个数或者一定区域的城市密度来说明构成城市群的主要条件。其中能起到连接各大都市圈的交通要道或其他能够在联系各都市区起到突出作用的联系通道，通常成为都市圈沿通道分布的主要因素，也是最终形成城市群的主要纽带，这个因素在城市群的发展中决不可忽视，否则无法形成真正意义上的城市群。因此，利用我国城市分布图来分析城市间主要经济社会联系，对重新审视我国城市群的布局还是有意义的。

6.3.2 完善城市群规模

本章以北部湾城市群为例，对完善城市群予以实证分析。J. 弗农·亨德森在城市经济中有一个这样的结论，就单个城市而言，城市规模随着规模经济程度的增长而增长，城市规模也随着生产中资本密度的增长而增长，这反映了一个城市在给定资本租价条件下支付较高工资的能力越强，该城市就越具有规模效益；资本增长的密度越大，则说明一个城市需要更多的人口和更高的生活成本来支持一个给定的工资—资本租金，这时城市的规模会越来越大。我国改革开放 40 多年，城市经济快速发展，城市规模不断扩张，依靠 J. 弗农·亨德森建立在工业化相对成熟的城镇化基础上的规模经济来分析城市规模，似乎不是非常恰当。我国多数城市还是依托传统经济城镇化，这个更接近中心地理论对城市经济的分析。在传统经济中，城镇的存在是为了服务农业人口，有了农业这个基础条件，城市就呈现出等级化结构和生产模式。当然，这种分析方式忽略了对城市和城市群内部结构形成和城市人口居住问题的考察，本部分将更多地偏向于以城市等级结构形成为基础，对城市群规模大小进行分析。下面以北部湾城市群为例分析城市群规模。

6.3.2.1　城市群等级规模划分的依据

（1）引力模式

要说明城市群的等级规模，首先必须明确城市群是如何聚集和构造的，经济中心的影响范围，在一定区域内城市间的相互作用，进而对城市群的规模边界作出界定。但长期以来对城市群规模的界定是一件很困难的事情，目前，学者们还是难以对城市群的规模作出精确的测定。在查阅国内外相关文献的基础上，结合现有行政区划界定方法，引用普林斯顿大学的天文学家司徒瓦特（J. Q. Steuart）提出的引力模式，计算北部湾各城市人群之间相互作用的聚合形式和经济联系强度，在此基础上预测未来城市群的聚合能力。其中，引力模式是由牛顿的万有引力定律推导出来的，该模式认为，两个城市的相互作用与城市的人口规模（城市质量或经济发展情况）成正比，与城市间的距离成反比。其形式如下：

$$I_{ij} = \frac{kM_iN_j}{D_{ij}^b}$$

其中，I_{ij} 是 i、j 两个城市相互的作用量；M_i 和 N_j 是两个城市的人口数；D_{ij} 是 i、j 两个城市之间的距离；k 是一个经验指数，b 为测量距离摩擦作用指数，为计算方便，这里取 $k=1$，由于城市之间的距离会随着交通条件的改善而发生变化，在此，D_{ij} 用两个城市间的通达时间随交通条件的改善来取值，2010 年、2020 年、2030 年分别取不同的通达时间值。

北部湾城市群由广西、广东及海南 3 省 11 个大小不同、规模不等、发育程度不一的城市组成。其中，广西北部湾包括南宁、北海、钦州、防城港、玉林、崇左 6 个市级城市，22 个县级城市及 308 个建制镇，广西区域范围内的各城市，尤其是南宁、北海、钦州、防城港 4 个市地理位置邻近，经济来往相对更为密切，可以预想这 4 个城市更有可能优先成长为城市群中的都市圈；广东北部湾包括湛江、茂名 2 个市级城市、9 个县级城市及 169 个建制镇；海南北部湾包括海南岛海口、三亚 2 个市级城市和儋州1 个县级城市及周边的建制镇，广东省和海南省的北部湾城市在地理位置上也相对更为邻近，而且当前海口、湛江、茂名的城市发育相对成熟，在北部湾区域内有相对优越的区位优势，和广西的南宁、北海、钦州、防城港 4 市一样，海口、湛江、茂名也可能优先发展成都市圈。因此，可以预测北部湾城市群内未来首先会形成 2 个大的都市圈，包括 11 个有等级规模的核心城市。在此，分别计算南宁对北海、钦州、防城港、玉林、崇左的吸引力，湛江、茂名、海口之间的作用力，湛江、海口、三亚及儋州的相互作用力，在此基础上计算出两个都市圈的相互作用力，即可推算出当前北部湾城市之间的经济联系强度或者说城市之间的相互作用力。计算结果如表 6－1所示：

表 6－1　广西北部湾地区各城市 I_{ij} 的值

城市	南宁	钦州	防城港	北海	崇左
南宁	—	—	—	—	—
钦州	81.03	—	—	—	—
防城港	24.93	7.15	—	—	—
北海	38.34	12.77	4.06	—	—
崇左	20.86	1.65	1.47	2.3	—
玉林	60.77	5.16	3.7	11.45	2.5

表 6－2　茂名、湛江、海口三市 I_{ij} 的值

城市	茂名	湛江
茂名	—	—
湛江	81.79	—
海口	13.23	26.68

表 6－3　海口、三亚、儋州 I_{ij} 的值

城市	海口	三亚
海口	—	—
三亚	8.28	—
儋州	16.61	1.64

由于城市间引力与城市人口规模成正比，与城市通达时间成反比，由此可见，南宁与钦州、防城港、北海、玉林等城市的经济联系密切；湛江与茂名、海口的经济联系更为密切。可以断定，随着城市群规划的实施，未来南北钦防、海湛茂将最先发展成为北部湾城市群内的两大都市圈。

（2）中心地理论

城市是一个区域的核心和重点，被看成是周围区域的中心地。在中心地理论中，中心地是指供给中心商品（服务）职能的布局场所，商品（服务）在此生产、中转、供给，在周边（其他）地区消费。在早期区位论思想的影响下，经济学家和地理学家把研究的视角集中在空间作用、空间分布、城市数量和等级等问题上，逐渐形成了中心地理论。其中，德国地理和经济学家克里斯泰勒在其《德国南部的中心地》（1933 年）一书中，利用演绎法研究了中心地的空间秩序，论述了城镇分布的“安排原理”，即城镇的数量、规模和分布模式，建立起了中心地理论。克氏认为，市场、交通、行政三因素对城市等级、体系的形成起着共同作用。其中，在开放、便于通行的地区，市场的作用是主要的；在山间盆地或其他与外界相对隔绝的地区，行政的作用是主要的；年轻国家或新开发地区，交通对城市等级的形成、城市人口流动起着主导作用。在此基础上，他总结分析得出：一个国家或地区，应当形成这样的城市等级：A 级城市 1 个，B 级城

市2个，C级城市6~12个，D级城市42~54个，E级城市118个。

根据2010年北部湾11个核心城市人口规模，以及我国《关于调整城市规模划分标准的通知》，北部城市群城市等级规模可做如下划分：

表6－4　2010年北部湾城市群城市规模等级

人口规模	等级	城市分布
1000万人	巨大型	无
500万~1000万人	特大	无
100万~500万人	大	南宁
50万~100万人	中等	海口、湛江、玉林
50万人以下	小	茂名、北海、儋州、钦州、三亚、防城港、崇左

资料来源：根据2010年北部湾城市群规划初稿和各市统计公报整理。

随着北部湾城市群规划的实施，北部湾区域内城市的协同效应加强，城市间通达效率提高，北部湾城市群的规模将不断壮大。《中国经济周刊》专访中国社科院城市发展与环境研究所副所长魏后凯时，他推测，到2030年，我国的城镇化率要达到68%左右，到2050年，城镇化率可能会超过80%。可以预测，北部湾城市群内的11个中心城市，到2020年，将发展成1个特大城市，3个大城市，5个中等城市，2个小城市；到2030年，将形成1个特大城市，5个大城市，4个中等城市，1个小城市；到2050年，北部湾城市群内11个中心城市，将发展为5个特大城市，4个大城市，2个中等城市。此外，还有几十个县级城市会发展成为小城市，可能还有成长为中等城市。

表6－5　北部湾城市群城市规模等级预测

人口规模	等级	2010年 城市分布	2020年 城市分布	2030年 城市分布	2050年 城市分布
1000万人	巨大型	无	—	—	—
300万~1000万人	特大	无	南宁	南宁	南宁、海口、湛江、茂名、玉林
100万~300万人	大	南宁	海口、湛江、茂名	海口、湛江、钦州、茂名、玉林	钦州、北海、三亚、儋州

续表

人口规模	等级	2010 年城市分布	2020 年城市分布	2030 年城市分布	2050 年城市分布
50 万 ~100 万人	中等	海口、湛江、玉林	钦州、北海、三亚、儋州、玉林	防城港、北海、三亚、儋州	防城港、崇左
50 万人以下	小	茂名、北海、儋州、钦州、三亚、防城港、崇左	防城港、崇左	崇左	—

6.3.2.2　北部湾城市群城市等级规模

(1) 南宁

南宁市第六次人口普查数据显示，2010 年，南宁总人口 686.84 万人，常住人口 666.16 万人，其中，城镇人口 351 万人，城镇化率为 52.7%；市区人口 272.82 万人，城市人口规模为 183.16 万人，在 11 个城市中的首位度为 1.89，接近 2，是北部湾城镇体系中城市发展要素集中程度最大的城市，也是北部湾区域的首位级城市。相对国内其他省级城市而言，南宁不算是规模大的城市，但是不可否认南宁在北部湾区域范围内的影响和作用。南宁地处北部湾南北中轴线稍偏西南，位于广西中南部，面向东南亚，东邻粤港澳，南临北部湾，背靠大西南，处在华南经济圈、西南经济圈与东盟经济圈三大经济圈的交汇点，具有“近海、近边、沿江”“三位一体”的区位优势。距广西三大优良港口城市北海市 206 千米、防城港市 129 千米、钦州市 120 千米，距中越边境的广西凭祥和东兴口岸约 230 千米和 204 千米，是西江水系广西境内的内河口岸之一，已开通至广州、香港、深圳等 8 条内河航线。同时，南宁是广西壮族自治区的首府，是广西的政治、经济、文化、科技、交通、信息、金融中心，西南地区交通枢纽，中国—东盟自由贸易区的区域性国际城市，是泛珠三角经济圈西部区域性中心城市，在广西北部湾城市群空间结构上承担着承南起北、东拓西延的重要功能，是环北部湾沿岸重要的经济中心。南宁作为首位级城市，在区域内具有集聚人口、吸纳就业的优势作用，在未来北部湾城市群体系中将发挥区域性中心城市的依托作用，对华南、中南、西南经济圈发挥着枢纽城市的连接作用，对东南亚各国发挥着中国前沿城市的开放作用；将有效实现与粤港澳大湾区和东南亚地区两大增长极的对接，推动北部湾城市群的对外联系和内部整合。随着北部湾城市群规划的实施和不断深化发展、城镇化进程的加速，南宁与北部湾城市群内各城市间的交通逐步完善，人员交往与经济联系将更为密切，南宁的人口集聚功能将不断增强，到2020年南宁城区的人口将突破300万大关，跨入中国特大城市的门槛，2030年南宁城区人口①将达到450万左右，成为广西唯一一个特大城市。南宁人口按1%的城镇化增长率计算，2050年，南宁城镇化率达75%左右，南宁的城镇人口将超过600万人，接近700万人，城区人口将达600万人以上。

（2）海口

海口市2013年统计公报显示，2013年末，海口全市常住人口217.11万人，其中城镇人口165.18万人，城镇化率为76.1%，是北部湾11个核心城市中城镇化率最高的城市，首位度仅次于南宁。海口下辖有海口市分设秀英、龙华、琼山、美兰4个区，共辖23个镇和18个街道办事处。面朝大海，春暖花开，海口市地处热带滨海，热带资源呈现出多样性，富于海滨自然特色风光景观。气候宜人的海口市作为国际旅游岛海南省的省会，是全省政治、经济、科技、文化中心、交通邮电枢纽。海口市北面临海，海域面积830平方千米，海岸线长131千米。海口自北宋开埠以来，已有近千年的历史，是个移民城市，也是华侨众多的城市。随着北部湾城市群规划的实施，海口作为北部湾东部城市群的核心城市，又是海南省的

---

① 中国的居住地域分为三种：城市主城区、城镇、农村。主城区应该是没有农业户口的，下面称为城市主城区户口。还有个特殊群体：农民工（持有农村农业户口，在城区工作生活）。城市人口包括：城市主城区、城镇非农业户籍人口和农民工。市区人口包括：城市主城区人口和主城区农民工。城市非农户籍人口包括：城市主城区人口、城镇非农业户籍人口。城区人口是指城市主城区户籍人口。市区人口统计时间不一致，大多数数据是每年统计一次，通常为年末。市区常住人口和市区人口是一致的，不过重点表明含有农民工这种农业户口人员，而不仅是非农业户口。

省会城市，是比较典型的岛屿型经济体，在北部湾城市群发展大局中地位突出、影响甚大，具有综合岛屿型经济体的特点。加快建设以海口为中心的琼北城市群，推动琼北城市群与湛江、茂名交通基础设施建设，推进海岛与湛江、茂名城市的经济联系与人员往来，建设海口—湛江—茂名都市圈，推动北部湾城市群南部延伸区域的发展，对外共同参与国际竞争和世界分工，对内推动海口—湛江—茂名都市圈的建设。增进海口农业、旅游、海洋产业与广西北部湾、湛江港口的对接合作，推动琼雷经济一体化，逐步实现与广东湛江经济与产业的对接，积极参与北部湾城市群城市内部的分工协作。要紧紧依托博鳌亚洲论坛，积极参与国际交流与合作，增强城市要素聚集能力，逐步把海口乃至海南岛建设成世界合作的典范，巩固海南岛在亚洲的中心地位。预计到 2020 年，海口全市总人口将达 250 万人，城市常住人口 200 万人，城镇化率达 80%；2030 年，海口全市总人口将达 280 万人左右，城市常住人口 240 万人左右，城镇化率达 85%；到 2050 年，全市总人口将达 320 万人左右，城市常住人口超过 300 万人左右，城镇化率达 90% 以上，实现城乡统筹，迈入特大城市行列，成为北部湾城市群仅次于南宁的第二大城市。

（3）湛江

湛江在 11 个城市中的首位度仅次于南宁、海口，下辖赤坎区、霞山区、坡头区、麻章区 4 个区，廉江、吴川、雷州、遂溪、徐闻 5 个县，共有 85 个镇、2 个乡、34 个街道办事处。湛江第六次人口普查显示，2010 年，湛江全市户籍人口 777.77 万人；常住人口 700.38 万人，其中，城镇人口 256.9 万人，城镇化率为 36.7%；市区人口 156.03 万人，城区人口规模为 82.6 万人，是我国的中等城市。湛江地处粤港澳大湾区与北部湾联结点，拥有优良的港口资源，交通区位优势明显。港口优势是湛江最重要的优势资源，港湾众多。目前，形成了以湛江港为中心、环雷州半岛中小港口相互配套的港口群。其中，湛江港是国家级主枢纽港，为粤西、环北部湾地区最大的天然深水良港，与 100 多个国家和地区通航，已初具国际一流深水大港规模，成为真正意义上的南方大港。湛江三面临海，海岸线长达1556千米，占广东省海岸线的46%，水产品产量连续多年居广东省之首，海养珍珠产量占全国的2/3，对虾产量约占广东省的40%[①]。同时，湛江市在城市的发展上还具有良好的历史优势，是广东省的一个老地级市和我国第一批沿海开放城市，历史文化比较悠久，茂名市、阳江市都是从湛江分设出来的，经济基础比较扎实，城市功能比较齐全，因此，湛江是粤西其他市的“母体”城市，具有成为粤西地区首位级城市的基础和条件。湛江的资源优势、港口优势及产业优势，为其成为雷州半岛及粤西的辐射核，在北部湾城市群优先崛起奠定了良好的基础，广东省已将湛江市确定为粤西城镇群中心。

随着北部湾城市群规划的实施，湛江与周边的北海、玉林、茂名以及海口的经济、交通、生态等方面建设不断完善，北部湾东部城市群逐渐形成，湛江与周边国家战略区域的协调对接不断增强，城市间的协同效应日益凸显，尤其是海—湛—茂都市圈的不断发展，同城效应影响不断增强。湛江吸纳就业、集聚人口功能也日益提升，湛江将发展成为中国南方大港和重要的海洋服务基地、北部湾地区第二大城市、广东省域副中心城市、宜居宜业宜游的生态型海湾城市。2014年湛江市统计公报显示，2013年，湛江全市常住人口716.71万人，比2010年增加了16.33万人，其中，城镇人口增加了23.43万人，城镇化率为39.1%，提高了2.4%。预计到2020年，市域常住人口达到750万人，其中，市区常住人口近200万人，城区人口近120万人，市域城镇人口超过400万人，城镇化水平达到55%，成为仅次于海口的大城市；2030年，市域常住总人口达到810万人，市域城镇人口达到567万人，城镇化水平将达到70%，市区常住人口近300万人，城区人口近180万人；到2050年，市域常住总人口达到910万人，其中，市区常住人口超过400万人，城区人口近300万人，市域城镇人口超过600万人，城镇化水平达到75%，将迈入特大城市行列。

---

① 陈文富，陈辉华，邓仕静．全球水产买卖从湛江出发——南方国际水产与东盟无缝对接[EB/OL]．湛江日报，2011-11-18. http://szb.gdzjdaily.com.cn/zjrb/html/2011-11/18/content_1538364.htm.

（4）钦州

钦州位于中国西南部，广西壮族自治区南部，南海之滨，北部湾经济区南（宁）北（海）钦（州）防（城港）的中心位置，是大西南最便捷的出海通道。钦州北距广西首府南宁 106 千米，东至北海市和玉林市分别约 86 千米和 250 千米，西距防城港市不足 60 千米。钦州 2010 年、2013 年统计公报显示，2010 年末，全市总人口 387.65 万人，2013 年末较 2010 年末，全市总人口增长了 8.87 万人，常住人口 315.92 万人，其中城镇人口 111.66 万人，城镇化率为 35.34%，市区人口 141.98 万人，钦州城区人口 23.33 万人，处于 50 万人口以下的小城市行列。北部湾城市群规划的实施和南北钦防都市圈的建设，将给予钦州无限的发展机遇，钦州的大工业和大园区得以快速扩张与发展，港口优势和区域优势将不断凸显，城市建设将不断加快。预测钦州市区人口 2020 年将达到 60 万人左右，市区人口近 200 万人；到 2030 年，钦州常住人口将达 350 万人，市区人口可达 250 万人左右，城区人口有望超过 100 万人，跻身大城市行列；到 2050 年，钦州将发展成为南宁周边的工业城市，产业集聚能力加强的同时增强了其对人口的集聚，全市常住人口将达 400 万～450 万人，城镇化率达 60%，市区人口将达 300 万人，城区人口将超过 200 万人，成为名副其实的大城市。

（5）防城港

防城港是一个滨海城市、边关城市、港口城市，位于中国大陆海岸线的最西南端，临北部湾的海岸线 580 千米，北距南宁市 120 千米，东距钦州 58 千米，西南与越南接壤，陆地边界 100.895 千米，是中国西部地区第一大港口城市。防城港 2010 年统计公报显示，2010 年末，全市户籍人口 91.24 万人，常住人口 89.43 万人，市区人口 54.17 万人，城区人口 14.97 万人。港口城市发展历史表明：河口港城市随着港址朝下游出海口区和口外滨海地段方向推移，以及临水工业的岸线开发，有朝下游出海口区方向且进而向口外滨海地段发展的规律性。防城港、钦州、北海作为海岸港城市，具有向水深无淤、建港条件好的岸段，进而向海域发展的趋势；由于受海湾（岸）建港条件和用于临海工业、休（疗）养以及旅游业等的岸线开发条件的制约，广西北部湾将呈现以防城港—北海为主体的沿海湾（岸）分散分布的形态。产业的发展和城市群的建设将使南宁、钦州、北海、防城港发展成为沿北部湾连片的环状或半环状港口都市圈，进而向海域发展，并必将推动离岸式港口和工业突堤组群的建立及人工岛型海上港口、工业城镇的建设。因此，建设宜居、美丽的滨海城市和综合性的港口城市将是防城港城市发展的方向，随着南北钦防都市圈的发展，大工业和大物流园不断地涌进防城港，防城港将迎来跨越式发展的元年。可以预计，2020 年防城港市区人口可达 70 万人，城区人口将达到 25 万人；2030 年市区人口可达 80 万人，城区人口将达 50 万人，发展成为我国的中等港口城市。随着基础设施的不断完善，城市功能的不断加强和完善，产业的发展和成熟，周边乡村人口及外省移民将不断向城市集中，到 2050 年，防城港市区人口将达 90 万人，城区人口将达到 70 万人，并将向大城市迈进。

（6）北海

北海位于广西南部，紧靠北部湾，三面环海，有涠洲、斜阳 2 个海岛，是中国大陆距离中亚、西亚、非洲、欧洲最近的港口城市之一，是一个花园式港口城市，是中国 14 个沿海开放城市之一，对外开放历史悠久，先后与 30 多个国内城市、5 个外国城市结为友好城市，也是广西对外贸易的重要商港。最重要的是北海拥有得天独厚的旅游资源，是我国重要的旅游城市，拥有银滩、涠洲岛和红树林等众多知名景点。从世界版图上看，北海正好处在中国—东盟自由贸易区的中心位置，具有联系中国的西南、中南、海南、越南、东南亚的枢纽和连接作用。北海市已建立了铁路、公路、航空、航海等门类齐全的交通基础设施和立体的综合交通体系，是目前我国西南地区唯一一个同时拥有高速公路、铁路、机场、海港的城市，是大西南出海通道的重要口岸。随着北部湾城市群规划的实施和南钦北防都市圈的逐渐形成，北海的城市综合功能将不断加强，滨海城市、旅游城市、花园城市和宜居城市的头衔让北海充满了商机和活力，必将成为继桂林后广西又一个世界级的旅游城市。2010 年第六次人口普查数据显示，北海总人口 161.75 万人，常住人口 153.93 万人，市区人口 62.55 万人，城区人口为 34.75 万人。预计 2020 年北海市区人口可达 90 万人，城区人口达到 50 万人左右；2030 年市区人口可达 120 万人，城区人口将突破 80 万人，达到中等城市的规模；到 2050 年，市区人口可达 170 万人，城区人口将达到 100 万人以上，迈入大城市的行列。

（7）三亚

三亚位于海南岛南端，是祖国的南大门，地处中国—东盟自贸区的腹地，也是中国面向东盟的“桥头堡”之一，是我国最南部知名的热带滨海旅游城市，是全国空气质量最好的城市，拥有全海南岛最美丽的海滨风光。三亚东邻陵水县，西接乐东县，北毗保亭县，南临南海。陆地总面积 1919.58 平方千米，海域总面积 6000 平方千米，聚居了汉、黎、苗、回等 20 多个民族。2010 年第六次人口普查数据显示，常住人口为 68.54 万人，居住在城区的人口为 28.2 万人。三亚升格为地级市的时间仅 25 年，是个年轻的地级市，但三亚古称“崖州”，建城历史悠久。三亚以其丰富的热带海滨旅游资源而蜚声海内外，基于其独特的旅游资源和城市发展基础，应以国际热带海滨风景旅游城市及旅游度假胜地、国家南部国际经济文化交流平台及门户城市、国际旅游岛（海南省）以旅游综合服务为主的南部及北部湾中心城市为城市发展方向。三亚应以更高的视野，以共建北部湾城市群为契机，以完善三亚—海口—湛江—北海—钦州—防城港—下龙湾—海防—河内环北部湾旅游路线的拓展为依托，推动北部湾城市之间整体网络的形成。积极参与东盟自贸区建设，加强与北部湾地区城市联动与合作共赢，推动三亚成为北部湾城市群的重要增长极。因此，随着北部湾城市群规划的实施，三亚与周边城市的交通基础设施进一步完善，三亚旅游资源和优质生态环境对人口的吸引及城市知名度进一步提高，三亚城市规模将日益壮大。按目前的人口增长率计算，预计到 2020 年，三亚市区常住人口将达 90 万人，城区人口可达 50 万人，迈入中等城市行列，城镇化水平约 60%。2030 年，三亚市区常住人口达 120 万人，城区人口可达 70 万人，城镇化水平约 70%。随着旅游业发育成熟，到 2050 年，三亚市区常住人口可能会突破 130 万人，城区人口突破 100 万人，发展成海南岛上重要的大城市。

（8）儋州

儋州市位于海南岛西北部，濒临北部湾海岸线东部，是海南省土地面积最大、人口最多的县级市，也是海南西部的经济、交通、通信和文化中心，辖区有 17 个镇，有 10 个国营农场（其中 4 个市属农场及 3 个工业园区），海南洋浦经济开发区和中国热带农业科学院、海南大学儋州校区（原华南热带农业大学）均坐落在儋州境内，儋州工农业总产值占海南省的 1/10，是重要的农业城市，经济发达，经济总量仅次于海口市，居海南省第二位。2010 年第六次人口普查数据显示，儋州市区人口为 102 万人，城区人口为 20.57 万人，其中城镇人口为 45.16 万人，城镇化率为 48.44%。儋州市陆海交通发达、环岛西铁路、环岛高速公路横穿市境，海运可直抵东南亚和中国各沿海城市。距离海口仅 135 千米，车程约 2 小时。优越的农业、人口、教育资源、临海的地理条件及与海口市邻近的区位条件，使其成为北部湾城市群的重要中心城市。随着北部湾规划的实施，儋州将以面向东南亚的航运枢纽和物流中心，国家重要的能源和临港工业基地、海南省西部中心城市和旅游服务基地，北部湾地区新兴中心城市为发展方向，同时，依托海口市区与儋州市区沿海岸线交通通道的快速对接、相向发展，以及独特的教育资源，必将吸引外地移民及周边县市、乡镇人口向儋州中心城区集中，城市规模将不断发展壮大。预计到 2020 年，市区人口将达 130 万人，城区人口突破 50 万人，成为北部湾地区重要的中等城市；到 2030 年，市区人口为 150 万人，城区人口可达 70 万人；到 2050 年，市区人口为 180 万人，城区人口可能超过 100 万人，正式迈入大城市行列。

（9）茂名

茂名是广东省下辖的一个地级市，位于广东省西南部，北部湾的东部，是北部湾城市群的中心城区之一，是滨海工业城市。西临湛江，北靠云浮和广西壮族自治区，南临南海，东北距广州 362 千米，西南距湛江 121 千米。全市陆地面积 11458 平方千米，海域面积 75 平方千米。2010 年第六次人口普查数据显示，全市总人口 747.17 万人，市辖区常住总人口达 135.75 万人，中心城区人口 47.53 万人。茂名市是中国华南地区最大的石化基地，为中国南方重要的石化生产出口基地和广东省的能源基地，也是农业经济比较发达的地级市。应加快对外交通快捷化建设与港口建设，加强与粤港澳大湾区和周边省区市的联系，积极承接能发挥劳动力优势和资源优势的粤港澳大湾区转移产业。实施市区西北出口改造，推动茂名与广西玉林及海南湛江的对接，加强茂名与东盟自贸区经贸合作，推动海—湛—茂都市圈的形成，把茂名打造成广东参与东盟合作发展的门户和“桥头堡”。坚持城市向东、向南靠海发展战略，搭建城市发展框架，引导人口、资源等要素向中心城区聚集，做强中心城区，增强中心城区的辐射带动力。城市规模伴随城市的发展不断壮大，预计到 2020 年，市区人口将达 200 万人，中心城区常住人口可达 80 万人，成为北部湾城市群中人口较多的大城市；2030 年，市区常住总人口达 250 万人，中心城区常住人口可达 100 万人；到 2050 年，市区常住总人口将达 350 万人，城区人口有望突破 200 万人，成长为特大城市。

（10）玉林

玉林，古称“鬱林”，地处广西东南部，毗邻粤港澳，面向东南亚，背靠大西南，南接北部湾，经济腹地广阔，是北部湾城市群的中心城市之一，是海峡两岸农业合作试验区。城市建设历史悠久，至今已有 2000 多年州郡史，自古就是桂东南重要的商品贸易中心和重要的商品集散地，也是我国西南地区重要的工业城市，是广西民营经济最活跃、中小企业最密集和农村经济最发达的城市。玉林下辖玉州区、福绵区、北流市、容县、陆川县、博白县、兴业县、玉东新区，总面积 12838 平方千米。2010 年人口普查数据显示，全市总人口 671.23 万人，其中市区常住人口 103.28 万人，城区人口 51.43 万人。随着北部湾城市群规划的实施，玉林应推动“兴业县城—玉林中心城—北流城区—容县县城”和“玉林中心城—博白城区—龙潭镇”沿线城乡城镇带建设。结合珠江—西江经济带建设，形成东西部结合、开放度高的跨省区经济一体化、发达地区带动欠发达地区共同发展新型发展道路，壮大崇左—南宁—玉林—茂名内陆经济带，同时实现往南、东南分别对接北海、湛江的开放格局，充实玉林—博白—湛江—雷州—海口—儋州—三亚城镇密集轴，推动玉林由内陆城市向临海城市转型。玉林在北部湾区域内拥有人口总量大、创业能力强的人力资源优势，也是一个创业型的城市，随着民营经济的壮大和城市建设不断发展，对人口的吸引力将日益增强。预计2020年，玉林市区（含玉州区、福绵区、北流市）总人口将达到120万人左右，城区人口达70万人；到2030年，玉林市区人口将超过200万人，城区人口超过100万人，成为北部湾城市群内的大城市。到2050年，北部湾城市群内交通基础设施将十分完善，各城市的融合不断加速，以玉林市区为中心，50千米范围内容县、陆川、博白、兴业4个卫星城的发展持续加速，玉林的城市不断向周边郊区延伸，城市与郊区的界限不断模糊，玉林与卫星城因城镇带的快速发展而贴近，城乡一体化明显，将发展成为城市人口达300万～500万人的组团式特大城市。

（11）崇左

崇左地处广西壮族自治区西南部，北部湾西北侧的内陆，东北部与南宁市相邻，距南宁109千米，东部与钦州市毗邻，车程约148千米，东南部与防城港市相接，西北部与百色市相邻，西及西南部与越南接壤，处于华南经济圈、西南经济圈和东盟经济圈交汇的中心地带，同时处在“南宁—谅山—河内—海防—广宁”经济走廊上。有国家一类口岸3个，二类口岸4个，边民互市点13个，是我国的边境口岸城市。下辖江州区和扶绥、大新、天等、龙州、宁明5个县，代管县级凭祥市，总面积17440平方千米。2010年第六次人口普查数据显示，全市总人口234.77万人，常住人口为199.43万人，市区人口为36.56万人，城区人口为13.1万人，其中壮族人口占总人口的88.3%。随着东盟自贸区全面建成，东盟国家与中国贸易的绝大多数产品亦实现零关税，中国与东盟国家的经贸往来越来越密切，崇左的边境贸易也将越来越发达。伴随北部湾城市群的发展，崇左将发挥中越经济桥梁和纽带的作用；同时，推动地方性中心城镇主动融入崇左—南宁—玉林—茂名内陆经济带，积极参与桂港、桂台经贸合作以及粤港澳大湾区、长三角等多区域合作；并大力推动凭祥、宁明、龙舟和大新 4 个边境贸易城市发展，不断优化崇左—南宁城镇带，积极推进崇左沿边乡镇与防城港东兴、崇左中心城区经上思与防城港中心城区的对接，加大崇左的沿海开放度。崇左必将迎来经济和城市建设黄金发展期。预计到 2020 年崇左的市区人口将突破 45 万人，城区人口达 20 万人；到 2030 年市区人口达到 60 万人，城区人口达 35 万人左右；到 2050 年将发展成为有 50 万人口以上的中等城市，市区人口将达 90 万人。

表 6－6　北部湾城市群城市等级规模

人口规模	城市等级	2010 年城市分布	2020 年城市分布	2030 年城市分布	2050 年城市分布
1000 万人	巨大型	无	无	无	无
500 万～1000 万人	特大	无	南宁	南宁	南宁、海口、湛江、玉林
100 万～500 万人	大	南宁	海口、湛江	海口、湛江、钦州、茂名、玉林	钦州、北海、三亚、儋州、茂名
50 万～100 万人	中等	海口、湛江、玉林	钦州、北海、三亚、儋州、玉林、茂名	防城港、北海、三亚、儋州、茂名	防城港、崇左
50 万人以下	小	茂名、北海、儋州、钦州、三亚、防城港、崇左	防城港、崇左	崇左	—

6.3.3　合理定位城市群功能

城市群是人们由于生产生活需要而有机聚集的城市群落，城市群的功能定位首先是以其中各个城市的不同功能为基础的，离不开对各城市功能的考察，尤其是其核心城市。米尔斯（1967）曾在他的一篇经典论文中，对决定城市主要功能的要素有过这样的论述：经济体中城市形成的原因主要是工业生产中的规模经济（建立在工业化基础上，工业化和城镇化是一对“孪生姐妹”)，这种规模经济致使工人和厂商在大型的聚合体中聚集，这与传统农业（或多或少地均匀分布在地理区域上）截然不同的聚集，通过一系列因素，使得城市中经济活动规模不断增大、效益提高。这些因素包括：通过厂商间的“交流”提高了应对变化着的国际国内市场条件的反应速度和对新技术的认识与采纳的速度；受市场调节，由工人和厂商各自寻找特定工作岗位和特定技能组合的劳动市场经济；为厂商活动提供更多专业化机会；提供了包括库房、运输基础设施、动力等在内的中间性一般投入。由此可见，规模经济决定于厂商和工人依靠聚集地（城市）一起工作，而这种规模经济适用于生产从这个城市向其他城市或其他经济体出口的商品和服务（贸易性商品和服务）。

同时，人口不断向城市聚集也会产生消费和生产的不经济以及因为人口聚集所致的负外部性，主要包括单个中心城市通勤成本的上升，环境污染、犯罪等，在城市规模不断扩大的情况下，这种规模不经济就会越加明显，最终抵消生产的规模效益，而使得单个城市规模在这种均衡条件下不再扩大。

在单个城市规模受限的情况下，由多个功能各异、规模效率不一的城市构成的城市群情况又将是怎样的呢？国际上的普遍观点是，在追求规模经济的过程中，各种不同功能的城市，在追求各自功能效益最大化的过程中实现专业化分工，它们中的每一个都专业化地生产不同的商品和服务，至少也会使得中小规模的城市在生产格局中高度专业化（Alexandersson，1959；Bergsman，Greenston 和 Healy，1975；J. 弗农・亨德森，1986a)。如果在行业规模经济既定的情况下，不同行业（生产贸易性商品和服务）生产分布在不同城市，不同城市承担不同功能，将不同的行业布局在不同的城市，那么，不同行业在通勤成本和城市空间区域既定的条件下将实现规模经济最大化，避免单个城市因为城市规模扩大导致规模生产的规模效益与消费的不经济及城市集聚负外部性的相互抵消，进而影响城市发展。这从某种意义上说也是城市群之所以蓬勃发展的原因。同时也说明了规模经济地方化而非城市化，地方化经济由该地区该行业的就业（或产出）规模来测定，这样，地方化规模经济对每个行业来说都是内在的，而城市规模经济由城市内的经济活动（人口总量）来测量，城市规模经济对特定行业而言就是外在的，除了城市规模，城市的行业构成不会对特定行业的相关规模经济效益产生影响。对于给定城市规模和相关生活成本而言，形成行业规模效益就是把所有地方性出口就业集中在一个行业内实现规模最大化和经济效益最大化，同时实现当地收入水平的最大化，而就业如果分散在许多行业，那么这种规模效益就不存在了。如果城市规模经济效益成为城市化的一部分，行业规模效益就变得无关紧要了，因为衡量城市化经济总体水平提高与否的是整个城市经济活动总体效率的提高，而非特殊行业的高度集中，所以，对于大部分制造行业来说，其规模经济实质是地方化经济，而非城市化经济（Sveikauskas，1978；J. 弗农·亨德森，1986a）。

那么，城市群之间会不会也存在同样的问题呢？城市群是不是也要合理定位呢？城市群的合理定位是不是取决于城市群的专业化生产呢？首先，城市群相对于单个城市，是一个更大的区域地理范围，之前讨论的城市间专业化程度问题，必须重新考虑，在更加庞大的经济区范围内，不少商品服务在每个城市都能生产和提供，如医疗、养老、住房、零售商品、生活性服务等，这些商品和服务因为运输成本以及获得的便利性等要求决定了其是非贸易的，城市间难以形成大的专业化分工。但是由于一些行业在同一产业链条上，生产上紧密联系，而且行业间因为劳动力和技术流动、通信和服务要求等也发生各种联系，那么对于城市群内大型的非贸易商品部门，其生产的商品就构成了一个商品群。对一个商品群而言它也是专业化的，同样存在规模经济效益。这时，城市群就会存在多个行业，形成多个专业化行业中心，这些专业化生产中心在追求效益最大化（追求生产规模经济和避免消费不经济等）过程中分散在城市群的不同城市（人口聚集地），形成沿不同产业链条分工的专业化生产，城市群内的大部分劳动者在不同行业部门就业，并围绕专业化的行业中心生活。

我国城市群东、中、西部发展不均衡，城市群间发展差异大，发展潜力各不相同，这决定了城市群各自的功能定位必须具体情况具体分析，因地制宜，统筹兼顾。合理定位城市群功能就是从城市群的区域条件、地理空间、城市群发展阶段、产业优势以及区域发展战略等出发，明确城市群功能以及在全国乃至更大区域范围内的区域地位，以最大限度地发挥各城市群优势，在更大的开放领域提升城市群参与国际竞争的能力，以推动整个国民经济的健康发展。总体上，城市群的功能定位包括两个层次：一个是从全国乃至全球范围内对城市群进行功能定位；另一个是从城市群范围内对区域内的各个城市进行功能定位①。

6.3.3.1 全国乃至全球范围内各城市群的功能定位

目前，对于我国城市群该如何布局还存在较大争议，但存在多个城市群却是客观事实。我国长三角、粤港澳大湾区、京津冀等城市群发育相对成熟，在区域经济中各城市群分别承担着怎样的功能？如何科学地对这些城市群进行功能定位？

长三角、粤港澳大湾区、京津冀三大城市群发展的动力、地理条件等都不同，中央政府对三大城市群的功能定位也各不相同。从全球视角来对三大城市群功能定位：长三角是我国综合实力最强的经济中心，功能定位为亚太地区重要国际门户、全球重要的先进制造业基地、中国率先跻身世界级城市群的地区。粤港澳大湾区城市群通过粤港澳的经济融合和经济一体化发展，共同构建有全球影响力的先进制造业和现代服务业基地，南方地区对外开放的门户，我国参与经济全球化的主体区域，全国科技创新与技术研发基地，全国经济发展的重要引擎，辐射带动华南、中南和西南地区发展的龙头，我国人口集聚最多、创新能力最强、综合实力最强的三大区域之一。《京津冀协同发展规划纲要》中对京津冀城市群的整体定位是以首都为核心的世界级城市群、区域整体协同发展改革引领区、全国创新驱动经济增长新引擎、生态修复环境改善示范区。从这三个城市群的功能定位来看，都符合现阶段城市群发展的客观需要，但长三角与粤港澳大湾

① 李圣军. 城市群发展阶段划分及功能定位[J]. 石家庄经济学院学报,2015(4):53－57.

区都定位为先进制造业基地，这种定位是否准确还有待商榷，或者此制造业基地非彼制造业基地，两者还需要更加准确的定位，更需国家层面加以进一步地统筹规划。

6.3.3.2　城市群内部各城市间的功能定位

对单个城市而言，城市群内各城市的功能定位尤为重要。为推动我国城市群的健康发展，合理定位城市群内部各城市功能尤为迫切。

城市群内部包括众多大、中、小不同规模的城市，各城市之间具有不同的比较优势，无论是成熟的城市群还是有待培育的城市群，作为一个整体，对内部各个城市进行相对清晰的功能定位都是非常必要的。城市群中的大城市或者说核心城市，因为历史产业基础地位、国家的政策倾斜等各种原因，对城市群内的各类要素资源有较强的“虹吸”作用，多数情况下，我国城市群中的大城市囊括了所有的产业，集聚大量的要素，出现了“大树底下不长草”现象。同时，城市群内多个核心城市由于功能定位不清晰经常出现各核心城市相互争夺同一项目，导致产业发展与规划以及产业目录不一致，城市群产业发展无特色、不科学，产业同质化严重、布局混乱，形成恶性竞争。城市群的各中小城市迫于发展的需要，也超负荷地争上大项目、多上项目，最终导致产业难以发展，城市缺乏活力，吸引人口与就业的能力弱。合理定位城市群内部各城市功能，同样必须遵循“创新、协调、绿色、开放、共享”的原则。

一是城市群内特大城市或核心大城市的功能定位。首先，特大城市、核心大城市得天独厚、资源富集。例如，北京、上海、大连、深圳等城市，拥有其他中小城市不可比拟的教育资源，多数情况下丰富的教育资源就意味着独特的创新资源、人力资源，由第 3 章分析我国东部城市群时可知，东部城市群最明显的资源优势就是创新资源。其次，核心大城市由于先天、历史的区位优势以及区域地位，比中小城市更加容易获得资金，也为核心大城市进一步在区域发展中占得先机奠定了基础，如更完善的基础设施和公共服务，提供更多诱人的工作岗位，进而吸引更多的人口和产业，成为人口的净流入地，实现城市规模的不断扩张。但同时，核心大城市的承载能力也是有限的，不断攀升的房价、通勤和生活成本、日益拥堵的交通、严重的环境污染等在某些情况下会抵消其优势。无论是大城市的优势还是劣势，都成了城市群中大城市功能合理定位必须统筹考虑的因素。核心大城市丰富的教育、人才、创新、资金等资源使其在功能定位上更多地偏向于城市群的创新中心、科研技术服务中心、教育中心、设计中心、国际经济与贸易中心，成为城市群的核心枢纽。重点布局生产和生活性服务业，如创意产业、金融行业、信息咨询行业、信息产业等，发展总部经济，即使布局了制造业，也应该选择制造业产业链的高端环节，逐渐弱化生产职能，强化服务、管理职能，成为主导产业的研发中心、决策中心，引领城市群沿产业链布局产业，成为城市群发展龙头，带动整个城市群参与市场竞争。同一城市群中，如果有多个核心大城市，则更加需要重视多个核心城市彼此的功能定位，要发挥各个核心城市的资源优势，发挥市场配置资源的决定性作用，推动要素资源合理配置，避免重复建设与恶性竞争，保持城市群内各城市分工明确、功能互补、整体效益高。

二是中等城市（50 万 ~ 100 万人口）。这类城市处于城市群中核心大城市的周围，是核心大城市的卫星城市，在功能定位上要更多地趋向于依靠已有产业基础、区位交通条件以及人力资本等，重点发展服务于特大城市或核心大城市的配套产业，积极与核心大城市对接，推动城际产业联盟发展。既要从客观事实出发，认识到与特大城市、核心大城市之间的各种差距，沿产业链布局生产性的配套产业；又要发挥主观能动性，清晰分析大城市所不具备的土地价格与生活成本相对较低、环境承载能力强等优势，引导资本密集、劳动力密集的装备制造业和能源产业的发展，尤其是与核心大城市配套的零部件生产、物流业等；更要合理利用城市的其他资源优势，探寻适合本城市发展的新兴产业。在积极为核心大城市服务好的过程中，逐渐推动城市产业与人口集聚，有效解决城市人口就业问题，不断提高公共服务水平，推动城市规模健康扩张。

三是小城市或规模较大的乡镇（10 万 ~ 50 万人口）。在我国，多数小城市是县城所在的城市，城市人口相对较少，人才资本匮乏，中西部地区的县、县级市是人口的净流出地，流动人口少，商贸服务业不发达，城市更多的是为周边的农村地区服务，以传统经济模式为主，城市基础设施和公共服务也相对落后，产业集聚力不足。在整个城市群中，小城市和小城镇应发挥自身独特优势，确立主导产业，侧重于发展现代农业、农产品加工业和农业服务业，依托良好的自然资源、生态优势、农村闲散劳动力，发展生活性服务业，建设休闲旅游小镇、农业重镇、商贸物流小镇或养老小镇等。乡镇产业发展更多地要围绕农业生产、农民生活等布局产业；县城根据传统产业、人才基础，加强与大中城市对接，发展城市群主导产业的配套产业，特别是要处理好同级别中小城市的产业分工与产业差异化发展。同时，在城市群中，小城市的独特优势是贴近农村，应围绕农村发展农产品加工业如储藏物流业、面粉加工业等，发展农机维修、农技服务、农业生产要素销售等各种农业服务业。

6. 3. 4　推进区域基本公共服务均等化

经过改革开放前的恢复发展、基础建设及改革开放后的高速发展，2018 年我国人均国内生产总值接近 1 万美元，已经进入中等收入偏上国家的行列（世界银行的标准）。现在就像一个人拉板车爬坡，已走到了上坡的中间段，前期耗掉了大部分力气，再往前走步伐越来越慢、越来越难，但是不进则退，一不小心就会掉入“中等收入陷阱”。其中，收入差距大，收入分配结构不合理是“中等收入陷阱”的主要表现。我国领土面积广阔，区域间的经济社会发展存在着很大的差距，长三角、粤港澳大湾区、京津冀等城市群发达程度可以与发达国家相媲美，中西部地区还有不少欠发达地区。为了推动区域协调发展，避免掉入“中等收入陷阱”，从 20 世纪 90 年代后期起，我国陆续提出了一些促进区域经济协调发展的重大战略。尤其是为贯彻实施区域发展总体战略，加快城市群建设，出台了促进区域协调发展的重大文件，推动形成了一批经济区、经济增长极，为带动区域发展、缩小区域差距发挥了极大作用。最能体现区域差距的是区域基本公共服务水平差距，通常意义上基本公共服务包括教育、基本医疗和公共卫生、基本社会保障、就业等，基本公共服务是人类发展的重要条件，人类发展的本质是人的发展，而人的发展取决于一个国家（地区）的基本公共服务供给状况。基本公共服务水平差距体现在我们社会生活中不同区域存在着教育、基本医疗和公共卫生、基本社会保障、就业等方面的差距，这种差距对促进各类要素资源在区域间自由流动形成约束。因此，推进区域基本公共服务均等化是我国城市群健康发展的重要基础。

党的十八大以来，党中央根据经济发展新常态对我国经济社会发展进行了新的部署，其中，对于提高公共服务水平、公共服务均等化问题尤为重视，党的十八大报告中指出，要加快形成政府主导、覆盖城乡、可持续的基本公共服务体系。要努力办好人民满意的教育，大力促进教育公平；推动实现更高质量的就业；千方百计增加居民收入，要努力实现居民收入增长和经济发展同步、劳动报酬增长和劳动生产率提高同步，提高居民收入在国民收入分配中的比重，提高劳动报酬在初次分配中的比重；统筹推进城乡社会保障体系建设，要坚持全覆盖、保基本、多层次、可持续方针，以增强公平性、适应流动性、保障可持续为重点，全面建成覆盖城乡的社会保障体系；提高人民健康水平，健全全民医保体系。中共十八届三中全会的《决定》以增进人民福祉为出发点，对增加居民收入又着重提出，"形成合理有序的收入分配格局""努力缩小城乡、区域、行业收入分配差距，逐步形成橄榄型分配格局"的重大改革目标，集中反映了我党对推进公共服务均等化的战略思考。

为推进城市群区域基本公共服务均等化，长株潭、粤港澳大湾区等城市群在推进公共服务一体化等方面进行了有益的探索。2009 年起，粤港澳大湾区城市群曾先后出台《广东省基本公共服务均等化规划纲要（2009—2020 年）》《珠江三角洲基本公共服务一体化规划（2009—2020 年）》两大规划，提出从公共教育、公共医疗卫生、公共文化体育、公共交通、生活保障、就业保障、医疗保障、住房保障、生态与环境和现代服务业等多项基本公共服务着手，在资源共享、制度对接、待遇互认、要素趋同、流转顺畅、差距缩小、城乡统一和指挥协调等多个方面，建立一体化的制度和机制。截至目前，长株潭城市群、武汉都市圈启动了居民健康卡与社会保障卡、医保卡、金融 IC 卡、市民服务卡等公共服务卡的应用集成试点，尽快实现长株潭地区以及长江中游城市群“健康一卡通”。

但总体而言，我国城市群及城市群内各城市间基本公共服务还处于参差不齐的状态，有的城市群甚至存在“断崖式”差距，并且由于财力、基础条件以及发展水平等制约，实现城市群基本公共服务均等化任重道远。

第一，完善东部城市群公共服务体系。从城市群体系来看，要充分发挥东部城市群在建设中的强势引领作用，鼓励长三角、京津冀、粤港澳大湾区等发展快的东部沿海城市群加快发展，继续推进各城市群内保障性安居工程建设和房地产市场平稳、健康发展。通过完善城市群内居民住房合理消费的税收和信贷政策，因城施策化解房地产库存。建立租购并举的住房制度，把低收入群体和符合条件的外来人口逐步纳入公租房供应范围，实现“居有其所”。此外，还需率先建立和完善公共教育、公共医疗、社会保障、环境卫生等服务体系，提高公共服务水平，推进城市群范围内基本公共服务均等化，提高整个城市群的整体福利水平，推动经济社会协同发展，建设既能融入全球经济，又能提高城市群内居民幸福感、获得感的世界级城市群，不断提升城市群在全国乃至更广阔区域的辐射带动作用。以东部城市群为辐射点带动中西部城市群可持续地推进区域公共服务均等化。中西部城市群要通过产业转移、加快城市群建设、发展好地方经济来强基健体，调整经济结构，拓展居民增收渠道，提高居民收入，增加财政收入，增强城市群基本公共服务的供给能力，逐步缩小与其他地区基本公共服务的差距。

第二，健全公共财政体制。中共十八届三中全会提出要使市场在资源配置中起决定性作用，更好地发挥政府作用。其中，政府的主要职能包括提供公共服务，相应地必须尽快做好中央与地方事权与财权的调整工作，明确界定基本公共服务的范围，重点明确各级政府在义务教育、基本医疗卫生、社会保障等基本公共服务领域的供给职责和财政支出责任，据此完善财政收入分配体制和转移支付体系，减少专项转移，增加一般转移支付，平衡地区财力，增强基层政府基本公共服务的供给，构建以满足不同区域社会成员公共需要为口径的财政收支体系。要尽快实现全口径预算管理，归口管理用于公共服务领域财政资金，集聚多口径财政资金，做好老百姓关注的基本公共服务事项，推进基本公共服务均等化。

第三，创新推进基本公共服务均等化的对策。基于我国人多地广、人口分散、生存环境多样化、城市群发育程度不一的国情，政府在推进基本公共服务均等化的过程中，要注重因地制宜，创新政策和手段，绝不可拘泥于统一的均等化标准，要区别情况，分类推进。党的十八大以来，我国着力打赢扶贫攻坚战，欠发达地区正着力解决老百姓读书难、增收难、就业难、行路难、住房难、饮水难等六大问题。为巩固扶贫攻坚战的成果，未来仍然既要重视调研，摸清情况，实事求是地从客观实际出发制定适当政策，又要尊重社会成员的意愿及首创精神，把扶贫、开发及民生保障工程结合起来，推进基本公共服务均等化。要重点关注欠发达地区贫困人口与城市群“贫困带”人口享有公共服务的问题，对于居住在自然条件极为恶劣、地理条件极差、生存空间极为狭小、提供公共服务的成本极高的地区，实施“移民让地”工程，发展中西部地区中小城镇，加快推进农村人口市民化，集中解决行路难、住房难、饮水难的问题，集中提供有质量的基础教育、基本医疗等基本公共服务；要引导地方政府制订基本公共服务实施计划，逐步建立基本公共服务标准与经济发展的动态调整机制，提高公共服务水平；要继续大力发展职业技术教育，加强欠发达地区及城市群内困难家庭有劳动能力人口的职业技术教育与技能培训，提高他们的社会生存能力。

第四，推进基本公共服务的供给方式多元化。政府是基本公共服务的主要提供者，在欠发达地区与城市群“贫困带”政府财力有限的情况下，既要坚持政府主导，又要发动社会力量参与，拓展基本公共服务的筹资渠道，探索多元化的提供方式，逐步提高基本公共服务的质量和效率。欠发达地区要依靠国家西部大开发战略实施的契机，发挥主观能动性，充分利用好国家各种倾斜政策，创新人才引进、科技创新、招商引资、产业发展的体制机制，最大限度地吸引各类生产要素集聚，切实转变经济发展方式，提高生产效率与经济发展水平，做大财政蛋糕，增强公共服务供给能力；在政府主导的前提下，要发挥市场机制作用，积极鼓励社会力量和民间资本参与基本功服务的提供，推动政府购买社会服务改革，逐步加大政府向社会力量购买服务的力度，有效形成与经济社会发展相适应的公共资源配置与供给体系，实现有质量的基本公共服务均等化。

第五，加强人才队伍建设。城市群经济社会发展，资源合理利用与配置，人才是关键。我国区域发展不平衡与不同地区对人才的吸引力不同有关系，中西部城市群应更新思想观念，增强开放意识，想方设法吸引与留住优秀人才为本地经济发展服务。要创新用人留人方式，更要重视有理想、有智慧、有能力、有正气的优秀领导人才的培养，为勇于探索的实践者提供发展平台。

6.3.5　增强城市群的吸纳就业能力

我国城市群经历快速发展培育过程，城市群规模不断扩大，人口与产业不断向城市群集中，也带来了城市群就业的大繁荣。本章选取了京津冀、长三角、长江中游、粤港澳大湾区、成渝以及山东半岛六大城市群为考察对象，由于我国统计数据以行政单位为基础，因此，这些就业数据以 2014 年、2018 年城市群内各省的数据为基础整理（见表 6 - 7），用于总结我国城市群在吸纳就业过程中所呈现的主要特征。

2014 年，我国按行业分城镇就业人口总数为 18277.8 万人，六大城市群这项指标占全国的比重为 65%。其中，制造业，住宿和餐饮业，信息传输、软件和信息技术服务业，租赁和商务服务业，居民服务、修理和其他服务业五大行业占全国城镇单位同行业就业人口比重达 70% 以上，其中，租赁和商务服务业比重达 75%，而以乡村为依托的农、林、牧、渔业和采矿业就业人口比重仅分别为全国同行业的 18% 和 37%，其他行业就业人口占全国同行业就业人口比重都在50%以上，就业人口大多集中在制造业和建筑业，其次就是教育和公共管理、社会保障和社会组织行业。对2014年、2018年六大城市群按行业分城镇私人企业和个体就业情况分析（见表6-7），与2014年相比较，2018年六大城市群按行业分城镇私人企业和个体就业人数明显提升，但六大城市群该项指标占全国比重从62.6%已下滑至58.5%。其中，六大城市群中批发和零售业就业人口最多，2014年、2018年分别达到7198.5万人和9838.2万人，占城市群城镇私人企业和个体就业人口数的42.6%和40.3%，该行业吸纳就业人口数最多；其次是制造业，分别占16.1%和12.3%，吸纳就业人口2717.5万人和3007.9万人，处于第三位的是租赁和商务服务业。

同时，根据2013年中国教育在线“中国就业吸引力城市排名”的调查，排名前十位的城市分别为：上海（15.12%）、北京（14.53%）、杭州（8.72%）、广州（7.56%）、深圳（6.40%）、成都（6.40%）、大连（4.65%）、苏州（4.65%）、青岛（4.07%）、武汉（3.49%）、西安（3.49%）、厦门（3.49%）①。这些城市也主要为我国城市群的核心大城市。同时也该调查显示，被调查者选择就业城市时考虑的主要因素为，城市现代化程度如何（47.67%）、大经济环境能否促进个人事业发展（46.51%）、薪酬水平高（42.44%）、信息开放度和流通性如何（40.11%）、气候环境好坏（43.02%）等五大影响因素。伴随户籍改革等人才政策红利的释放，中国就业吸引力城市排名出现很大变化。互联网招聘平台发布的2019年二季度人才吸引力报告显示，应届生最期望就业前往的5个城市分别是北京（6.9%）、广州（6.8%）、成都（5.5%）、上海（5.2%）、杭州（4.7%）②。

---

① 中国城市排行——中国大学生就业城市选择攻略[EB/OL]. 中国教育在线，http://www.eol.cn/html/c/2014jycsph/.

② 蔡世奇. 二季度人才报告：成都在应届生期望工作城市中排第三[EB/OL]. 封面新闻，2019-07-29. https://baijiahao.baidu.com/s?id=1640387003888793946.

表 6 - 7　六大城市群按行业分城镇私人企业和个体就业情况分析

行业名称	京津冀城市群		长三角城市群		长江中游城市群		成渝城市群		粤港澳大湾区		山东半岛城市群		六大城市群合计		全国总计		占比/%	
年份	2014	2018	2014	2018	2014	2018	2014	2018	2014	2018	2014	2018	2014	2018	2014	2018	2014	2018
合计/万人	777.7	1127.5	3660.1	5393.3	1822.7	1826.2	1096	1384.4	2262.23	3666.85	778.2	866.8	10396.93	14265.05	16866.7	24391.9	62.6	58.5
制造业/万人	108.1	118.8	1101.2	1283.3	248.7	206.3	167.5	109.9	379.04	539.84	131.8	120.2	2136.34	2378.34	2717.5	3007.9	79	79.1
建筑业/万人	48.6	61.4	270.8	390.6	76.3	92.3	44.7	91.5	86.95	158.41	40.3	47.9	567.65	842.11	792.8	1176.2	72	71.6
批发和零售业/万人	343	517.7	1471.7	2115.3	919.4	910	592.9	666.5	1093.32	1697.27	421	457.6	4841.32	6364.37	7198.5	9838.2	67	64.7
交通运输、仓储和邮政业/万人	29	39.3	89.3	150.4	47.3	52.1	23.6	34.9	81.42	113.22	22.5	20.7	293.12	410.62	412.4	592.3	71	69.3
住宿和餐饮业/万人	84.3	124.1	195.8	395.7	166.1	240.4	105.9	172.3	187.58	316.51	50.6	77.2	790.28	1326.21	1179.5	2151.5	67	61.6
租赁和商务服务业/万人	119.1	184	327.3	732.4	200	158.4	77.7	193.8	226.47	504.72	58.8	66.9	1009.37	1840.22	1271.3	2273.6	79	80.9
公共管理、社会保障和社会组织/万人	45.6	82.2	204	325.6	164.9	166.7	83.7	115.5	207.45	336.88	53.2	76.3	758.85	1103.18	1026.4	1563.6	74	70.6

资料来源:2015 年、2019 年中国统计年鉴。

推动城市群健康可持续发展的战略重点之一就是增强城市群吸纳就业的能力。城市群是基于广阔的地理空间，由各具特色、功能互补的城市组成的城市体系，产业聚集发展带来人口集聚，成为新型城镇化的主体形态。其中，按照城市发展的基本原理可知，产业与人口集聚是有先后顺序的，只有产业可持续发展，才会有人口的集聚，城市才能繁荣发展，城市群才会可持续健康发展。只有通过以产业发展带动就业，以产业发展促进城市经济发展，才能形成联动、相互促进、良性循环、可持续的城市群发展模式。因此，如何通过产业发展、创新城市群就业制度、增强各城市的吸引力等成为增强城市群吸纳就业能力的关键。

第一，以产业发展促进城市群就业能力的提升。随着《京津冀协同发展规划纲要》的出台与实施，三地产业对接力度呈现日益增强的趋势，产业结构继续优化。据北京市统计局发布的数据，2019 年京津冀地区三次产业构成为 4.3∶34.4∶61.3，其中，第三产业比重比上年提高 1.2 个百分点。北京第三产业占比为 81.0%，天津为 58.6%，河北为 46.2%。京津冀地区也在探索三地就业协调机制，逐步推动京津冀就业协同发展。各省统计数据显示，2019 年，长江经济带沿线 11 个省份中有 9 个经济增速跑赢全国，其中，贵州、云南、江西等 3 个省份保持了 8% 的高速增长。中部各省的制造业能力在某种程度上已经取代了前些年的东部沿海地区，成为新的增长极，而之后一个阶段，中西部地区将继续发挥优势，成为国内增速最快的地区之一。东部省份则更侧重于产业升级，在高新技术领域以及第三产业中表现突出。

受国家着力加强的“一带一路”建设和长江经济带战略的影响，成渝城市群由地处西部内陆的区域，一跃成为具备区位、体制、平台、产业、通道等诸多优势的开放前沿城市群，通过构建起以长江黄金水道、渝新欧国际铁路联运大通道等为支撑的“一带一路”国际贸易大通道骨架，外向型产业基础得以巩固。就重庆而言，2015 年数据显示，重庆已经连续 4 年引进外资超过 100 亿美元，世界 500 强中有 247 家入驻重庆。进出口贸易更是增长了 10 倍，由 6 年前的 60 多亿美元增长到 955 亿美元，已近 1000

亿元。这些数据的背后，不仅反映了重庆对众多客商的强大吸引力，也使得2015年重庆的经济增速实现了10.7%的增长，增速排名第一。因此带来的就业人数也呈现出快速增长趋势，根据2012中国统计年鉴及2015年成都、重庆统计公报整理，成渝城市群2011年城镇单位、私人企业和个体就业总人数为1750.6万人，2015年，城镇单位、私人企业和个体就业总人数达到了2435.0万人，增加了674.4万人，城市群吸纳就业能力的增加与区域政策、城市群内产业协调发展等息息相关。

第二，加强体制机制创新促进劳动力要素自由流动。要通过创新就业机制与就业服务手段，从提高就业服务工作水平入手，探索城市群内就业协调机制，通过就业形势会商、政策咨询、职业指导、职业介绍等形式多样的信息共享，推动城市群统一、开放、有序的人力资源市场建设，破除区域“门槛”，构建公平竞争的市场机制，开放创新创业服务资源，推动劳动力信息资源共享，逐步实现城市群内劳动要素自由流动。同时结合城市群基本公共服务均等化的需要，城市群内各城市要加强就业失业管理、失业保险收缴发放和促进就业帮扶等工作的协调与合作，联合开展高校毕业生就业服务活动，合理引导毕业生按照产业链的分工需要选择心仪的职业，促进城市群内农村富余劳动力在城市群内的自由流动与充分就业，尽快建设城市群内乃至全国劳动保障基金的数据管理体系，保证“五险一金”在不同城市无缝对接。探索推动建立有利于创业就业的城市群共享型金融服务体系，加快发展普惠金融，探索完善银行、保险、证券、信托、创业投资等机构间的合作模式，共同构建包括科技信贷、科技保险、集合融资、融资租赁、担保贷款等在内的创业金融服务体系。

第三，创造良好的就业创业环境。城市群内要逐步推行无区域差别的创业服务。城市群内以行政区划为基础的城市通过人社部门工作一体化发展推进，保持城市群内各城市无差别的就业创业制度和环境。要不断建立和完善公平竞争审查机制，加大对垄断协议和滥用市场支配地位等其他不正当竞争行为的查处力度。城市群内各城市要不断强化跨行政区域的协调能力，建立常态化的协调机制，共同解决创业就业过程中的共性问题，营造良好的创业就业环境。建立同一城市群内无差别的创业就业扶持政策，加大创业扶持力度，符合条件的劳动力，在城市群内各城市都可参加免费的创业培训，享受统一的创业补贴政策。进一步完善简政放权、简化审批流程，完善投资项目在线审批平台建设，最大限度地提高行政审批效率，给予创业者公平开放的竞争环境。完善税收减免政策，城市群内各行政区对创办企业，吸纳符合税收减免条件的人员就业，推行统一的税收优惠政策，鼓励创业者吸纳就业，提升城市群吸纳就业的能力。

第四，增强城市群各城市的吸引力。快捷的交通、便利的生活、高效的工作、优美的环境等都是吸纳劳动力向城市集聚的因素。城市群要通过综合交通体系建设，提高城市群通勤效率，降低通勤成本；要通过城市群内各城市的生活配套设施建设与完善，为居民生活提供便利；坚持以人为本，充分利用现代互联网、大数据、云技术等高科技手段，提高城市群整体运营效率；通过加强城市群各城市利益协调、增加为改善整个城市群生态环境投资、加强城市群生态环境治理，开展全民行动，建设生态城市群，提高城市群各城市对人口与产业的吸引力。

6.3.6 提高城市群的可持续发展能力

根据可持续发展理论，经济可持续发展是城市群可持续发展的条件，生态环境可持续发展是城市群可持续发展的基础，社会可持续发展是城市群可持续发展的目的。

6.3.6.1 城市群可持续发展必须以经济增长为基础

城市群要通过科学发展、技术进步推动经济合理增长，这既是维持城市群人口正常社会福利水平的需要，也是改善和修复生态环境，提升城市群竞争力的需要。我国城市群经历了规模快速扩张和经济高速增长阶段，当前，受国际、国内市场的影响，经济下行压力增大，部分城市群出现了某些产品产能过剩，生态环境严重破坏的现象。破解经济发展难题，推动城市群可持续发展，要求逐步转变经济发展方式，从单纯追求经济增长的数量，解决人口温饱问题，尽快调整到更加重视经济增长的质量和效益上来，让老百姓享有更高质量的经济生活。要加强经济增长质量与效益考核，引导城市群产业发展、基础设施建设、区域规划等城市群建设紧紧围绕以人为本、科学发展，推动城市群发展的质量和效益的提高。

6.3.6.2　城市群可持续发展必须以资源的永续利用和良好的生态环境为条件

城市群经济社会发展不能超越自身资源和环境的承载能力，这是城市群可持续发展的基本条件。城市群经济社会发展所需的资源包含了各类自然资源，如水、空气、土壤、能源矿产以及各类动植物资源等，构成了城市群可持续发展不可或缺的条件。城市群可持续发展必须以自然资源为基础，与生态环境相协调。当前，我国西部地区尤其是西北地区城市群水资源相对匮乏，而东部地区城市群却因快速工业化伴随快速城镇化进程，集聚了大规模的人口与经济活动，资源短缺、环境污染问题严重，如能源、矿物资源严重短缺，工业原材料主要仰赖外部供给；耕地资源数量锐减、被大规模无序开发或非农用占用，水、土壤备受重金属、有机物等污染，城市雾霾成为困扰人们生产生活的难题，解决城市群可持续问题日趋迫切。党的十八大以来，以习近平同志为核心的党中央，以高度的理论自觉和实践自觉，把生态文明建设纳入中国特色社会主义事业“五位一体”总体布局中，我国环境污染治理和生态保护力度的持续加大，城乡环境基础设施建设加速推进，城乡人居环境日益改善，环境保护和生态文明建设取得了突出成绩和长足进步，但必须清醒地认识到，环境保护工作面临的形势依旧严峻，仍然存在诸多问题和挑战。城市群的可持续发展要求经济社会建设必须在保护环境和资源永续利用的前提下进行，以可持续的方式开发和利用自然资源，考虑环境成本，使城市群发展控制在其承载能力范围之内。彻底转变以往“先发展后治理”的经济发展模式，经济发展要有一本生态环境账，要杜绝浪费、减少损失，发展循环经济和使用可替代资源和可再生能源，推进产业绿色发展，实现城市群的可持续发展。

6.3.6.3　推动社会的全面进步是城市群可持续发展的目标

可持续发展的观念认为，发展的本质最终是追求人类生活质量的改善，健康水平的提高，以及为人类创造一个保障人们平等、自由、安全的社会环境。城市群可持续发展是人类可持续发展的一部分，需要通过提高技术、转变观念、改革体制等努力，来实现城市群以人为本的自然—经济—社会复合系统的持续、稳定、健康地发展。

第7章

完善中国城市群发展的途径

7.1　完善以城市群为主的区域发展规划

截至目前，我国各省、自治区、直辖市相继出台了《滇中城市群规划（2009—2030 年）》《青海省城镇体系规划（2014—2030 年）》《胶东半岛城市群和省会城市群一体发展规划》《海峡西岸城市群发展规划》《珠江三角洲地区改革发展规划纲要（2008—2020 年）》《长三角城市群综合交通规划（2010—2020 年）》《中原城市群总体规划纲要》《呼包鄂城市群规划（2010—2020 年）》《武汉城市圈区域发展规划（2013—2020 年）》《长株潭城市群区域规划（2008—2020 年）》等以城市群或经济圈为基础的区域发展规划。党中央提出“一带一路”发展倡议及建设长江经济带、京津冀协同发展等“三个支撑带”布局后，2015 年，政治局审议通过了《京津冀协同发展规划纲要》，明确了京津冀城市群两大核心城市北京和天津的功能定位。2015 年 3 月、2016 年 2 月国务院相继批复了《长江中游城市群发展规划》《哈长城市群发展规划》两个跨省城市群区域发展规划，对推进长江经济带建设、中部地区崛起与振兴东北老工业基地具有重要意义，有利于探索城乡一体化建设和跨行政区城市群协调发展方式。此后，《中原城市群发展规划》《成渝城市群发展规划》《长三角城市群规划》《北部湾城市群发展规划》《关中城市群发展规划》《呼包鄂榆城市群发展规划》《兰州—西宁城市群发展规划》《粤港澳大湾区城市群发展规划》陆续获批。

作为中国特色新型城镇化建设的主体形态，我国应尽快对全国范围内城市密集区或具备城市群发展趋势区域进行系统梳理，分类指导，针对城市群的不同发展阶段、不同区位、不同承载能力以及在区域发展战略中的不同地位等，通过编制和完善城市群发展规划，明确各城市群的发展目标、战略重点、开发方向、基础设施网络建设、生态空间布局以及具体城市的功能定位等，结合现有城市总体规划、土地利用规划、国民经济和社会发展规划、主体功能区规划等，重点推动城市群内资源合理配置、要素自由流动、产业协同发展、城市发展与城市承载力相协调，有效化解“大城市病”以及协调各城市间规划的编制、相互衔接与实施工作。

从具体工作来看，国家层面，要重视大的区域规划的协调统一，对未来城市群发展规律做出更为科学的预判，如要进一步完善全国城镇体系规划、全国主体功能区规划等全国性、指导性规划在主要战略意图表达上的一致性，全国城镇体系规划的我国城市化战略格局重点强调东部沿海对中西部地区的带动作用，提出了“一带六轴”建设，重点强调长三角、粤港澳大湾区对我国西南地区的通道建设，东西向垂直于海岸带的轴带规划成为该规划的重要布局指向。主体功能区规划则依托长期以来的南北经济通道、我国由沿海向内陆阶梯式分布的地形走向形成的大的战略格局框架确定了“两横三纵”城市化格局，正是因为历史、自然的原因，主体功能区规划“两横三纵”城市化格局中纵轴的数量才多于横轴的数量。作为国家层面的两大规划，其目的各不一样，战略重点也不一样，但在主要发展轴线上应该保持一致，这样才有利于形成合力和统一方向，起到正确的指导作用。与此同时，国家层面还需要在推动多规协同的顶层设计的基础上，利用规划拼合法、空间数据信息集成分析、文本对比法以及规划叠加分析[①]等方法，对各项规划进行协同评价，明确共同点和冲突之处，为城市群发展规划与各项规划保持良好的协同性提供依据。当然，国家层面还需要重点明确各项规划编制技术、建设各部门、各行业可共享的规划大数据库、重要建设标准等，推动多规合一，明确城市群发展规划的法律地位，提高规划的科学水平和前瞻性效果。

---

① 郭锐，樊杰．城市群规划多规协同状态分析与路径研究[J]．城市规划学刊，2015(2)．

省级层面城市群发展规划的重点在于做好与国家层面区域政策的衔接，加强城市群承载能力的评价，合理确定城市群规模；明确本区域城市群及各具体城市的发展目标、产业布局、功能定位、生态保护、环境治理等，尤其是要通过规划引领，推动城市群各城市沿城市群战略产业链进行产业布局调整，优化城市群产业空间结构，建设城际产业战略联盟，增强城市群各节点城市之间的经济联系，有效统筹城乡一体化发展。加强与国家区域发展战略对接，尤其是要重视“一带一路”倡议、长江经济带建设、东中西部协调发展战略等与本区域城市群的战略地位的研究，提升城市群开放度与科学发展水平，提高整个城市群竞争力。要重视城市群投入产出效率评价与城市群规划实施情况的评价，监督规划的实施，提高城市群发展的质量与效益。

城市群内各节点城市规划与产业规划要加强与区域城市群发展规划的对接，在城市功能定位、产业布局、生态功能区的划分等方面，保持与城市群发展规划相互衔接，严格执行城市群发展规划，在城市群发展规划的基础上，加强区域内城市间的经济联系。通过科学规划促进城市群经济增长，规划编制过程中还需要重点关注这几个方面：一是要处理好单个城市“碎片化”增长所带来的问题；二是要将土地利用、交通等专项规划与环境、经济、社会平等的目标结合起来；三是强调经济社会规划的同时，也要强调城市设计和跨区域关系重建以及邻里的地点意识等。

7.2　强化综合交通网络的支撑作用

到 2018 年末，全国公路总里程达到 485 万千米，这个超级公路网连接 34 个省级行政区、334 个地级行政区、2851 个县、39862 个乡镇，以及近 70 万个行政村，总长度足以环绕地球赤道 117 圈。我国的公路网有首都放射线公路网、国家干线公路网和那些通向省市、县城、乡村的十分庞大的末端网。其中，首都放射线公路网以北京为中心，由 G101、G102、G103，直到 G112，以及从 G1 ~ G7 的 7 条高速公路组成；国家干线公路网包括11条北南向的纵线高速公路，47条北南向的纵线普通国道，18条东西向的横线高速公路，以及60条东西向的横线普通国道。这些公路网链接我国各大城市群、连通各城市直达70万个行政村末梢，对促进各城市群、城市群内部各城市之间、城市与农村之间的要素流动，起到了重要的支撑作用。自1988年我国大陆第一条高速公路上海至嘉定高速公路的建成通车，我国的高速公路建设开始步入加速发展的快车道。2018年末，全国高速公路里程达14.26万千米，根据《国家高速公路网规划》确定的国家高速公路网，高速公路网由7条首都放射线、9条纵线、18条横线共34条主线以及5条地区环线、2条并行线、37条联络线组成①。

截至2018年底，我国铁路营业里程数达到13.1万千米，最终将形成12条普速铁路大通道，纵横交织、通边达海。其中，“四纵四横”高铁网建成运营，营业里程数3.0万千米，覆盖65%百万人口以上城市。纵贯南北的铁路干线有：京沪线、京广线、京9线、北同蒲—太焦—焦柳线、宝成—成昆线；横贯东西的铁路干线有：京秦—京包—包兰—兰青—青藏线、沪杭线—浙赣线—湘黔线—贵昆线、陇海—兰新线、沪昆线等，以及贯穿东北的哈大线。已形成了上海、北京、广州、武汉、南京、徐州、郑州、株洲、成都、兰州、哈尔滨等主要铁路枢纽城市。近几年高速铁路的快速发展，彻底改善了多数城市的交通条件，但依然难以适应经济社会发展以及新的国家重大战略部署的需要。因此，中国铁路总公司在2019年初召开的工作会议上指出，2019年主要重点工作是完成长三角一体化、粤港澳大湾区、海南省和成渝城市群铁路规划，并且启动交通强国铁路先行中长期铁路规划修编前期工作和“十四五”规划研究。启动交通强国铁路先行中长期铁路规划修编前期工作是贯彻落实党的十九大战略部署，建设交通强国建设战略要求，同时，使我国铁路网络建设与国家近两年公布的长

---

① 关注《国家公路网规划(2013—2030年)》[EB/OL]. 中国公路网，http://oldweb.chinahighway.com/zt/zt_new.php? id =466.

三角一体化、粤港澳大湾区、海南自贸港、陆海新通道建设等新的重大战略相适应。

2018 年末，全国港口拥有万吨级及以上泊位 2444 个，中国十大港口入围全球排名前 20，上海港 TEU 的集装箱吞吐量连续第 9 年稳居全球第一。水路国际运输航线和集装箱班轮航线往来 100 多个国家和地区的 1000 多个港口，民航国内通航城市 230 个，通达港澳台地区及 65 个国家（地区）的 165 个城市。我国应根据经济社会发展需要，鼓励企业“走出去”，进一步拓展全球的交通网络，连通全球各大城市群，凝聚全球要素资源，建设包容、开放、创新的世界级城市群。

城市群发展的目的是推动生产要素自由流动与优化配置，实现以点带面、以线到片，构建区域经济一体化发展格局，而要素流动的通道之一就是交通基础设施。近两年，我国交通基础设施将国内发达地区与欠发达地区城市群或经济圈紧密联系起来，同时，“一带一路”建设也将带动沿线各国和地区交通等各类基础设施建设，把蓬勃发展的亚洲经济圈与欧洲经济圈连接起来，激发全球巨大的经济潜力和市场需求，开创经济全球化广阔前景，打造世界经济发展新引擎。

强化综合交通网络的支撑作用重点在于推进交通复合布局和积极推进群域交通一体化。

推进交通复合布局。由于在综合运输通道上，客货出行有过境交通、对外交通和境内交通三种形式，为使综合运输通道能适应不同的出行需求可采用多通道布置，即设置与主要高等级公路平行的专门供区内出行使用的次要通道。复合通道布置模式可提高子区域间联系道路的时效性和可靠性，以形成快速、高可靠性、大容量的子区域交通系统。

积极推进群域交通一体化。以人为本，从细节入手，通过对城市群综合交通体系的科学规划，完善公共交通体系，发展综合交通，建设智慧交通系统，推动智慧城市建设，破解大城市交通拥堵的难题。

积极推进群域交通一体化还在于充分体现各种运输方式技术经济特征和比较优势，合理配置、集约利用运输线路资源，衔接优化各种运输设施空间布局，统一推进重大交通基础设施建设，着力畅通群域综合运输通道，扩大交通网络覆盖面；要加快推进城市群间、城市群内各城市间交通基础设施的互联互通，加快城际铁路建设，高效衔接大中小城市，改善农村交通基础设施，建设城乡一体化交通网络，统筹城市群城乡一体化发展；大力发展高速铁路，预计到“十三五”末，实现高速铁路连接所有省会及50万人口以上的城市，对全国90%以上人口覆盖的目标将基本实现①，“十四五”期间应加大力度规划好城市群之间尚未联通的大通道，如将“渤海海峡跨海通道”纳入“十四五”规划，推动山东半岛城市群和辽中南城市群的直接互联互通；推动各种交通方式间的无缝对接，推动旅客运输“零距离换乘”、货物换装“无缝衔接”和交通运输一体化建设；加强国家级综合交通枢纽建设，完善枢纽结构，推进沿边重要口岸建设，改造客运站，优化中转设施和集疏运网络，推进铁路、公路、民航、水路点线协调发展。

7.3 搭建区域创新平台

城市起源于人口、产业的集聚，产业集聚发展成为产业集群，产业集群与城市互动发展，推动产业沿产业链在各城市集聚，各城市的经济往来不断密集，人流、物流、资金流、技术流、信息流不断增大，城市间逐渐实现连片发展，形成城市连绵区或城市群。围绕城市群主导产业以及城市群大规模消费者需求，各类创新呈现出明显的区域化特征。创新以产业集群为载体，产业集群以城市群为载体。区域创新体系发育经历创新主体发育阶段、连接形成阶段、网络化发展阶段和系统成熟阶段等四个发展阶段。①第一阶段。城市或某个区域因为某种优势吸引企业在该区域“落户”，一些企业逐步完成自身资本积累与区域外部各类技术资源联系加强，企业有了提升其市场竞争力和自身强烈的技术创新需求，但企业自主创新

① 《中长期铁路网规划(2008 年调整)》。

力以及该城市或区域能给予的技术支撑条件非常有限，此阶段为创新主体发育阶段。②第二阶段。随着区域企业和为企业提供各类技术服务的机构的增多，企业基于参与市场竞争的需要，开始寻求与区域内外院校、科研机构的技术合作，区域内以创新为主的内联关系开始形成，形成区域创新连接，但这种关系相对而言并不系统，有时甚至只是基于现实需要出现的偶然关联，此阶段为连接形成阶段。我国中西部地区多数以传统产业为主的县级城市甚至一些主导产业不明晰的中等城市还处于第一、二阶段，工业不发达城市更是处于第一阶段。③第三阶段。随着企业（创新主体）沿产业链叠加发展，各类创新要素连接也不断增多，各类创新主体之间的互动越来越密集，相互间关系交织，形成创新网络，但创新要素的自由流动还受制于以行政区划为单元的各类体制机制的约束，创新网络所具备的巨大创新潜能难以释放，这时政府对创新网络的形成、区域创新平台建设以及创新潜能的释放起着重要的推动作用。我国成熟的城市群以及正在发育形成的城市群区域创新正处于第三阶段，正在由个体创新向网络创新转变，但影响区域创新体系的各类体制机制还有待改革。通过改革，逐步释放区域创新潜能，把城市群建设成为区域创新的沃土，推动区域创新体系迈入第四阶段。④第四阶段。创新要素通过成熟区域创新平台实现自由流动，创新主体能自发地借助创新平台进行及时、有效互动，相互呼应，创新活动非常活跃，创新活动已超越集群、产业及行政区划边界，形成以平台为依托的创新特征，创新整体效应明显，城市群集聚人口与产业的能力发挥到最高水平。例如，随着我国电子商务的发展，我国逐渐实现了由“WTO + 外贸”向“互联网 + 内需”的转变，很多区域借助淘宝，实现了从传统产业直接跳跃到创新型产业集群。通过互联网实现了生产线与消费者直接交流与反馈，实现了市场边界扩大化、产业链协同化、生产制造个性化、功能主体企业化、产品品牌化、消费信息反馈便利化、创新平台共享化等，推动了产品与产业集群的转型发展，据阿里研究院统计，阿里目前已成为一个创新主体异常活跃的平台，诞生了 100 个在线产业带，2018 年全国淘宝村达 3202 个、淘宝镇达 363 个，淘宝村呈现裂变式扩散、集群化发展的特征，这些全新的产业集群主要集中在长三角城市群及广东、福建、河北、河南、湖北等省份。据预测，未来随着互联网金融和电商物流的进一步发展，云计算、大数据的应用，“互联网 + 产业集群”的模式将推动形成生产、批发、零售的全供应链发展，形成全新的产业云，为以城市群为载体的区域创新体系提供无限空间，打破区域创新体系的行政边界限制，有利于发挥市场配置资源的决定性作用，实现创新要素、资源在类似创新平台上畅通无阻地流动，形成“大众创业、万众创新”的繁华景象，那些处于区域创新体系发展第一、二阶段的城市及城市群有可能会快速发展，直接跳跃到区域创新体系的第三、四阶段。

要推动城市群区域创新体系建设，搭建区域创新平台，重点要发挥政府的作用。一是城市群发展规划要充分考虑各种创新要素内聚力和排斥力，把产业协同发展与区域创新体系建设做同等考虑，产业协同发展是区域创新体系建设的基础，区域创新体系是产业协同发展的驱动力，两者互为条件，相互作用。二是加大研发投入，创新的原动力来源于市场竞争压力，要在发挥市场配置资源决定性作用的前提下，加大研发资金的投入力度，提高城市群研发人员的研发能力和劳动者素质，推动形成有区域特色的原创城市群形成。三是要科学研究制定引导城市群发展的政策，发挥政策对创新要素的撬动作用，提高创新主体自主创新的积极性；各类政策要在破解要素自由流动壁垒、与城市群产业产生联动性效应上发挥作用；要注重弥补城市群市场失灵与资源有效配置，使城市群产业创新形成稳定收益。四是加强企业家培养。熊彼特（1934）认为，企业家就是“创造性破坏”。自主创新成果转化为现实生产力的关键，在于企业家的培养，城市群要营造浓厚的人才培养氛围，尤其是通过对创业创新一线的企业家的培养，造就一大批具有战略眼光、敢于冒险、勇于创新和承担社会责任的优秀企业家。城市群内由于产业关联和地理临近，企业家之间的活动频繁，技术传播与技术创新通过企业家之间的正式或非正式交流实现传播，推动企业间相互学习、相互提高，有利于城市群形成良好的创业创新氛围与创新文化，推动技术转移与自主创新成果转化。城市群内的科研院所、大学等应用领域的技术研发也离不开良好的创业创新氛围，知识共享与低交易成本技术转移等都是在良好的创业创新氛围中完成的。最后，城市群要根据产业发展需要，搭建专业创新服务平台，如建设高水平孵化园区、科技园区、高水平学校、产业化平台、科研机构、技术创新中心、专业实验室，要充分利用大数据、云计算等技术手段，建设知识共享平台，推动知识传播便利化、技术推广快捷化。

7.4　增强城市群产业发展的协同效应

我国领土辽阔，区域差异大，产业因资源禀赋与区域政策的影响，形成了东部沿海以轻工业和知识技术密集型产业为主，中西部地区以传统重工业及制造业为主。但城市群内部产业重复布局、结构雷同、专业分工不合理等问题，导致城市群资源配置效率低下，城市间形成恶性竞争，产业发展不均衡、不可持续。要实现我国城市群可持续发展，产业协同发展是重中之重，这包含两个层次的协同发展，一是各城市群要科学定位好城市群的主导产业；二是各城市群内部要围绕主导产业，形成城际产业发展联盟，推动产业协同发展。

7.4.1　科学定位各城市群主导产业

7.4.1.1　东部地区城市群

东部地区城市群因地处沿海具有良好的区位优势，经济基础雄厚，创新资源丰富，成为全国经济最为活跃的前沿阵地。主要城市群有京津冀、山东半岛、长三角、粤港澳大湾区、海峡西岸等五个城市群。东部地区城市群中的北京、上海、广州、天津等核心大城市拥有全国最好的教育资源，能吸引高层次人才集聚，传统工业基础良好，但存在因多年粗放发展所带来的环境污染严重，环境治理压力大，以及原材料、资源相对匮乏等弱势。因此，东部地区城市群产业发展的重点在于加快推进传统产业升级与技术改造，发展知识技术密集型和高档消费品行业，开拓发展战略性新兴产业，加强供给侧结构性改革，提升产品品牌效应，推动产品朝高、精、尖方向发展，以满足更高层次的国际国内需求。要充分发挥区位优势和利用好“一带一路”倡议，处理好国际、国内两个市场，发挥外引内联和对内、对外辐射作用，建设和发展好自贸区和经济开发区，继续做强对外贸易，积极参与全球产业分工合作，引领全国乃至全球经济。要着力发展海洋经济，逐步将海洋产业发展成东部沿海城市群率先发展的支撑产业。要发挥教育资源和创新资源优势，建设为全国输送高层次人才培养基地，打造“技术洼地”和技术孵化地，大力发展为全国输送技术、提供咨询和信息服务的生产性服务业，引导我国产业向中高端水平迈进。

7.4.1.2　中部地区城市群

中部地区城市群主要包括长江中游城市群、中原城市群和晋中城市群。中部城市群主导产业包括能源、原材料加工、装备制造业、战略性新兴产业以及传统农业等。随着中部地区交通枢纽地位的形成，综合交通条件不断改善，长江经济带建设等的重要战略机遇，相对较好的环境承载能力，为中部地区产业发展奠定了良好基础。中部地区城市群要充分发挥已经形成或即将获得的优势，不断提升传统工业技术水平，推动传统工业绿色发展，积极发展循环经济，优化产品结构，提高产品质量，延伸产业链，为东部城市群产品朝高、精、尖方向发展提供更为优质的原材料。加强传统能源产业技术改造，不断提高能效，减少环境污染，把去产能与优化能源结构结合起来，提升能源消费档次，布局全球能源互联网。按照《中国制造 2025》，推动中部地区城市群装备制造业自主发展、开放发展，不断提高制造业的自主创新能力和国际竞争力，提升自主设计水平和系统集成能力，突破共性关键技术，建立具有世界领先水平的现代装备制造业体系。加快推进以新材料、新能源、新一代信息产业、生物医药、节能环保等为主的战略性新兴产业发展。要大力发展现代农业，提高动植物遗传育种技术、自主创新和农业机械化水平，提高农业生产率与商品率，促进粮食和其他经济作物稳定增长，推进城乡统筹，把中部地区城市群建设成为中国现代农业示范区与粮食主产区。合理布局东部地区向中部地区转移的产业，提高承接产业生产效率，降能降耗，防治环境污染，确保这些产业有效承接。

7.4.1.3　西部地区城市群

西部地区包含呼包鄂榆城市群、宁夏沿黄城市群、关中城市群、兰西城市群、天山北坡城市群、成渝城市群、黔中城市群、北部湾城市群、滇中城市群等 9 个城市群，除成渝城市群、关中城市群、兰西城市群外，其他城市群工农业基础都相对薄弱，城市群规模小，功能不完善，科技与教育资源相对不发达。西北部地区气候干旱、西南地区多山区，农业发展的重点在于因地制宜发展特色农业，稳定粮食播种面积，扩大绿洲农业，植树种草，培育水源，加强草原牧区建设，有序发展畜牧业，稳步提高农业发展的质量和效益。工业基础较好的成渝城市群、关中城市群和兰西城市群，要充分发挥现有产业基础，加快推进传统产业转型升级和技术改造，结合“一带一路”倡议，城市群产业基础，科学定位好城市群的主导产业，减少重复建设，主动对接周边接壤国家产业，积极化解过剩产能。要发挥呼包鄂榆城市群、天山北坡城市群、关中城市群等能源、矿产资源储量丰富，清洁技术、清洁能源、煤炭深加工技术的优势，充分利用好“丝绸之路经济带”建设的大背景，积极拓展国外市场，开展与周边国家能源部门的对接合作，转移产能，实现能源“走出去”，同时，要不断提高能源资源的附加值，为东部地区城市群输送更清洁的能源与资源。

7.4.1.4　东北地区城市群

东北地区是我国最大的商品粮基地，石油化工基地，重型机械、运输机械、动力机械生产基地，是全国的老工业生产基地，曾经为我国建立独立自主的工业体系和国民经济体系做出了重大贡献。辽中南城市群拥有钢铁冶金、装备制造等工业优势以及强大的城市经济与港口优势；哈长城市群拥有石油、机电、汽车、石化等产业优势和临近俄罗斯、朝鲜半岛等地缘优势，还具备中国最北端独特的旅游资源，为城市群产业发展奠定了良好的基础，但要推动城市群产业走向良性发展，实现与全国其他区域协同发展，不仅要做好主导产业定位，更要注重城市群产业内部的协同发展。需要积极参与全球产业分工，以全球化的视野，引入城市群匮乏的各类稀缺资源，培育和发挥现有产业优势，优化城市群产业结构和推动企业重组，实现老工业基地振兴。要在积极化解传统工业产能过剩的同时，越过传统工业的某些阶段，以高技术武装传统产业，推动传统工业与信息产业高度融合，实现传统工业产业升级，打造更加强大、更有竞争力的东北重工业中心；积极发展现代农业，巩固国家商品粮生产基地地位，优化粮食产品结构，提高产品质量，提升粮食产品的市场竞争力；发展有东北特色的旅游产业，加大旅游产品的宣传力度，培育有竞争力的接续产业；发挥大型国有企业集聚大量人才、技术等方面的优势，积极推动国有企业与供给侧改革，植入新的发展理念，充分调动人的积极性，发挥老工业基地的主观能动性，推动军民融合，做强装备制造业；要发挥东北地区良好的教育资源优势，调动企业、高校、科研院所以及有技术基础的科研人员参与创新的积极性，创造有利于创新创业的良好氛围，发展有技术优势的新兴产业。

7.4.2 构建城市群城际战略产业链

我国城市群工业发展多数依托于各城市地方政府建设的经济开发区，以经济开发区为载体，推动产业集群发展，但受政绩考核的影响，我国各城市地方政府在片面追求政绩的过程中实行声势浩大的招商引资，多数城市只考虑怎么把产业项目落地自己的城市，很少考虑该项目在本区域内适不适合，符不符合城市产业发展规划，产业配套是否完善，与主导产业是否冲突等。城市群普遍缺乏产业规划及城市群内各城市功能规划，同时，城市群规划缺乏法律约束力，其中的产业规划部分更是形同虚设，城市群内部缺乏对各城市产业布局的刚性约束，导致城市群内各城市产业间空间、生产联系少，产业间关联性不强，在争夺国家优惠政策的过程中，同一城市群内各城市不得已采用了所谓的“飞地经济”，形成了城市群外产业联系大于城市群内产业联系的现象。

我国著名城市专家连玉明教授认为：“城市群区别于城市的特点，就是在集聚的过程中形成了分工与协作，形成了资源的优化配置。在这一过程中，要素进行了新的流动和配置，这必然会形成包括产业和空间在内的城市链，链条越长，城市群的价值空间就越大。这种分工和协作就是要不断地在城市群中衍生新的产业链条，延长城市的价值链。”王钰辉认为，“城市群的发展必须以产业为依托，以产业群夯实城市群发展基础。”①

城市群如果能使不同地理位置生产要素和产业结构的各级城市承担不同的经济功能，就能保持内部经济协调发展，进而实现在区域范围内单个城市无法达到的规模经济和集聚效应②。城市群的竞争表现为经济发展能力竞争，而这种竞争又直接表现为产业链的竞争。城市群内部分工与合作，以及城市间良好的产业布局都是建立在产业链基础上的，城市群根据产业链不同价值环节，以及产业价值链各环节的专业化要求，将产业链各环节科学布局到更加符合产业发展需要的不同城市，实现城市间由以单个企业为主的竞争向聚集众多单体企业的产业链竞争转变，形成城际产业链，因此，构建城市群城际战略产业链是推动城市群产业协同发展的关键。

从产业演进的角度来看，传统产业布局主要是以区域区位比较优势和资源禀赋差异为基础，形成产业垂直分工，不同产业因为不同区域的区位优势及资源禀赋在空间上处于分离状态，城市分工表现为产业分工，并形成清晰的产业边界，专业化形式表现为部门专业化，如石油、纺织等工业部门。而新型的产业分工逐渐与城市群发展紧密结合起来，城市群成为产业分工的承载体、推动者及导向者。城市群的发展，使得城市间的产业分工逐渐由传统的部门间分工发展为部门内的产品间分工，以及同产业不同环节的分工，这种分工还表现为城市分工，产业间边界越来越清晰，同产业不同环节在空间上的分离；随着城市群的发展，交通及地理对产业发展的约束越来越小，产业开始表现为按产业链不同工序、环节以及功能模块

① 王钰辉．城市群与产业集群协同发展[EB/OL]．光明网—光明日报，2014－07－19．http://epaper.gmw.cn/gmrb/html/2014－07/19/nw.D110000gmrb_20140719_3－05.htm.

② 王召东，樊俊锋．中外城市群发展及其对中原城市群的启示[J]．重庆大学学报(社会科学版)，2007(3)：11－16.

的功能化分工。相同经济活动企业为实现自身利益最大化，必然会寻求经济活动的优区位来获取经济集聚效益，按照循环因果累积原理在有这种优势的地区集聚。同样，产业链各环节为获取区域产业分工效益，具有不同经济特点与追求各自优区位的产业链环节趋于分散到符合其发展需要的地理空间或城市。正是在产业链企业优区位和产业各环节循环因果累积空间的共同作用下，推动产业链各环节按照适合其经济活动特征的需要分别布局或配置到特定区域或城市。城市群由于其广阔的空间，城市间距离临近，经济来往紧密，经济活跃与强大的产业承载能力，其提供的空间几乎可以囊括产业链的所有环节，产业链表现为明显的完整性。同时，产业链的完整性也反向推动了城市群内各城市间的联系愈加紧密，城市的发展愈加依赖产业链整体竞争力的提高，产业链整体竞争力强的城市群，城市群内城际产业分工越科学，城市群可持续发展能力越强。因此，要构建城市群城际战略产业链，推动城市群可持续发展。

第一，要明确城市群城际战略产业链。要加强对城市群中现有产业链系统的考察与评估，全面认识城市群内产业链，明确城市群战略产业链。这种相对完整的城际战略产业链既不宜过多也不能太少。太多，难以整合，不能突出产业优势，难以形成有竞争力的战略产业链，太少则难以满足城市群可持续发展需要。

第二，沿战略产业链推动产业整合。产业链整合的本质是把处在分离状态的产业进行调整、组合和一体化。建立在有明确战略产业链基础上的产业整合就是产业协同发展的依据。通过对城市群战略产业链环节中的主导企业进行引导，主导企业按照“经济利益最大化”原则，调整、优化与相关企业关系，使产业链各环节关联企业协同行动，不断提高整个产业链的运作效能，最终提升整个产业链的竞争能力。由于各企业在企业对优区位选择和循环因果累积空间的作用下，选择适合其经济活动特征的城市集聚，从而推动以产业链各环节企业协同发展为基础的城市群产业协同发展。在沿产业链推动产业整合的过程中，要吸收发达国家城市群的发展经验，把产业整合与城市群中各城市功能分工相结合，实现城市群内各城市错位发展。对于城市群内有强大教育资源与科技资源的核心大城市以及核心城市的中心城区，重点发展处于产业链高端的设计、研发、个性定制、营销及总部经济等环节，核心城市郊区及周边临近中小城市发展处于产业链中端的制造、配套生产、仓储物流等环节，而处于产业链末端原材料与能源提供环节，受资源禀赋等因素的影响，应布局在有这些资源优势的中小城市。推动产业协同发展与城市错位发展同步进行，实现城市群可持续发展。

第三，培育和发展产业链各环节中的主导企业。“火车跑得快，全靠车头带”，产业链中主导企业的存在是产业链发展的基础，主导企业一旦形成，就需要大量的配套企业为其提供生产服务，与相关企业发生各种生产关系，推动关联企业与配套企业集聚发展，形成产业集群和具有战略特点的产业链。产业集群发展推动城市经济快速发展，产业链中的产业集群间协同发展与城市间因产业集群的分工形成城市错位发展，在相互促进、相互推动、产城互动过程中，形成城市链，最终形成城市群。城市群城际战略产业链具有明显的完整性，这里所说的主导企业在城市群内跨城市的产业链各环节（研发设计、生产、销售及售后）都存在，并且要有强大的引导作用，分布在不同区位或城市的主导企业要保证城际沿产业链形成产业战略联盟，实现跨城市产业协同发展。由于主导企业在沿产业链推动产业协同发展中起到了关键性作用，加强战略产业链中主导企业的培育显得尤为重要。因此，城市群战略产业链一旦确定，就要通过对产业链同类型企业的约束来提高企业的集中度，支持和鼓励处于产业链相同环节的龙头骨干企业扩大市场实力，增强对市场价格的控制力，获取最大的垄断利润，在同产业环节取得一定的垄断地位，成为有强大引导力的主导企业。同时，要加强产业链的纵向整合，引导产业链上的主导企业通过对上下游企业采用产量或价格控制，迫使其接受一体化的合约，实现沿产业链的产业利润最大化。此外，还要鼓励在城市群区域范围内，各城市主导企业通过与产业链关联环节的主导企业结成战略联盟，共同提升整个产业链与主导企业自身竞争力，实现各城市间产业协同发展，实现城市群内各城市产业的科学分工与紧密协作。

7.5 推进城市群重大基础设施的共建共享

支撑城市群正常运转的重大基础设施包括交通体系、能源供应、水利、信息网络、城市污水与生活垃圾等，这些基础设施对人民的生产生活必不可少，同时却存在明显的外部性。城市群作为一个区域整体，要求各类重大基础设施要形成系统的、互相协调的有机整体。但现实中，由于基础设施建设投资本身的特点，城市群内重大基础设施建设投资热情不同，城市间重大基础设施难以实现共建共享的局面。其中，交通、能源、供水、信息网络服务等在城市生活中能产生直接经济效益，政府与企业对这类基础设施都有较大的投资兴趣，但由于其存在外部性，城市只考虑自身利益而忽视城市群整体利益，城市群基础设施缺乏整体规划与协调机制等，要么造成严重的重复建设，区域整体利益下降，如相邻两个城市在同一区域建设各自的自来水厂，要么出现城市群内各城市主体从各自利益出发相互扯皮的现象，难以形成区域一体化，如相邻行政区域两个城市之间出现的“断头路”现象。而城市污水处理、排水管网建设、区域环境保护等具有明显外部性，增加投入后短期内难以产生直接效应，城市群内各城市主体的投资热情相对较低，对这类重大基础设施建设的投入相对缺失。城市群内各城市主体各自为政的规划与建设，致使这类基础设施建设落后且缺乏协调，如各城市的垃圾焚烧厂一般建设在各自的行政边界处，在城市经济发达地区，城市间已相互融合，但由于行政区划阻隔及地理条件的原因，有些区域在临近区域建设了分属两个城市的垃圾焚烧厂，难以实现资源整合，产生了较高的运营成本。

要保证城市群可持续发展，必须统筹推进城市群能源供应保障体系，水利基础设施体系，区域网络基础设施、城市污水与生活垃圾等为城市群发展提供支撑的重大基础设施的共建共享。

一是要建立城市群层面的政府协调机制。我国各级政府按照行政层级管理各级行政区域，城市群是跨行政区的地理区域或经济区域，缺乏法律意义上的行政协调能力，我国各地城市重大基础设施在管理和建设上主要是以行政区划为主的地方政府管理，城市群区域基础设施建设、运营与管理中矛盾多发，配套落后，迫切需要建立城市群层面的区域协调管理机构和设立城市群管理基金，由区域协调管理机构重点牵头区域规划制定，协助规划实施，协调执行规划过程中产生的各类矛盾纠纷，使区域重大基础设施从规划、建设到管理、运营都处于城市群协调机构的掌控范围。城市群区域协调管理机构根据城市群规划要求，科学制订基础设施建设计划，为区域内需要多个城市共同决策、共建共享、共同管理的重大基础设施建设搭建平台，确保多城市共同参与、科学协调多方利益，实现城市群公共利益最大化。

二是要推动城市群重大基础设施建设与运营管理市场化改革。当前我国城市基础设施建设与社会主义市场经济体制、城市经济社会及城市群的发展要求还有较大的差距。在交通路网建设领域，我国尝试过 BT、BOT，这些公司合作方式对推动我国基础设施建设，吸纳社会资本参与建设投资取得了很好的效果，但也产生了不少矛盾、问题。2014—2015 年，我国政府已在水利设施、市政设施、交通设施、公共服务、资源环境等多个领域基础设施建设中推广 PPP 合作模式，鼓励各类社会资本通过特许经营、政府购买服务、股权合作等多种方式参与建设及运营，这有利于推动区域基础设施建设与运营的市场化，也为推进重大基础设施建设与运营管理跨地区、跨行业经营，规模化、集约化积累了更多经验。

三是促进城市群基础设施规划和管理一体化。基础设施共建共管共享，首先需要建设不同行政主体之间的区域协调管理机制，在实践操作中，区域协调管理机制还要在促进不同基础设施之间规划、管理的一体化中发挥关键作用。区域协调管理机构牵头组织编制城市群发展规划，明确城市群的功能定位、战略重点、发展方向，牵头组织各城市的专业职能部门共同编制各项基础设施的专项规划，既要保证城市群发展所需的专项规划科学编制，也要保证各专项规划之间、各专项规划与区域发展规划的统一。城市群各专项规划编制中要充分考虑城市群未来发展规模、城市联系需求、产业布局特点以及资金筹集方式，科学编制规划实施步骤与时间，尽力满足城市群现实发展需要，要做好各城市主体利益协调，以确保各项专项规划实施到位。要通过破解多头管理、管理真空等问题，推动城市群基础设施运营管理一体化与管理综合化。建立同一资源由同一部门统一管理模式，如设计水资源管理的防洪、供水和污水处理，可建立区域性水务管理部门统筹水资源管理。

7.6 构建城市群资源利用和环境保护的共同管理体系

随着我国城市化进程加快，各城市规模快速发展，城市对土地、水、能源等各类资源的需求日益旺盛，但资源浪费与利用却同时存在，城市发展过程中“重发展轻环保”的思想，使得城市以及快速崛起的城市群生态环境不断恶化，环境保护、资源开发利用等问题日趋区域化。无论是发育成熟的长三角城市群，还是京津冀、粤港澳大湾区、环渤海湾等发展速度较快的城市群以及正在培育的城市群，都面临着日趋严重的环境保护和资源合理利用开发考验。就土地资源开发利用而言，我国出台了严格的土地管理法，土地资源利用开发是由我国各级国土资源部门统一监管，城市建设用地由国家对省市的土地年度开发建设总量控制，并实行全国耕地保有量平衡计划。但在实际操作中，城市土地开发利用还是问题多发区域。由于各省市城市化进程的快速推进，建设用地指标中的定额控制指标涉及的行业不能涵盖《国民经济行业分类》（GB/T4754—2002）中的所有行业，而各行业的用地要求是不一样的，对有些行业缺乏指导，不利于实现集约用地，造成土地资源浪费或不符合行业发展要求。虽然建设总量严格，但在实际操作中，随着城市中心城区征地难度增加，开发成本的提高，资本流向近郊及副中心城市，造成大量的城中村，土地资源浪费严重，城市及城市群建设普遍存在“摊大饼”现象。

同时，由于资源利用与环境保护都具有经济学意义的负外部性以及客观上的跨区域性，这种负外部性表现为在城市群范围内各城市主体以行政边界为界限管理各自行政区域的公共事务，土地资源与能源以行政边界为限开发利用，其负外部性管理相对简单，但对大气、水等造成的环境污染，因为其本身的流动性、跨区域性，城市群内以城市为边界的各微观个体活动在所属区域内实现各自最大利益过程中产生的环境污染，随着跨区域流动而不需要承担污染治理所需的成本，污染的负外部性致使在城市发展过程中，城市各利益主体出于私利，完全可以不考虑环境污染对区域、公众造成的影响，并通过污染后的大气、水的流动将治理成本转嫁给其他城市或城市群或更为广阔的区域。基于这种负外部性的存在，城市、城市群、更大区域范围的大气、水等生态环境污染情况将日趋严重，如果不加治理，就会出现“公地悲剧”。例如，长江经济带是中国新一轮区域开放开发战略，依托的是主要内河——长江，长江水资源总量约 1 万亿立方米，流域跨 11 个省级行政区，是我国最重要的水资源，不仅承担着流域沿线城市水资源供给任务，更是担负着我国“南水北调”任务，水资源保护开发利用在我国具有战略意义。在这种跨流域水资源开发利用过程中，流域水污染外部性管控积累的经验相对较多，城市群资源开发利用与环境保护管理体系建设可参考此类经验。

传统的条块分割管理体制，人为地将系统、完善的生态环境分割开来，多头管理，资源利用和环境保护难以实现“统一规划、合理开发、统筹管理”。因此，治理跨区域环境污染需要“铁腕”手段，更需要科学构建城市群资源利用和环境保护的共同管理体系。

第一，要准确认识城市群发展规律，避免资源浪费。城市群是一种客观存在的地理现象，不是地理事物。城市群概念主要来源于对这种城市聚集区的观察，城市群没有固定的边界、衡量指标。我国城市群发展有其自身发展特点，城市群土地等城市发展所需载体资源的利用与开发则要注重因势利导、因地制宜、集约利用、谨慎节约。紧密围绕满足城市间联系类别、联系强度、联系距离的需要，确定城市群发展战略重点，土地资源的开发利用必须紧靠城市群发展战略需求。当前，我国已发展成型的长三角、粤港澳大湾区、京津冀城市群，北京、上海等核心大城市繁华大道、舒适的居民小区与城中村并存，通过城中村改造，可以盘活中心城区土地存量，提高土地利用效率，建设集约型城市。承载能力不够的中心城市，要科学合理安排建设用地，把产业、人口向周边副中心转移和修建、辐射与沟通副中心的低成本智慧交通结合起来，极力降低城市间的通勤成本，节约土地资源，要对副中心承接产业、人口转移所需土地资源做科学预判，提高土地资源配置的科学性。

第二，加快推进与城市群管理需求相适应的管理体制改革。要正视城市群现象对原有按行政区划的资源利用和环境保护行使的行政职能的挑战。城市群现象更多地表现为城市间经济社会联系距离变短、联系强度增大，人流、物流流动增快，在一个城市工作，在另一个城市居住，白天在中心城区工作，晚上在远郊副中心居住，城市群内人口对资源的消费总量可能变化不大，但消费在空间和要求上是不断变化的，资源的供给、开发利用要适应消费变化。同时，在城市化进程稳步推进的情况下，人口、产业大量向城市区域集中，核心城市人口数量扩张、产业规模扩大，污水、垃圾集中处理量也会随之增大，必须增强中心城区污水、垃圾处理能力；人口在城市群中小城市及小城镇就地城镇化，还需尽快增加小城镇污水、垃圾集中处理基础设施建设。当前，我国中心部多数中小城市，尤其是小城镇，原有的供水与供能管网、垃圾处理、污水处理设施匮乏或严重滞后于城市化，有的小城镇更是缺乏对应的职能管理机构。因此，要加快推进与城市群管理需求相适应的管理体制改革，建立管理能力可覆盖整个城市群的资源供给及环境保护职能机构。要加快对现有管理体制改革，理顺同一城市的资源利用和环境保护相关管理体制，搭建城市群内各城市相同管理职能机构共同参与决策的平台，整合管理资源，解决城市间处理相邻边界环境污染及资源利用中存在的扯皮、推诿问题，推动这类覆盖面宽，责任、利益无法明确分割的区域性公共事务共同管理。探索建立与城市群资源利用和环境保护管理需求相适应的共同管理基金，统筹城市群城乡环境污染管控。

第三，建立城市群资源利用与环境保护共同管理体系。城市群资源利用与环境保护涉及城市群内的每一个利益主体，每一个利益主体的需求都是不一样的，并且跨区域，使得城市群资源利用与环境保护管理呈现出复杂性。城市群内资源利用与环境保护涉及的主要主体包括：生活在城市群内的各类公众（第一类主体），因各类原因对资源既造成破坏又要合理利用的资源开发者、因生产等原因对环境造成污染的企业（第二类主体），行使资源合理开发利用与环境保护管理的政府职能部门（第三类主体），资源利用和环境保护相关法律的制定者（第四类主体）（见图 7－1）。

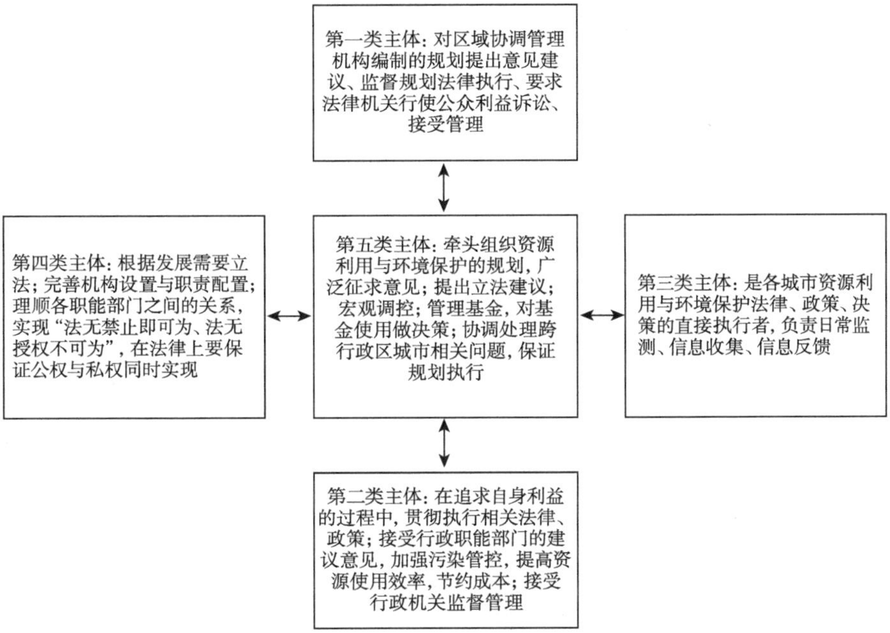

图 7－1　城市群资源利用与环境保护共同管理体系

第一类主体既是资源的使用者、环境污染者，也是对资源和美好环境的需求者，因此，资源利用与环境保护的相关政策、决策与之紧密相关，有参与决策的迫切需求；第二类主体从某种意义上来说是资源环境的破坏者、被管理者，各类政策和决策的执行关系到其切身利益；第三类主体是政策决策的执行者，是管理者与被考核者；第四类主体是间接管理者，也是管理环节中管理权力最高的主体。城市群的跨区域性还需要引入第五类主体，即区域协调管理机构，这个主体既是管理者，也是协调者、组织者。我国现行行使资源利用与环境保护行政职能的主要部门有国土、农业、林业、水利、城管、环保、税务、移民等，横向管理部门多；各级行政职能部门按照行政区划负责本区域内资源利用与环境保护，实行条块分割管理。构建资源利用与环境保护共同管理体系就是要打破条块分割、各自为政、互不买账，造成公众利益受损的局面，在原有的四类主体基础上，增加进行横向、纵向联系的第五类主体，并明确各自的权利与义务，实现城市群区域资源利用和环境保护管理力量全覆盖。

第8章

推进中国城市群发展的对策建议

8.1　完善推进城市群发展的组织体系

城市群虽然是一种现象，但也可以看成是一个由自组织系统、自组织系统与关联他组织系统组成的复合系统。复合系统包括经济、社会、资源、环境、公共服务等多个子系统，复合系统介于宏观与微观之间。要完善推进城市群发展的组织体系，可以从系统论的角度分析一个怎样的组织体系可以保证城市群可持续发展。城市群的自组织系统特征表现为同一区域多个城市经济社会的协调发展，也就是城市群整体系统与各城市子系统，各城市子系统之间协调发展。通过不断协调发展和进化，逐渐形成具有自身特色结构和功能的系统。经济社会发展的协调机制主要包括市场机制、政府干预机制、第三方组织机制以及这三类机制的协调，在各类协调机制的共同作用下，城市群内各城市通过发挥各自优势，实现彼此间以及城市群与外部他系统之间的物质、信息、能量交换，自组织系统自我协调，化解内部冲突，冲破彼此的束缚，形成相互促进、和谐统一、互利共赢、结构稳定的城市群复合系统。在自系统协调机制作用下，进一步推进经济、社会、人口、资源、环境等子系统向更高层次发展，推动整个城市群系统不断蜕变，形成整体利益最大化的良性累计循环的最佳发展趋势。

在此，按照巴纳德的系统组织理论，论述如何构建一个满足城市群发展需要的组织体系。

一个处于进化状态的城市群，其内部存在各城市以及各城市的企业、政府机关、学校、医院、公共事业单位等多种类型的组织，这些组织需要相互协作，并且是城市群发展不可或缺的正式组织，而要使城市群成为整体协作系统，必须满足三个要素：协作的意愿、共同的目标和信息联系。按照组织理论，所有的正式组织中都存在非正式组织，就正式组织与正式组织中的非正式组织而言，两者在协作中相互作用、相互依存。由于城市群是由多个城市集聚构成的一个松散的组织系统，各城市发展目标往往与城市群整体目标不一致。对于这种个体目标与组织目标不一致现象，巴纳德提出了“有效性”和“能率”两个原则，建立和完善城市群组织体系，同样必须把握这两个原则。“有效性”原则是当城市群这个组织系统协作成功，顺利实现城市群总体目标时，这个城市群系统就是“有效性”的，这是城市群组织系统存在的必要条件。城市群的“能率”是指城市群内各城市自身目标的满足程度，城市群的协作“能率”是各城市能率综合作用的结果。

根据以上论述，城市群要实现“有效性”，就必须建立一个可以提出整个城市群总体目标，并能组织内部各城市围绕城市总体目标运转的指挥中心。这个指挥中心就是上一章提到的区域协调管理机构，区域协调管理机构就是为城市群建立的系统运转中心，这个机构在职能上能够对城市群内各城市的经济社会活动进行协调，指导整个城市群协调运转，实现城市群整体目标。区域协调管理机构在城市群中的主要职能有：

第一，搭建信息交流的平台。城市群协作“有效性”的关键在于区域协调管理机构在城市群内部能否建立起上情下达、下情上达双向有效的信息交流沟通（对话）平台，这个平台不仅能保证城市群区域协调管理机构的指令顺利下达和执行，还要保证区域协调管理机构能及时掌握作为决策基础的准确信息。

第二，促成每个城市为整个城市群发展付出必要的努力。也就是说，每个城市都要有协作意愿，或者说是每个城市对城市群总体目标做出贡献的意愿。各城市真正具有实质行动的协作意愿来源于其对贡献和诱因的合理比较。其中，贡献是指各城市对实现城市群总体目标做出的有益活动和牺牲。诱因则是指为了满足城市自身发展的需要而由城市群发展所带来的有益效应。当诱因大于贡献时，各城市才会有协作意愿。因此，城市群作为组织，要实现城市群总体目标，只要条件许可，就要针对各城市不同的需求来增大诱因，最大程度地满足各城市的发展需求，最大限度地争取各城市为城市群发展总体目标做出贡献。

第三，规定城市群的总体协作目标。首先，城市群作为一个组织系统要图发展就必须有明确的发展目标，这个组织目标是城市群内各组织协作的基础。其次，城市群不仅应当有发展目标，而且这个目标必须为城市群各城市所理解和接受，并有相互协作的意愿，只有这样，才能将目标转化为整个组织的统一行动和决策。再次，就各城市而言，对于城市群总体目标的理解可以分为协作性理解和城市个体性理解。协作性理解是指各城市能站在城市群整体利益立场上客观地理解总体目标，城市个体性理解是指各城市站在城市本身利益立场上主观地理解总体目标。因此，区域协调管理机构的重要职能就是向各城市传达并使之接受总体目标和统一对总体目标的理解。最后，必须区分好城市群总体目标与各城市目标。如何协调总体目标与各城市目标的差异也是区域协调管理机构的重要任务。与此同时，城市群实现可持续发展，还必须适应不断变化的环境，并随着环境的变化对城市群发展的总体目标进行及时的调适。

城市群作为一个组织系统，其可持续发展必须依赖于内部各城市利益平衡和外部适应。

要实现城市群内部平衡和外部适应，区域协调管理机构作为城市群的指挥中心，必须具有一定法律意义上的权力，以及指挥运转过程中积累的组织权威。这种权力是基于法律授权而存在于城市群内部的一种“秩序”，是使各城市服从于整个城市群协作体系要求的力量以及争取城市群内“不关心区域整体”的微观利益主体的客观权威。城市群区域协调管理机构要充分利用法律授权，科学运用各类管理协调机制手段，建立能及时掌握城市群各区域经济社会发展准确信息的动态监控系统，根据所掌握的信息及时作出正确的判断，并能争取到城市群内部各城市的配合与合作，以实现整个城市群系统协作的“有效性”。

城市群协作“有效性”还取决于各城市个体对城市群总指令接受的程

度。按照巴纳德对个体服从组织管理的分析，各城市主体承认区域协调管理机构指令的权威性并乐于接受指令需满足四个条件：

第一，各城市主体指令的执行者能够真正理解指令。这种指令可以是经过广泛征求意见的城市群发展总体规划，实现城市群整体利益的总体目标，目标清晰而准确。

第二，各城市主体相信指令与城市群发展方向是一致的。这是各城市主体对区域协调管理机构权威的认可，是建立在对区域协调管理机构信任的基础之上的，区域协调管理机构本来就是为城市群发展而存在，关键是其要通过“法律授权”以及努力获得这种权威。

第三，各城市主体认为指令与城市本身利益并不矛盾。各城市主体之所以愿意为城市群总体目标而努力，并不是因为把城市群的总体目标当作城市个体目标，而是因为城市群总体目标的实现有助于各城市自身目标的实现。因此，区域协调管理机构发出指令必须要考虑各城市主体目标，并且不能与各城市本身利益相冲突。

第四，各城市主体有责任并且经过努力有能力执行指令。由于区域协调管理机构有“法律授权”，各城市主体在“法律授权”范围内有承担与其行政权力相关的责任，并在区域协调管理机构的指导下执行指令。

这种区域协调管理机构可以是专业的，也可以是综合性的，但建设的目的都是推进城市群经济社会协调发展。国家可根据城市群发展需要，探索建立一级城市群协调管理机构，授权城市群区域协调管理机构解决城市群交通系统运行效率、交通一体化以及多模式区域协调等，授权区域协调管理机构对城市群区域空气质量、土地使用规划进行评估和协调，对城市群公交一体化项目评估、对城市群经济发展提出建议、进行城市群人口统计和经济预测以及推动投资方面的协调，在条件许可的情况下可授权牵头编制城市群发展总体规划以及专项规划等，推动各城市发展目标与城市群总体目标一致。

8.2　创新城市群治理

推动我国城市群可持续发展，迫切需要改变我国经济建设和社会发展“一条腿长、一条腿短”的状况。随着城市群的出现，人口从农村快速向城市群流动，跨区域社会管理问题严重滞后，亟待创新。

我国的社会管理模式源于计划经济体制下以管控为主的管理模式，人、财、物等都带有行政区划的身份特征，人口相对固定。这种模式与计划经济相呼应，社会结构简单，公众诉求相对单一，传统管控手段能实现维持社会稳定的目的。但随着我国社会主义市场经济体制的建立，城市经济的快速发展，人口向城市集中与跨区域流动，城市群形成。核心超大城市面临严重的“大城市病”、中心城区高密度的人口、产业，迫使我国以城市为中心的传统治理模式不得不向城市群治理转型。以京津冀地区为例，北京是全国的政治、经济、文化中心，是中国的首都，由于承载着太多的经济功能，交通、环境等压力不堪重负，必须加快疏解以经济为主的非首都功能，因此，2015 年 3 月，我国高级别会议研究出台了《京津冀协同发展规划纲要》，集中反映了我国社会治理从以城市为核心向以城市群为主的转变。但这种城市群治理也将迎来前所未有的挑战，面临诸多现实问题。一是由于人口被疏解，人口密度降低，如何给更为分散的低密度人口区提供有效的公共服务；人口越分散，公共服务的边际成本越高，如何保证城市群范围能提供低成本、高效率的公共服务。二是人口、产业向副中心迁移，趋于低密度分散分布，需要更多的土地资源，容易造成土地资源浪费，同时中心城区与副中心主要交通干线将变得更为拥堵，环境污染更加难以控制。三是随着人口、产业等各类经济资源外迁，是否会导致中心城区陷入经济衰退，同时，由于中心城区经济衰退与财政危机，可能会导致中心城区居民就业以及原有的社会保障与社会福利无法获得满足[①]。

① 王旭，罗思东．美国新城市化时期的地方政府——区域统筹与地方自治的博弈[M]. 厦门：厦门大学出版社，2010：254－271.

所有这些问题都对我国原有的社会治理方式提出了新的挑战。

美国面对这类治理问题，强调以政府为中心，在原有政府层级的基础上重新组建一级大都市区政府的主张从20世纪初一直延续到60年代。这个主张要求建立一个边界清晰的大都市区政府，在大都市区范围内实施统一的发展规划和财政制度，提供统一公共服务。这种主张由于改变了政府之间的结构关系，在美国几乎没有成功的案例。所以，探索有利于区域性问题解决的治理模式一直在路上。城市群由于边界模糊，缺乏法律上的行政区划，解决各类区域性问题就显得尤为困难。在现有体制情况下，以问题为导向，以科学治理为核心，积极发展各类社会组织，推动政府与社会合作，鼓励公民、社会私营部门和非营利性组织积极参与到城市群事务中来，探索有中国特色的城市群治理模式应该成为社会治理的重要课题，以寻求城市群范围内城市问题解决办法，促进核心大城市与副中心城市、城市与郊区共同繁荣。

第一，有序疏解核心大城市的部分功能。我国城市化阶段还远没有达到发达国家出现的“逆城市化”现象，并且在一个人多地少的大国，“逆城市化”现象是否符合我国经济社会发展需要，还有待认真深入的研究。城市化进程中，多数城市群明显地表现为“一城独大”，城市群中的核心大城市集中了城市群区域的多数人口、技术、产业等，中心城区经济增长高度依赖传统工业，呈现出明显的工业化阶段性特征，城市内交通拥堵、卫生状况下降、环境污染问题加剧，形成了“大城市病”，成为苦苦困扰核心大城市政府的难题。但同时，必须清醒地认识到，随着知识经济不断发展和服务型经济的兴起，我国北京、上海、深圳等城市的经济要素发生了极大的变化。据统计，2018年，北京市服务业对经济增长的贡献率达到87.9%；其中，金融、科技、信息等优势行业占地区生产总值的比重超四成，贡献率合计近七成。软件产业规模达10913.3亿元，产业规模首次突破万亿元，占第三产业GDP比重排名第二，仅次于金融业，对全市经济发展的支柱作用进一步加强。上海第三产业增加值占上海市生产总值的比重为69.9%；深圳第三产业占GDP比重也达到了58.8%，战略性新兴产业增加值占地区生产总值比重为 37.8%。这些城市的信息技术产业、服务型经济快速增长正在不断瓦解传统经济。化解这些超大城市的“大城市病”，转移中心城区传统工业，疏解中心城区人口，推动城市经济的空间结构由工业时代的单一中心向后工业时代的多中心结构演变，发展城市群经济，应该成为我国经济发展的重要内容。

我国《京津冀协同发展规划纲要》中已明确提出要疏解北京的“非首都”功能，把北京建设成为全国的政治文化中心、国际交往中心、科技创新中心。北京大学政府管理学院教授杨开忠认为，调整疏解非首都核心功能，应当在发挥市场机制决定性作用的基础上，按照集中与分散相结合的方式，着力调整政府机构自身或政府举办之公共事业的区位[①]。从北京产业结构来看，有序疏解“非首都”功能，部分人口、低端制造业等疏解出中心城区，对北京 GDP 总量影响不大，并且有利于推动北京经济转型升级，集中精力发展高技术产业和服务业，通过这些产业的发展创造大量新的就业，提高单位面积经济效益，保持中心城区经济稳定。

第二，中心城区再开发。美国大都市区治理经验表明，大都市区通过单纯地强调控制核心大城市人口增长，保护本地居民利益，或者片面追求对农田和生态环境保护，而不深入发展问题的实质，是不可能取得理想成效的。因此，他们提出了“精明增长”，认为，要以法律和财政手段，规制土地利用方式和住房建设标准，约束因基础设施建设而导致的城市无序蔓延，引导资源投向中心城区再开发、再发展。

我国经济正逐步向后工业时代迈进，产业结构正由低端向中高端发展，随着有序疏解核心大城市人口、产业的进行，人口、产业转移后可腾空大面积的区域，要防止中心城市区因人口、产业向周边副中心转移而趋向衰退，进而出现美国大都市区发展过程中的“冰雪带”与“阳光带”此消彼长的情况，因此提前研究和加强中心城区再开发利用问题是非常必要的。

---

① 邓琦，金煜，饶沛. 京津冀协同发展规划纲要获通过[EB/OL]. 人民网，2015 - 05 - 01. http://politics.people.com.cn/n/2015/0501/c1001 - 26935006.html.

要在启动部分功能疏解的同时启动中心城区再开发规划的编制工作，并力求坚持这样的原则：

①坚持采用紧凑型建筑设计。由于中心城区再开发利用的土地成本远高于城郊以及副中心，要吸引投资用于中心城区再开发，必须保证土地集约利用，降低开发成本，推动城市更新，向集约、高效城市发展模式迈进。未来在这些地块建设类似于东京六本木、巴黎拉德芳斯等城市综合体可能会成为开发的首选方式。

②坚持增加住房数量和选择空间。我国北、上、广等超大城市，多数实行严格的住房土地投放数量，限制住房数量增长，导致城市群的核心城市房价年年攀升，中心城区住房成本居高不下，一方面限制了人才的竞争，让有能力为城市发展做出更大贡献的人望房价而却步；另一方面造成了极大的社会不公平，土地开发商利用稀缺土地资源不断提高住房价格，受益的是本地拥有住房的居民，提高了外来人口的门槛，并让新进居民承担高昂的增长管理政策成本。通过对中心城区再开发利用，增加住房向市场投放的数量，有利于稀释房价，增加居民对住房的选择空间。

③坚持交通优先。发展可供选择的综合交通，减少劳动力通勤成本。

④培养社区共同意识，打造有特色和有吸引力的新型社区，推动和引导社区和谐发展，提高中心城区的整体吸引力。

第三，发展城市群经济，积极参与全球经济竞争。我国正在跨入后工业时代，按照沃利斯的分析，由于后工业经济的流动性，城市群内多个中心之间形成了一种新的、更为复杂的相互依存关系。一方面，高度专业化的服务业在城市群核心城市集中，赋予核心城市现代企业必需的关键性的控制功能；另一方面，对区域经济的替代进口功能来说，必要的企业生产性活动已让位于副中心的高技术走廊，从而使副中心城市间同样存在因聚合性的经济竞争而日益增强的相互依赖①。城市群内核心城市中心城区与

---

① Wallis, “Evloving Sturctures and Challenges of Metropolition Regions”. 王旭，罗思东. 美国新城市化时期的地方政府——区域统筹与地方自治的博弈[M]. 厦门：厦门大学出版社，2010：254 - 271.

其郊区之间因竞争而不断进行资源整合，彼此调整产业结构，以适应发展的需要，同样，核心城市与周边副中心城市之间、副中心城市之间、副中心城市与其他核心城市之间、核心城市与核心城市之间，乃至全国城市群之间以及全球相关国家和地区之间，都存在这种激烈的竞争，并呈现复杂的竞争关系。因此，城市群的发展必须有全球化的视野，正确认识经济全球化给城市群发展带来的挑战，具体包括：一是未来市场是人力资源的竞争，人力资源优势就是竞争优势，城市群必须开发利用好自己的人力资源；二是获得最大可能的成本优势，城市群必须在降低产品和服务成本上下功夫；三是城市群必须更为有效地使用有限的投资。未来威胁城市群竞争力的因素主要还来源于高昂的居住成本；由于工作地点与居住地点分离所带来的通勤、环境和社会成本；城市群空间结构变化对原有投资环境的损坏；社区治理能力；城市群内各城市间、居民之间收入差距越大，经济竞争力就越小[①]等；因此，城市群发展要加快建设综合立体交通，完善联系各城市的交通基础设施，提高城市群社会治理能力，促进区域治理能力现代化，优化投资环境，降低居民生活成本等；发展城市群经济，提高城市群在全球范围内的竞争力。

第四，形成有效的跨区域治理。城市群发展意味着需要统一市场，促进公共服务均等化，打破一切阻碍城市间人流、物流、信息流自由流动的各类藩篱。通过城市群内各城市地方政府间的协作以及建立各类符合发展需要的公私合作关系，推动城市群建立有效的区域治理模式。一方面，建设服务型政府，政府在城市群治理中做牵头引导作用，城市群规划编制、执行，城市之间各类矛盾的化解，城市居民收入差距的缩小，棚户区改造等都离不开城市群内各级政府的主导作用，政府在城市群治理中承担着非常重要的作用；要根据城市发展需要启动行政层级调整，优化行政结构，摒弃有些城市以村镇为单位的碎片化管理模式，推动同层级政府部门交流

---

① Herry G. Cisneros, "Regionalism: The New Geography of Opportunity." In Kemp, Forms of Local Goverrnent, p. 323.

合作，合理解决城市群区域性公共事务；另一方面，政府必须积极引导社会资本、社会组织、公众积极参与到城市群治理中来，城市群重大项目通过听证、社会风险评估，引导社会公众参与项目决策；城市群的重大项目在建设之初，要积极宣传，广为传播，吸引社会资本参与建设；政府还有通过引导社会组织建设，为城市群发展建设筹集资金，参与公共服务供给等，建立有效的公私合作伙伴关系，推动城市群治理不断满足发展需要。此外，还应该在城市群层次设立灵活多样的专门投资基金，包括因某些项目需要的临时性基金、按照各城市经济规模大小或财政收入多少直接出资设立的基金、由银行以授信方式设立等虚实结合的城市群发展基金。投资基金主要在统筹城市群产业布局、基础设施建设、公共服务体系建设、生态补偿等具有区域外部性的项目上发挥积极引导作用，突出城市群主体地位，推动城市群的全面协调可持续发展。

8.3 改革和完善相关体制机制

城市群的发展涉及各城市不同的行政区，包括数量众多、形式不一的利益主体，是我国改革开放后城市经济快速发展的产物，是一个相对新生的事物。我国城市群的建设和发展必将对当前各项政策形成挑战，从客观事实出发，城市群的建设需要环境政策、财税政策、人口管理政策、行政管理政策、土地政策等一系列的政策保障。从城市群建设和发展的需要出发，我国必须改革和完善现有的行政考核机制、行政管理体制等，提高行政服务效能，强化城市群主体地位，使城市群成为一个相对完整的经济主体。

8.3.1 完善行政考核机制

从城市群的角度来看，影响城市群发展尤其是城市群产业协同发展的行政考核机制主要是唯 GDP 和财政收入的官员考核方式，以往这种行政考核机制导致各地强化对经济发展规模的追求，弱化对经济发展质量的关注，使各城市各自为政，从行政区划的角度考虑经济发展、产业布局、政策优惠等行政问题，而忽视了城市群整体发展对城市本身的促进作用。事实上，从人口流动来看，随着城市化进程不断推进，交通基础设施不断完善，人口在城市群范围内流动变得越来越便利，人口流动变得越来越区域化。这个过程使对经济发展的考虑越来越难以局限于单一行政区划意义上的城市。对城市群核心大城市而言，由于城市规模为超大城市，中心城区提供了数量非常多的就业岗位，而这些岗位本身的性质决定了不同岗位有不同的收入，产生了收入分级的现象。收入分级自然而然会导致居住分级，因此，在我国如北京、上海、广州等超大城市，中心城市地价高，中高收入群体会选择距离工作地点较近或教育资源丰富、小区环境好的高端小区居住，低收入人群则不得不在通勤成本和居住成本之间权衡，有很多人在距离工作地点远的副中心城市居住，或者在中心城区的这个行政区工作，在另一个行政区居住。因此，人们在交通发达的前提下，选择在中心城区就业，在周边副中心城市居住就成为一种常态。这时，城市的行政边界从人口流动上来说已经被打破，附属在以人为征收对象的税收关系就变得多样化，税费的征收因为人口的流动也打破行政边界，必须根据不同税种，考虑是按照居住地还是就业地点的属地来征收。从产业布局来看，城市群内相邻城市之间由于地理上的临近，很容易形成相似的先天自然禀赋条件，如果后天发展的过程中没有统筹的产业布局或产业政策引导，则容易导致相互间产业结构同质化发展。要实现一定区域经济效益最大化，减少无序竞争和不必要的内耗，就必须打破行政边界，从城市群的角度来统筹考虑区域产业布局，出台产业调整政策，引导各城市产业科学合理布局，实现城市错位发展，减少相邻城市之间的恶性竞争。在认识城市群发展趋势的基础上，必须完善现有相关体制机制。

要建立科学的绩效考核方式。未来我国经济发展要依靠创新驱动，而创新源主要在城市、城市群。因此，要从城市群或城市的角度出发，加快设计一套从中央到地方的城市群考核制度。国家层面要设置以地理单元为基础的五年一次的人口与经济普查，在此基础上，合理划分城市群，设置城市群的统计指标，考核每个城市群的发展绩效；要通过建立科学的统计单元，明确统计指标，推动城市间互利共赢、协同发展；要探索建立区域协调管理机构，并将机构纳入政府部门考核范围，考核其区域性事务协调能力、城市群产业协同发展、区域性公共基础设施建设推动能力以及为实现区域公共服务均等化所做的努力。要加强对各城市政府在执行城市群规划、各专项规划以及城市群区域协调管理机构下达需要配合落实政策、执行行政指令的考核。同时，考核方式要科学化，考核目标要多元化，城市群发展过程中由于各城市承担着各自不同的功能，有的重点发展制造业，有的重点发展服务业，有的建设创新型城市，有的建成生态文明城市，因此，多元化的考核目标更符合城市群各城市的功能定位。

8.3.2 调整财政税收政策

城市群内多个城市间经济联系紧密，经济发展表现为区域一体化。推动城市群发展，实现区域市场一体化，人流、物流、信息流自由流动，首先需要解决的是行政分割与区域一体化之间的矛盾问题，这个问题表现为地方保护、财税利益分配等问题。而城市群作为一个跨行政区的经济体，城市群的发展必须着力于调整目前以单个行政区为单元，追求自身财政收入最大化的财政考核方式或激励方式。通过编制城市群区域发展规划和各专项规划，城市群内各城市产业发展方向要保持与城市群产业发展规划一致，并逐步按照规划进行调整，在这种产业调整的过程中，就整个城市群而言，有利于提高整个城市群的经济竞争力，但却使多个城市因原有产业转移而导致税收转移，影响城市的财政税收收入和发展利益，致使其执行城市群规划的积极性降低。这就要求科学协调城市群各城市财税利益分配，要使财税分配与城市群内各城市功能定位，产业分工相一致，要与各城市产业调整阶段相一致，合理有序地推动城市群内各城市产业分工与功能布局，提高各城市推进城市群发展的积极性。反过来，财政税收分配合理化有利于促进各城市按照城市群规划的要求，完善自身城市医疗、教育、卫生等各类公共服务设施，吸纳人口与就业，并进一步促进城市间医疗、学校、卫生等基础设施分布合理化，最终实现城市群的可持续发展。

8.3.3　优化行政管理体制

社会生产总过程中的生产、分配、流通、消费四个基本环节顺利实现衔接，有利于提高国民经济的整体效率，但从我国发展的实际情况来看，我国流通领域还存在流通速度慢、成本高、渠道不畅、模式陈旧、管理监督分散等问题，直接影响统一市场的形成。同时，对地方政府而言，多年长期辛苦培育成长起来的国有企业、集体企业、私营企业，在城市群产业协同发展的大背景下，按照产业布局的要求，从自己城市转移去其他城市，势必会受到地方保护或阻碍，这将不利于市场相互深度开放，进而成为城市群发展的障碍。这一方面要大力推广“负面清单”等管理模式，减少不必要的政府行政干预，做到法无授权的行政管理部门不可为，法有规定的必须为，依照相关法律规定把推动全国统一市场形成的法定事项管起来。此外，还要发挥行业组织的作用，增加第三方治理。另一方面要推动市场竞争自由化，在法律框架下，加强市场机制、行政管理体制以及一切要素流动制约因素等方面的全面改革，打破城市群内地方保护主义对产业转移、市场统一等方面的干预，实现更高程度的市场竞争自由化。此外，各级政府还要尽快重新对自身在城市群发展中的角色进行定位，要在制定城市群发展战略目标、提供城市群经济立法和法律体系、完善城市群市场体系、政策，规范市场行为、协调城市群资源配置，强化城市群发展的公共政策保障等方面，为整个城市群经济运行创造一个高效、公平、稳定的宏观环境。

8.3.4　完善行政协调机制

为促进城市群基础设施一体化、市场一体化以及城市群规划的执行，我国在建立城市群协调机制方面进行了许多有益的探索。为推进湖南省长株潭一体化建设，1997 年，湖南成立长株潭经济一体化发展省级协调机构，此后，还建立三市市长定期会议机制；早在 20 世纪 80 年代，我国长三角地区就通过建立上海经济区领导机构和上海经济区规划办公室，对长三角区域合作进行了有益的探索，该机构 1988 年被撤销，90 年代，长三角地区又相继成立了长三角城市协作办（委）主任联席会议与长三角城市经济协调会；进入21世纪，在此前各类区域协调机制的基础上，长三角成立了4个层次的区域协作机制，包括：沪苏浙“一市两省”党政首脑会晤制度、沪苏浙经济合作与发展座谈会、之前建立的长三角经济协调会以及部门间、行业间的合作机制，可以说在政府层面已探索建立了多层次、多部门的协作机制，有效地推进了长三角城市群经济协调发展，但是这些协调机制主要侧重于经济领域的协调。2019年5月13日，中共中央政治局审议了《长江三角洲区域一体化发展规划纲要》，要求紧扣“一体化”和“高质量”两个关键，带动整个长江经济带和华东地区发展，形成高质量发展的区域集群，纲要的审议通过意味着跨省域城市群协调发展机制探索上升到国家层面。因此，“十四五”期间乃至今后较长一段时期，我国还应继续推进区域协调管理机制的有效探索，逐步建立有利于协调城市群经济社会协同发展的体制机制，建立城市群内部不同等级城市平等对话的平台，打破行政层级约束，创新协调方式，着力于城市群内部资金、人才、管理、技术等资源的整合，推动产业协同发展、城市功能错位。推动城市群内各城市优势互补、互利共赢、错位发展，有效重构城市群整体竞争力及创造新的竞争力，实现城市群整体利益最大化。

参考文献

专著

[1]魏礼群. 行政体制改革论[M]. 北京:人民出版社,2013(5):23 - 33,243 - 250,257 - 265,330 - 335.

[2]魏礼群. 创新社会治理 建设法治社会[M]. 北京:红旗出版社,2015.

[3]魏礼群,赵秋雁,杨丽. 创新社会治理案例选(2014)[M]. 北京:社会科学文献出版社,2015(4).

[4][美]艾德温·S. 米尔斯. 区域经济学和城市经济学手册[M]. 郝寿义,徐鑫,孙兵,译. 北京:经济科学出版社,2003(9):11 - 40,181 - 205.

[5]罗伯特·D. 亚罗,托尼·西斯. 危机挑战区域发展[M]. 北京:商务印书馆,2010:1 - 33.

[6]王旭,罗思东. 美国新城镇化时期的地方政府——区域统筹与地方自治的博弈[M]. 厦门:厦门大学出版社,2010:254 - 271.

[7]阳建强. 西欧城市更新[M]. 南京:东南大学出版社,2012:12 - 22.

[8]唐燕. 德国大都市地区的区域治理与协作[M]. 北京:中国建筑工业出版社,2011:19 - 39.

[9][英]埃比尼泽·霍华德. 明日的田园城市[M]. 北京:商务印书馆,2000.

[10]赵冈. 中国城市发展史论集[M]. 北京:新星出版社,2006.

[11]王士君. 城市相互作用与整合发展的理论和实证研究[M]. 长春:东北师范大学出版社,2009:90 - 115.

[12]吴志强,李德华. 城市规划原理[M]. 北京:中国建筑工业出版社,2011:67 - 73,261 - 262.

英文文献

[1] European Commission. Involving experts in the process of national policy convergence[A]. Report by Governance Working Group 4c, European Commission [C]. 2001:6.

[2] KAISER R, PRANGE H. A new concept of deepening European integration – the European research area and the emerging role of policy coordination in a multi – level governance system [M/OL]. European Integration online Papers (EIoP), 2002 (6):18.

[3] GOTTMANN J. Megalopolis: or the urbanization of the northeastern seaboard [J]. Economic Geography, 1957(33):189 – 220.

[4] GOTTMANN J. Megalopolis revisited: twenty – five years later[M]. College Park, Maryland: University of Maryland, Institute for Urban Studies, 1987.

[5] American Census Bureau. Standards for defining metropolitan and micropolitan statistical areas [J]. Federal Register Notices, 2000: 227 – 238.

[6] CLANCY G, KKO Associates, BYRNE M. Boston's newest smart growth corridor: a collaborative vision for the Fairmount/indigo line. The Fairmount/Indigo Line CDC Collaborative. 2005.

[7] HALL P, PAIN K. Polycentric metropolis: learning from mega – city regions in Europe[M]. UK: Earthscan, 2006.

[8] American Census Bureau. Alternative approaches to defining metropolitan and nonmetropolitan areas[J]. Federal Register Notices, 1998:51059 – 51077.

[9] American Census Bureau. Recommendations from the metropolitan area standards review committee to the office of management and budget concerning changes to the standards for defining metropolitan areas[J]. Federal Register Notices, 1999: 56627 – 56644.

[10] American Census Bureau. Final report and recommendations from the metropolitan area standards review committee to the office of management and budget concerning changes to the standards for defining metropolitan areas[J]. Federal Register Notices, 2000: 70525 – 70561.

[11] American Census Bureau. Standards for defining metropolitan and micropolitan statistical areas[J]. Federal Register Notices,2000: 82227 - 82238.

[12] LEEMING K, SHAKUR T. Welcoming difference or wily dispersal? emerging problems of urban regeneration in the multiply deprived area of Bijlmermeer (Amsterdam) [J]. Global Building Environment Review, 2003,3(3): 61 - 72.

[13] VAN EETEN M, ROE E. When fiction conveys truth and authority—the Netherlands green heart planning controversy[J]. Journal of the American Planning Association,2000(1):58 - 67.

中文期刊

[1]高腾. 城镇化结构大转型:中国城镇化之路的另一半——专访中国国际经济交流中心马庆斌博士[J]. 科学创新与生产力,2011(9):21 - 22.

[2]于蕾,仝德,邓金杰. 从区位商视角论证构建城镇群的意义——以珠三角、大珠三角和泛珠三角区域为例[J]. 城市发展研究,2010(1):60 - 65.

[3]周一星. 关于中国城镇化速度的思考[J]. 城市规划(增刊),2006(30):34 - 37.

[4]姚士谋,陈振光,叶高斌,陈维肖. 中国城市群基本概念的再认知[J]. 城市观察,2015(1):75 - 84.

[5]王丽,邓羽,牛文元. 城市群的界定与识别研究[J]. 地理学报,2013(8):45 - 56.

[6]代合治. 中国城市群的界定及其分布研究[J]. 地域研究与开发,1998(6):40 - 55.

[7]张倩,胡云锋,刘纪远,等. 基于交通、人口和经济的中国城市群识别[J]. 地理学报,2011(6):43 - 52.

[8]张伟. 都市圈的概念、特征及其规划探讨[J]. 城市规划,2003(6):44 - 47.

[9]王维敏. 加快产业发展 中国城镇化在转型中提高质量[N]. 中华建筑报,2011 - 01 - 13(001).

[10]方创琳. 城市群空间范围识别标准的研究进展与基本判断[J]. 城市规划学刊,2009(4):5 - 10.

[11]徐涛,魏淑艳,王颖同. 城化概念及其界定问题探讨[J]. 社会科学家,2014(11):56-60.

[12]焦张义,孙久文. 我国城市同城化发展的模式研究与制度设计[J]. 现代城市研究,2011(6):9-12.

[13]张强. 中国城乡一体化发展的研究与探索中国农村经济[J]. 中国农村经济,2013(1):17-25.

[14]厉以宁. 走向城乡一体化:建国60年城乡体制的变革[J]. 北京大学学报(哲学社会科学版),2009(6):7-21.

[15]顾朝林. 城市群研究进展与展望[J]. 地理研究,2011(5):3-16.

[16]肖亚丽. 浅议中国城市群发展中存在的问题及对策[C]//2005中国可持续发展论坛——中国可持续发展研究会2005年学术年会论文集(上册). 2005:379-383.

[17]吴启焰. 城市密集区空间结构特征及演变机制——从城市群到大都市带[J]. 人文地理,1999(3):15-20.

[18]刘智勇. 城市群理论研究综述[J]. 湖南商学院学报,2008(4):37-41.

[19]邢怀滨,陈凡,刘玉劲. 城市群的演进及其特征分析[J]. 哈尔滨工业大学学报,2001(2):84-88.

[20]方创琳. 中国城市群形成发育的政策影响过程与实施效果评价[J]. 地理科学,2012(3):4-11.

[21]林先扬,陈忠暖. 长江三角洲和珠江三角洲城市群职能特征及其分析[J]. 人文地理,2003(8):84-88.

[22]张耀军,岑倩. 中国人口空间流动格局与省际流动影响因素研究[J]. 人口研究,2014(5):56-73.

[23]朱传耿,顾朝林,马荣华,等. 中国流动人口的影响要素与空间分布[J]. 地理学报,2001(5):47-58.

[24]杜瑜,樊杰. 基于产业—人口集聚分析的都市经济区空间功能分异——以我国三大都市经济区为例[J]. 北京大学学报(自然科学版),2008(3):139-146.

[25]张学良,杨朝远. 论中国城市群资源环境承载力[J]. 学术月刊,2014

(9):66 - 72.

[26]吴传清,李浩.关于中国城市群发展问题的探讨[J].经济前沿,2003(Z1):37 - 39.

[27]顾海兵,张敏.中国城市群渐次崛起[J].中国经济报告,2015(2):91 - 94.

[28]方创琳,祁巍锋,宋吉涛.中国城市群紧凑度的综合测度与空间分异特征[C]//中国地理学会2007年学术年会论文摘要集.2007:75.

[29]方创琳,关兴良.中国城市群投入产出效率的综合测度与空间分异[J].地理学报,2011(8):5 - 16.

[30]崔大树.经济全球化进程中城市群发展的制度创新[J].财经问题研究,2003(5):69 - 73.

[31]仇保兴.我国三个城市群如何均衡发展[J].城市开发,2003(3):11 - 14.

[32]姚士谋,王成,解晓南.21世纪中国城市化模式探讨[J].科技导报,2004(7):43 - 46.

[33]苏雪串.中国城市群的形成与发展在城市化中的作用——以长江三角洲为例[J].山西财经大学学报,2004(2):50 - 53.

[34]朱英明.中国城市群区集聚式城市化发展研究[J].工业技术经济,2006(2):4 - 6.

[35]方创琳.中国城市群形成发育的新格局及新趋向[J].地理科学,2011(9):4 - 13.

[36]顾朝林,于涛方,张敏,等.长江三角洲城市群空间规划[J].城市与区域规划研究,2009(3):47 - 74.

[37]熊月之,潘君祥,沈祖炜,罗苏文.论东南沿海城市与中国近代化[J].史林,1995(1):9 - 26.

[38]陈金英,杨青山,马中华.不同发展阶段的城市群综合承载能力评价研究[J].经济地理,2013(8):68 - 85.

[39]徐江,叶嘉安.珠江三角洲城市群规划中的空间重构与区域治理研究[J].城市与区域规划研究,2009(3):75 - 91.

[40]袁俊,谭传凤,常旭.中国沿海城市带研究[J].城市问题,2007(10):1-17.

[41]官锡强.南北钦防城市群城市化动力机制的培育与重构[J].城市发展研究,2008(1):32-38.

[42]任远,郏慧.长三角地区1980年代以来城市体系空间结构的状况和变化[J].城市发展研究,2008(1):180-186.

[43]童中贤,王丹丹,周海燕.城市群竞争力模型及评价体系——中部城市群竞争力实证分析[J].城市发展研究,2010(5):21-28.

[44]王成超.海峡西岸城市群的空间整合研究[J].亚热带资源与环境学报,2009(4):76-84.

[45]贾卓,陈兴鹏,袁媛.中国西部城市群城市间联系测度与功能升级研究——以兰白西城市群为例[J].城市发展研究,2013(4):77-82.

[46]方创琳.中国西部地区城市群形成发育现状与建设重点[J].干旱区地理,2010(5):3-11.

[47]曹相东.呼包鄂城市群综合承载力评价与对策研究[J].前沿,2015(3):119-122.

[48]梁振民,陈才,刘继生,梅林.东北地区城市化发展质量的综合测度与层级特征研究[J].地理科学,2013(8):33-41.

[49]孙平军,丁四保,修春亮,魏冶东.北地区"人口—经济—空间"城市化协调性研究[J].地理科学,2012(4):61-68.

[50]祁林德.国外城市群发展的规律及其启示[J].郑州航空工业管理学院学报(社会科学版),2008(6):178-180.

[51]吴传清,李浩.国外城市群发展浅说[J].经济前沿,2003(5):42-44.

[52]罗淑宇.盎格鲁—撒克逊晚期英国城市兴起原因初探[J].北方论丛,2009(6):60-63.

[53]陆伟芳.近代英国城市群落与城市发展定位[J].世界历史,2004(6):82-90.

[54]孙施文.英国城市规划近年来的发展动态[J].城市规划,2005(6):11-15.

[55]陈曦,汪军.英国城市政策变迁及其对我国的启示[J].规划师,2012(1):65-70.

[56]刘洋.作为协同手段的英国城市边缘行动规划及启示[C]//城市时代,协同规划——2013 中国城市规划年会论文集(08-城市规划历史与理论).2013:324-334.

[57]易晓峰.中国与英国城市更新中中央政府的作用比较[C]//2009 中国城市规划年会论文集.2009:2543-2549.

[58]毛新雅,彭希哲.伦敦都市区与城市群人口城市化的空间路径及其启示[J].北京社会科学,2013(4):141-148.

[59]刘刚.美国和日本城市群发展的比较研究[D].长春:吉林大学,2007.

[60]吴颖.浅析美国城市郊区化[J].城市开发,2004(9):37-39.

[61]洪亮平,陶文铸.法国的大巴黎计划及启示[J].城市问题,2010(10):93-98.

[62]唐亦功.巴黎城市规划布局规律及特点研究[J].世界地理研究,2007(1):48-53.

[63]曲凌雁.大巴黎地区的形成与其整体规划发展[J].世界地理研究,2000(4):69-75.

[64]刘贤腾.解析东京都内部空间结构[J].世界地理研究,2009(6):46-53.

[65]罗海明,张媛明.美国大都市区划分指标体系的百年演变[J].国际城市规划,2005(7):58-65.

[66]朱杰.美国东北部大城市带人口空间分布特征及产业变动规律[J].国际城市规划,2012(1):58-63.

[67]刘友金,王玮.世界典型城市群发展经验及对我国的启示[J].湖南科技大学学报(社会科学版),2009(1):84-88.

[68]任保平.欧盟一体化进程中德国鲁尔区的产业转型绩效分析及其启示[J].西安财经学院学报,2006(1):5-10.

[69]周璇.多中心均衡发展的城市网络——德国城市体系探析[C]//多元与包容——2012 中国城市规划年会论文集(01.城市化与区域规划研究).2012:

1－10.

[70]沃尔夫冈·纳普,彼得·施米特,雷纳·丹尼斯基.莱茵鲁尔:走向兼容?——针对多中心形态的空间战略政策[J].国际城市规划,2008(1):46－51.

[71]王晓俊,王建国.兰斯塔德与“绿心”——荷兰西部城市群开放空间的保护与利用[J].规划师,2006(3):90－93.

[72]程晓曦.荷兰城市改造与复兴的三个阶段与多种策略[J].国际城市规划,2011(4):74－78.

[73]尤尔根·罗斯曼.荷兰的城市演变[J].国际城市规划,2008(1):108－117.

[74]济南速马自控科技有限公司工程部.荷兰化工业之发展[EB/OL].百度文库,2014－08－21.

[75]田雪原.警惕人口城市化中的“拉美陷阱”[J].宏观经济研究,2006(2):14－19.

[76]牛文元.可持续发展理论的基本认知[J].地理科学进展,2008(3):3－8.

[77]豆建民,张可.中国城市群发展的战略目标、思路与展望[J].城市观察,2013(5):86－93.

[78]黄匡时.特大城市的人口调控:东京经验及其启发[J].中国人口·资源与环境,2013(23):66－76.

[79]陈跃刚,吴艳.都市圈产业组织形式的研究[J].安徽农业科学,2008(7):363－364 .

[80]刘宁,吴小庆,王志凤,等.基于主成分分析法的产业共生系统生态效率评价研究[J].长江流域资源与环境,2008(6):15－22.

[81]张海涛,谭东升,王颖,叶林.借鉴泛珠三角科技合作经验 加快中四角区域技术创新体系建设[J].政策,2014(11):42－45.

[82]闫庆武,卞正富,王桢.基于空间分析的徐州市居民点分布模式研究[J].测绘科学,2009(5):162－165.

[83]魏守华,李婷,汤丹宁.双重集聚外部性与中国城市群经济发展[J].经

济管理,2013(9):30-39.

[84]廖元和.中国产业布局的历史演进及区域经济变化趋势[J].重庆广播电视大学学报,2014(2):3-10.

[85]李立凡.丝绸之路经济带的国际产业规划和发展瓶颈[J].城市观察,2015(1):5-12.

[86]郭炳南,黄太洋.比较优势演化、全球价值链分工与中国产业升级[J].技术经济与管理研究,2010(6):130-133.

[87]刘友金,罗登辉.城际战略产业链与城市群发展战略[J].经济地理,2009(4):601-605.

[88]党兴华,郭子彦,赵璟.基于区域外部性的城市群协调发展[J].经济地理,2007(3):463-475.

[89]卢伟.我国城市群形成过程中的区域负外部性及内部化对策研究[J].中国软科学,2014(8):90-99.

[90]王聪,曹有挥,王富喜.县市域边界地区协调发展研究——以浙江省尖山—南北湖地区为例[J].长江流域资源与环境,2012(4):32-38.

[91]卢伟.推动城市群与资源环境协调发展的思路与对策[J].区域经济评论坛,2014(4):135-140.

[92]鲁钊阳.节能减排面临的难点及对策[J].管理现代化,2012(3):49-51.

[93]梁育填,樊杰,柳林,张有坤,陈小良.优化开发区域制造业企业迁移的因素及其区域影响——以广东东莞市为例[J].地理研究,2013(3):107-116.

[94]李燕,贺灿飞.1998—2009年珠江三角洲制造业空间转移特征及其机制[J].地理科学进展,2013(5):99-109.

[95]仇方道,蒋涛,张纯敏,单勇兵.江苏省污染密集型产业空间转移及影响因素[J].地理科学,2013(7):24-31.

[96]宋马林,徐龙,王舒鸿,张琳玲.小样本数据下安徽省经济——环境系统协调发展的实证分析[J].地理研究,2013(8):28-36.

[97]胡列格,程立勤.基于节点重要度交通区位布局法的城市群公路网布局研究[J].铁道科学与工程学报,2008(1):91-94.

[98]张洁斐,李元.构建丝绸之路经济带综合立体交通枢纽体系[J].中国市场,2015(28):74-75.

[99]钟业喜,黄洁,文玉钊.高铁对中国城市可达性格局的影响分析[J].地理科学,2015(4):387-395.

[100]吕韬,姚士谋,曹有挥,等.中国城市群区域城际轨道交通布局模式[J].地理科学进展,2010(2):123-130.

[101]王学渊,郭亚云.浙江省污染密集产业的地区分布与发展趋势研究[J].环境科学与管理,2014(1):188-192.

[102]沈静,向澄,符文颖.环境管制对珠江三角洲污染产业空间分布的影响研究[J].地理科学,2014(6):79-86.

[103]刘耀彬,李仁东,宋学锋.中国城市化与生态环境耦合度分析[J].自然资源学报,2005(1):107-114.

[104]彭可茂,席利卿,彭开丽.中国环境规制与污染避难所区域效应——以大宗农产品为例[J].南开经济研究,2012(4):70-98.

[105]熊雪如,覃成林.政府作用与产业有序转移[J].经济体制改革,2013(1):163-167.

[106]王耕,王嘉丽.人文因素对沿海地区生态安全时空差异影响研究——基于1996—2010年沿海地区面板数据的实证[J].海洋开发与管理,2014(2):70-76.

[107]张贞冰,陈银蓉,赵亮,王婧.基于中心地理论的中国城市群空间自组织演化解析[J].经济地理,2014(7):46-53.

[108]王松涛.自组织理论及其对我国城市发展战略的启示[J].南通纺织职业技术学院学报,2008(2):49-54.

[109]周干峙.城市及其区域——一个典型的开放的复杂巨系统[J].城市规划,2002(2):6-7.

[110]吴道子.长江中游城市群构建背景及发展对策[J].安徽行政学院学报,2015(2):55-59.

[111]张奕芳.成渝城市群发展路径探讨[J].经济研究导刊,2015(11):100-101.

[112]韩海燕. “一带一路”的中国城市圈[J]. 走向世界,2015(20):42－43.

[113]徐寿松,陈琪. 长三角:经济板块博弈行政区划[N]. 中国信息报,2003－11－24.

[114]王艳慧,王亚东. 长江中游城市群基本公共服务一体化战略选择[J]. 北京经济,2015(3):52－54.

[115]孟海华,汤天波. 智能互联制造业转型升级之路——2014 年浦江创新论坛先进制造业分论坛综述[J]. 科学发展,2015(75):110－112.

[116]陈展图. 中国省会城市现代产业体系评价[J]. 学术论坛,2015(1):83－87.

[117]冉淑青. 丝绸之路经济带城市群经济联系强度空间分异[J]. 淮阴工学院学报,2015(1):54－59.

[118]彭智敏. 论长江经济带建设中的推进路径[J]. 中国发展,2015(1):42－45.

[119]王再文,李刚. 区域合作的协调机制:多层治理理论与欧盟经验[J]. 当代经济管理,2009(9):48－53.

[120]曾珍香,段丹华,张培,王欣菲. 基于复杂系统理论的区域协调发展机制研究——以京津冀区域为例[J]. 改革与战略,2008(1):89－91.

[121]邓小祥. 武汉城市圈与长株潭城市群合作协调研究[J]. 特区经济,2015(4):99－101.

[122]鄢小兵,徐艳兰. 欠发达地区城市群区域协调发展研究——以武汉城市圈为例[J]. 科技创业,2015(6):3－5.

国内主要行业统计年鉴

[1]《2013 年全国水利发展统计公报》。

[2]《2013 年中国能源统计年鉴》。

国外主要统计年鉴

[1]United Nations, Department of Economic and Social Affairs, Population Division. World Urbanization Prospects The 2014 Revision. United Nations New York, 2015.

[2]Statistisches Bundesamt, Wiesbaden. Wirtschaft und statistic 2014(11).

[3] Paris Region's economic Development Agency (PREDA). Discover Paris Region's dynamism and diversity. Paris Region Key Figures 2012. Layout, cover page and printing: Technic Imprim-Médian Impressions-91942 Les Ulis-France.

[4] Director General Dr T. B. P. M. Tjin – A – Tsoi. Statistical yearbook of the Netherlands 2014. Prepress: Statistics Netherlands. Printed by: Tuijtel, Hardinxveld – Giessendam.

[5] Walter Radermacher. Director – General, Eurostat Chief statistician of the European Union. Luxembourg: Publications Office of the European Union. Eurostat regional yearbook 2014.

附　录

博士生期间发表的学术论文、专著、重要科研成果

1. 李娣．关于职业教育发展的多元化筹资探析[J]．职业技术教育,2009(10).

2. 李娣．长株潭区域产业生态化发展评价与对策研究[J]．开放导报,2010(1).

3. 李娣．实现职业教育与普通教育均衡发展的思考——基于人才供需矛盾的视角[J]．职业技术教育,2010(25).

4. 崔潮,李娣．家电下乡政策的背景、目标及效应分析[J]．地方财政研究,2010(7).

5. 李娣,崔潮．也谈教育财政资源配置中的公平与效率问题[J]．改革与战略,2011(4).

6. 李娣．双线制高等教育及教育财政资源的优化配置[J]．职业技术教育,2011(12).

7. 李娣．职业型高等教育混合提供[N]．北京:经济科学出版社,2012.

8. 李娣．湖南财政收入预测模型及实证分析——基于 VAR 预测模型[J]．经济研究参考,2012(65).

博士后期间发表的学术论文、专著、重要科研成果

1. 李娣．美国城市群发展对中国的启示[R]．中国国际经济交流中心研究报告,2013.

2. 李娣. 欠发达地区基本公共服务均等化问题研究[R]. 中国国际经济交流中心要情.

3. 李娣. 英国城市群发展经验及对我国的启示[M]//魏礼群. 中国改革与发展热点问题研究. 北京:商务印书馆,2014.

4. 李娣. 我国城镇化政策的历史沿革[M]//魏礼群. 中国改革与发展热点问题研究(2014). 北京:商务印书馆,2014.

5. 李娣. 北部湾城市群发展空间布局[R]//中国国际经济交流中心课题组. 北部湾城市群发展战略研究,2014(10).

6. 李娣. 欧洲西北部城市群发展经验与启示[J]. 全球化,2015(10). 被《科技日报》摘编转载。

7. 李娣. 我国区域间收入分配结构问题与对策[M]//魏礼群. 中国改革与发展热点问题研究(2015). 北京:商务印书馆,2015.

8. 李娣,等. 娄底市国民经济社会第十三个五年发展规划纲要[M]. 长沙:湖南人民出版社,2016.

后 记

本书是作者在中国国际经济交流中心做博士后期间写的出站报告，致谢也是当时心境的写照。

2013 年新入站时，中国国际经济交流中心常务副理事长、学术委员会主任魏礼群同志在新进站博士后座谈会指出，2013 年新进站博士后是在党的十八大召开，新任国家领导人刚刚诞生，党中央提出坚持走中国特色社会主义道路、全面建成小康社会、实现中国梦的大背景下招聘的，实现中国梦关键是人才，新进站博士后应该成为实现中国梦的创新型人才，要把自己的命运与国家的命运紧密相连。这些话语依然萦绕在耳边，催人奋进，满怀自豪。再回首时，内心充实，满满的都是感激。

首先要感谢中国国际经济交流中心博士后站为我的学术研究提供了一个非常好的平台，我因此有幸师从魏礼群博士后导师。导师魏礼群，他为我真正地打开了一扇把理论与实践紧密联系起来做科学研究的大门，导师时刻要求做理论研究，要有大局观与使命感，要聚焦主题，着力发现经济社会前瞻性、苗头性、趋势性问题，找准问题，以问题为导向，想党中央之所想，解决时代问题。做实践研究，要深入调研，不畏权威，不畏定论，敢于发表独立见解。要重视理论研究，更要注重应用研究，要重视研究成果对实践的指导意义。同时，要着力提高个人学以致用、学以陶情、常学常新的能力。要不断加强和提升中国特色社会主义理论、政策等的学习能力。要着眼于培养战略思维、辩证思维、理论思维、系统思维等科学思维能力。要着力提高个人政策研究能力、创新能力、应用能力。要培养自身追求高标准、高质量，勇于攀登科学高峰的精神。要做有理想、有视野、有历史眼光、有创新精神的学术研究人才。这些要求引导着我重新审视研究工作，调整方法，扎实学习，踏实工作。导师以我博士后出站报告《中国城市群发展研究》为切入点，帮助我很快深入政策研究领域，同时，给我提供了很多参加高层次学术研讨会、广泛调研以及发表论文的机会，学术研究能力得以快速提高。导师本人精益求精，严谨治学，孜孜不倦，辛勤探索、追求真理、独立超脱的学术精神正逐渐成为我的学术研究准则。学术研究以外，导师正直善良、昼乾夕惕、宽厚待人、严于律己、深厚的家国情怀等人格特质也深深地影响着我，他对学术的热爱、对工作的执着、为国家事业殚精竭虑的精神，时刻激励我积极向上，努力登攀。他用自己的言传身教向我诠释了何谓学者，何谓师者，何谓长者，是我终身学习的榜样。

感谢师母周贵芹女士母亲般的呵护与关怀，在我需要帮助的时候，毫不犹豫地伸出双手，每每念及，总是泪盈满眶，无限温暖。

感谢中国国际经济交流中心的领导、同事、朋友、博士后站的老师和同学们。

感谢在百忙之中给予我指导的各位专家。

感谢师门兄弟姐妹的关怀与勉励；感谢家人的支持与陪伴。

祝大家身体健康、工作愉快、万事如意！

2019 年 11 月 8 日